Arena-Taschenbuch
Band 2363

Diese Bücher sollte jedes Kind besitzen!
LA REPUBBLICA, italienische Zeitung

Der Illustrator vermittelt jede Menge Wissen ... Gewürzt wird das Ganze mit erstklassigen Cartoons, spannenden Rätseln und witzigen Anekdoten.
BRIGITTE

Ein atemberaubendes Lesefeuerwerk.
BULLETIN JUGEND & LITERATUR

Eine Fülle verblüffender Informationen in leicht verständlicher Form.
WDR

»Mathe – voll logisch« – Das ist ein ausgesprochen witziges Buch, das der Mathematik den Geruch des Langweiligen, nur Theoretischen nehmen möchte.
FRANKFURTER RUNDSCHAU

Ein Feuerwerk an Gags.
EKZ-INFORMATIONSDIENST

»Sagenhaft, die Griechen« liest sich wie ein Krimi, wie ein Quiz-Buch, das man nicht mehr aus der Hand legen will, wie eine Art Asterix-und-Obelix mit Kompakt-Lernprogramm, eingekocht in witzige Bildchen.
WELT AM SONNTAG

Terry Deary, Peter Hepplewhite
& Freya Stephan-Kühn

ALLGEMEINWISSEN FÜR SCHÜLER

Ägypter – Griechen – Römer

Aus dem Englischen von Anne Braun,
Salah Naoura & Freya Stephan-Kühn

Illustrationen von
Martin Brown & Bernhard Förth

Arena

In neuer Rechtschreibung

1. Auflage als Arena-Taschenbuch 2005
Text © Terry Deary, Peter Hepplewhite, Freya Stephan-Kühn 1993, 1994, 1996
Illustrationen © Martin Brown 1993, 1994, 1996
Die Originalausgaben sind in Großbritannien bei Scholastic Publications Ltd.,
unter den Titeln *Horrible Histories/The Awesome Egyptians*, *Horrible
Histories/The Groovy Greeks* und *Horrible Histories/The Rotten Romans*
erschienen.
deutsche Ausgaben © 1998 und 1999 by Loewe Verlag GmbH, Bindlach
Aus dem Englischen von Anne Braun, Salah Naoura, Freya Stephan-Kühn
Umschlaggestaltung: Frauke Schneider
Umschlagtypografie: knaus. büro für konzeptionelle und visuelle identitäten,
Würzburg
Gesamtherstellung: Westermann Druck Zwickau GmbH
ISSN 0518-4002
ISBN 3-401-02363-2

www.arena-verlag.de

INHALT

Die Ägypter

Vorwort	9
Faszinierende Fakten	11
Epochale Epochen	12
Faszinierende Pharaonen	16
Geheimnisvolle Pyramidenkräfte	29
Die Pyramiden	42
Magische Mumien	52
Der Fluch des Königsgrabs	70
Unerschrockene Grabräuber	79
Ein bemerkenswerter Fluss	92
Göttergalerie	98
Ein Ägypter hat's nicht leicht	103
Leben wie ein Ägypter	115
Zum guten Schluss	132

Die Griechen

Vorwort	135
Zeittafel der sagenhaften Griechen	137
Die grausamen Götter	140
Griechische Geschenke	146
Theater, Theater	154
Die wilden Spartaner	168
Die tödlichen Athener	176
Die mächtigen Perser	183

Alexander der Größte	191
Denken wie ein Grieche	194
Leben wie ein Grieche	207
Sterben wie ein Grieche	220
Sport und Spiele	231
Essen wie ein Grieche	239
Kinder, Kinder	244
Die Römer kommen!	254
Nachwort	257

Die Römer

Willkommen bei den Römern	261
Was wann wo geschah	263
Legionäre und Kämpfe: die römische Armee	270
Kämpferische Kelten	279
Wilde Barbaren	293
Topstars der Römer	312
Kindheitsgeschichten und andere Rom-ane	327
Rom, wie es spielt und kämpft	339
Leckereien aus dem Römertopf	350
Göttliche römische Religion	361
Grüße aus der Modestadt	370
Rom, Römer am römsten	373
Register	*383*

Die
Ägypter

Echt cool, diese Ägypter!

Einleitung

Mathe ist eine echte Aufgabe – und Deutsch eine ganz andere Geschichte; Sport läuft meist auf ziemlich viel Bewegung hinaus, Musik pfeift aus dem letzten Loch und Chemie geht öfter mal in die Luft. Aber Geschichte! Geschichte ist einfach nur staubtrocken! Langweilige Daten auswendig lernen – wissen, welcher langweilige König wann welche langweiligen Schlachten schlug: Es ist schlicht und ergreifend – zum Gähnen.

Manchmal geht es in Geschichte auch echt unfair zu!

Manchmal kann Geschichte auch sehr verwirrend sein!

Aber in diesem Buch geht es um knallharte Fakten. Dinge, die deine Lehrer dir nie verraten würden. Manche Sachen verschweigen sie nämlich. Im Ernst!

Lehrer glauben, dass du für bestimmte Scheußlichkeiten noch zu jung bist ... zum Beispiel dafür, wie die Ägypter ihren Mumien das Gehirn herausnahmen! Deshalb bleiben dir solche lebenswichtigen Informationen womöglich für immer vorenthalten.

Manchmal verschweigen Lehrer aber auch Sachen, weil sie selbst keine Ahnung davon haben. (Echt wahr! Lehrer sind nämlich auch nur Menschen, obwohl einige sich für Übermenschen halten!)

So oder so: In diesem Buch erfährst du Dinge, die in der Schule nicht vorkommen. Und wenn du es gelesen hast, kannst du deinem Geschichtslehrer Nachhilfe geben. Viel Spaß dabei!

Dieses Buch enthüllt dir unter anderem:
- ▲ Fakten, die dir das Blut in den Adern gefrieren lassen!
- ▲ Geschichten, die du zum Totlachen finden wirst!
- ▲ Informationen, die komischer sind als jeder Lehrerwitz, cooler als ein Eis im Winter und trauriger als ein Fisch ohne Fahrrad. Und mit absoluter Sicherheit sind sie ziemlich interessant.

Faszinierende Fakten

Am beeindruckendsten an den Ägyptern ist die Tatsache, dass ihre Kultur unglaublich lange dauerte – über 3000 Jahre. Ihre Kultur ist so alt, dass sie schon zu Zeiten der alten Griechen und Römer als antik galt.

Wichtige Ereignisse im Zeitraffer

Um den Überblick zu behalten, wird die ägyptische Geschichte in Dynastien aufgeteilt – Zeiträume, in denen eine bestimmte Familie regierte. Eine Dynastie konnte bis zu 14 Könige in Folge umfassen, andere waren viel schneller am Ende. Nach insgesamt 31 ägyptischen Dynastien folgten noch zwei griechische, bis Ägypten an die Römer und später an die Araber fiel. So, kürzer ging's nun wirklich nicht!

Epochale Epochen

Zeitraum: 2850–2190 v. Chr.
Dynastien: 1. bis 6.
Name: Altes Reich

Ober- und Unterägypten werden vereint, der Nil wird kanalisiert. Man schreibt in Hieroglyphen, der Kalender wird erfunden. König Djoser baut die Stufenpyramide von Sakkara, später folgen die großen Pyramiden von Cheops, Chefren und Mykerinos.

Zeitraum: 2190–2050 v. Chr.
Dynastien: 7. bis 11.
Name: 1. Zwischenzeit

„Herakleopolitenzeit" Gaufürsten gewinnen an Macht. Das Reich zerbricht. Feudalherrschaft führt zu Aufständen und Bürgerkriegen. Die Bauern und ihre Familien leiden Hunger.

Zeitraum: 2050–1775 v. Chr.
Dynastien: 11. bis 12.
Name: Mittleres Reich
Erneute Festigung des Reiches durch die Herrscher der 11. Dynastie. Ziemlich clevere Pharaonen an der Macht. Blütezeit für Kunst, Handwerk und Schrift, riesige Tempel werden gebaut und verziert.
Die ersten Bäckereien der Welt eröffnen.

Zeitraum: 1775–1575 v. Chr.
Dynastien: 13. bis 17.
Name: 2. Zwischenzeit
Die Hyksos („Hirten-Könige") aus Syrien und Palästina besetzen Unterägypten und führen Pferde und Streitwagen ein.
In Ägypten werden die ersten Süßigkeiten der Welt hergestellt.
Verbesserte Web- und Spinntechniken.
Neue Musikinstrumente wie Oboe und Tamburin.

Zeitraum: 1575–1085 v. Chr.
Dynastie: 18. bis 20.
Name: Neues Reich
Die Hyksos werden wieder vertrieben. Glänzendste Epoche in der ägyptischen Geschichte.
Im Tal der Könige werden die ersten Felsengräber angelegt. Regierungszeit des Tutanchamun. Ramses II. schlägt die Hethiter in der Schlacht von Kadesch. Das Totenbuch wird auf Papyri verewigt.
Moses führt die hebräischen Sklaven in die Freiheit.

Zeitraum: 1085–709 v. Chr.
Dynastien: 21. bis 24.
Name: 3. Zwischenzeit
Die Zeit der ägyptischen Könige neigt sich ihrem Ende zu. Ägypten muss Söldner aus Libyen anwerben, die mit ihren Familien in Ägypten angesiedelt werden. Diese Gruppe gewinnt starken Einfluss, und schließlich reißt ein lybischer Söldnerführer die Königsmacht an sich.

Zeitraum: 709–332 v. Chr.
Dynastien: 25. bis 31.
Name: Spätzeit
Äthiopische Fremdherrschaft. Die neuen Herrscher fördern das Studium der Geschichte. Die Assyrer fallen ein und zerstören Theben. Ägypten wird assyrische Provinz. Nach der Vertreibung der Assyrer kurze Blütezeit bis die Perser das Reich erobern.

Zeitraum: 332–30 v. Chr.
Name: Griechische Zeit
Der Grieche Alexander der Große erobert Ägypten. Die griechischen Ptolemäer sind an der Macht. Cleopatra ist die letzte ägyptische Königin.

Zeitpunkt: 30 v. Chr.
Ägypten wird Teil des Römischen Weltreichs. Es muss die Römer mit Getreide beliefern.

Zeitpunkt: um 640 n. Chr.
Die Araber erobern Ägypten.

Faszinierende Pharaonen

Das Geheimnis der Könige

Der beeindruckendste Anblick in Ägypten sind die Pyramiden. Nicht minder beeindruckend, aber nicht mehr zu sehen sind die Leute, die sie erbauen ließen – die ägyptischen Pharaonen. Längst sind sie zu Staub, Knochen oder Mumien geworden: zu Geschichte also. Aber woher kamen sie?

Bevor Ägypten ein Reich wurde, waren an den Ufern des Nil kleine Siedlungen entstanden und jede Siedlung hatte einen Herrscher. Die mächtigsten unter ihnen eroberten ihre Nachbarsiedlungen und so entstanden längs des Nil kleine Königreiche.

Wieder setzten die Mächtigsten sich durch und wurden noch mächtiger. Schließlich gab es nur noch zwei Herrscher – den König von Oberägypten mit seiner Weißen Krone und den König von Unterägypten mit seiner Roten Krone.

Um 3200 v. Chr. eroberte König Menes von Oberägypten Unterägypten und vereinigte die beiden Kronen. So entstand das Reich, das wir heute als das alte Ägypten bezeichnen.

In nur 200 Jahren wurde aus vielen kleinen Reichen ein großes, mächtiges Reich. Wie war das möglich? Einige Historiker glauben, dass die neuen Herrscher von außerhalb Ägyptens kamen – also Eroberer waren. Es gilt als sicher, dass diese ersten Herrscher größer waren und auch viel größere Köpfe hatten als die ägyptischen Ureinwohner!

Ein bedeutender Historiker behauptet, dass sie aus dem Osten kamen. Ein bedeutender Hysteriker behauptet, sie kamen von einem anderen Planeten! Ihre Gebeine und Gräber hat man inzwischen gefunden ... ihre fliegende Untertasse noch nicht. Nun ja, du kannst glauben, was du

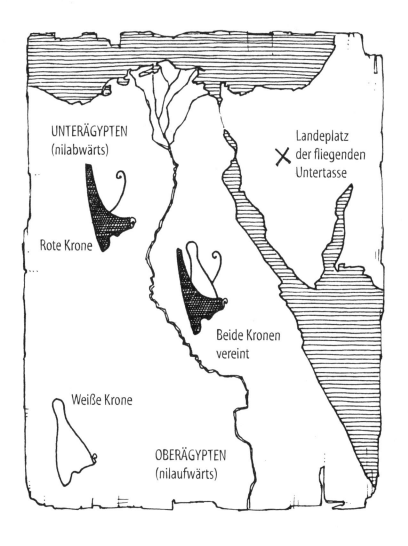

möchtest. Doch egal, woher sie auch kamen – ihre nicht minder beeindruckenden Nachfahren waren die Erbauer der Pyramiden.

Hättest du das Zeug zu einem ägyptischen König gehabt?

Um König zu werden, musstest du eine Prinzessin heiraten, deren Familie den Thron innehatte. Was hättest du getan, wenn es in der königlichen Familie mehr als eine Prinzessin gegeben hätte? Wie hättest du es geschafft, König zu werden? Hättest du …

- **A** Alle anderen Prinzessinnen außer deiner Auserwählten umgebracht?
- **B** Die anderen Prinzessinnen Männer heiraten lassen, mit denen du dann um den Thron gekämpft hättest?
- **C** Alle Prinzessinnen geheiratet?
- **D** Alle anderen Prinzessinnen einsperren lassen?

Antwort: Die übliche Lösung war C. Ein König konnte beliebig viele Ehefrauen haben. Je mehr Prinzessinnen er heiratete, desto sicherer war ihm der Thron.

Du als König

Als König hattest du natürlich etliche Pflichten …

Das Sethfest
Bist du fit? Hoffentlich, denn nach 30-jähriger Regierungszeit musste der König zum Seth-Festlauf antreten und seine Kraft unter Beweis stellen. Diese harte Prüfung fand am Sethfest statt.

Religiöser Führer
Denk daran: Du bist nicht nur König, sondern auch ein Gott. Jeden Morgen muss der König den anderen Göttern Opfer darbringen, damit die Sonne aufgeht. Falls du kein Opfer bringst, geht die Sonne nicht auf und die Welt ist am Ende! (Falls du eher faul bist, macht nichts. Deine Priester werden dir diese Aufgabe abnehmen und die Opfergaben dann verspeisen, sozusagen als Gehaltsaufbesserung.) Außerdem bist du der Herrscher des Nil. Mit einer großen Zeremonie bewirkst du jedes Jahr, dass der Fluss über die Ufer tritt und das Land überflutet. Nur dann gibt es gute Ernten.

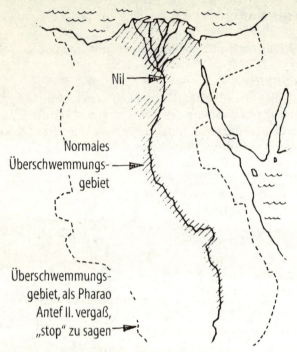

Oberhaupt der Regierung
Eine wichtige Aufgabe besteht darin, Ober- und Unterägypten vereint zu halten. Hört sich anstrengend an? Keine Angst, du hast genügend Beamte, die dir beim Regieren helfen.

Der königliche Titel
Sehr wahrscheinlich wärst du aber kein König gewesen, sondern wohl eher ein gewöhnlicher Sterblicher. Dann hättest du dem König natürlich mit großem Respekt begegnen müssen. Du hättest zum König nicht einfach „König" sagen dürfen. Das hätte deinen sicheren Tod bedeutet, denn der König galt als heilig. Ihn mit diesem Namen anzureden wäre eine Beleidigung gewesen.

Deshalb dachten sich die Ägypter respektvolle Titel aus. Der beliebteste lautete „Pharao", was „großes Haus" beziehungsweise „Palast" bedeutet, denn im Körper des Königs „wohnte" ein Gott.

Berühmte Heerführer
Alle Wandmalereien zeigen den König als siegreichen Feldherrn. Was aber, wenn er mal eine Schlacht verlor? Keine Bange, er wurde trotzdem als Sieger dargestellt! Ramses II. kämpfte in der Schlacht von Kadesch in Syrien gegen die Hethiter – und die Ägypter rühmten seinen Sieg. Die Hethiter beschrieben dieselbe Schlacht – und in ihrer Version hatten die Hethiter gewonnen!

König oder Königin?

Könige von Ägypten waren normalerweise Männer, nur ganz selten Frauen. Ja, auch eine Frau konnte König werden! Dann war sie zwar die mächtigste Person Ägyptens, aber König-in durfte sie nicht sein, bewahre!

Der König von Ägypten galt nämlich zugleich als Sohn des Sonnenkönigs Re. Und ein Sohn war automatisch ein Mann, oder? Folglich musste der König ein Mann sein, auch wenn er eigentlich eine Frau war, logisch! Und wenn der König schon kein Mann war, dann trug er wenigstens einen Bart, eine Kinnperücke.

Hatschepsut war ein solcher weiblicher König, und meist trug sie – ihrer Rolle entsprechend – Männerkleidung. Sie ließ ihren Namen auf zahlreichen Bauwerken verewigen. Doch die nachfolgenden Könige hatten nichts Besseres zu tun, als ihn wieder streichen zu lassen. Sie versuchten so zu tun, als habe ein weiblicher König namens Hatschepsut nie existiert.

Finger weg!!

Cleopatra, die berühmteste ägyptische Königin, musste sich nicht als Mann ausgeben. Allerdings regierte sie 1500 Jahre nach Hatschepsut – und war zudem Ausländerin: eine Griechin.

Die Tragödie des Tutanchamun ... oder: Würdest du etwa deinen Großvater heiraten?

Mit König Echnaton gab's ein Problem. Er war so verrückt, nur an einen einzigen Gott zu glauben: Aton. Er beschäftigte sich so intensiv mit Aton, dass er völlig vergaß, Ägypten gegen Feinde zu verteidigen. Seine Wesire tobten!

König Echnaton musste verschwinden. Und er verschwand. Er starb unter mysteriösen Umständen. Sein Onkel Ay, der höchste Staatsbeamte, hatte sicher seine Finger im Spiel.

Er sorgte dafür, dass Echnatons jüngerer Bruder, Tutanchamun, neuer König wurde. Aber da dieser gerade erst neun Jahre alt war, konnte er sich natürlich noch nicht um die Probleme Ägyptens kümmern. Der gute Onkel Ay sprang ein ... und kam auf diese Weise zu enormer Macht.

Onkel Ay kümmerte sich um religiöse Fragen und die Verteidigung des Landes. Im Grunde regierte er das Land allein, während Tutanchamun mit seiner jungen Gemahlin Anch-en-Amun ein ruhiges Leben führte. Sie gingen viel zur Jagd.

Doch dann starb Tutanchamun. Wie? Vielleicht eines ganz natürlichen Todes – aber er war erst 18. Wurde er ermordet?

Vielleicht hatte Tutanchamun vorgehabt, Onkel Ay die Regierung aus der Hand zu nehmen, die dieser nach zehn langen schönen Jahren möglicherweise nicht hergeben wollte.

Onkel Ay hatte nur zwei Möglichkeiten, um an der Macht zu bleiben. Er hätte kämpfen können ... aber dabei eine Niederlage riskiert.

Oder aber er konnte Tutanchamun umbringen und dessen junge Witwe heiraten ... die zufällig auch seine Enkelin war.

Anch-en-Amun war nicht begeistert von der Idee, ihren Großvater zu heiraten ... verständlich, oder? Doch was konnte sie tun? Was hättest du an ihrer Stelle getan?

Anch-en-Amun entschied sich für Nummer 1 – du wahrscheinlich auch, oder? Sie wollte Prinz Zennanza, den Sohn des Hethiterkönigs, heiraten, obwohl die Hethiter Erzfeinde der Ägypter waren! Der Hethiterkönig sandte seinen Sohn zur geplanten Hochzeit, doch der Ärmste kam nie an. Er wurde unterwegs ermordet. Rate mal, von wem!

Anch-en-Amun blieb nichts anderes übrig, als ihren Großvater Ay zu heiraten. Das Gute an der Sache? Ay wurde zwar König, lebte aber nur noch vier Jahre. Das kommt davon!

Kurioses vom Königshof

1 König Pepi II. kam mit neun Jahren auf den Thron und regierte, bis er über 100 Jahre alt war!

2 König Snefru ließ zwanzig seiner Ehefrauen über den Palast-Teich rudern. Alles ging gut, bis einer Frau eine Haarspange ins Wasser fiel. Sie schmollte und machte nicht mehr weiter. Der König befahl. Sie weigerte sich. Schließlich beauftragte König Snefru den Hofmagier mit der Suche. Angeblich hat er die eine Hälfte des Teichs über die andere geschlagen und die Spange schließlich gefunden.

3 Viele Könige hatten einen eigenen Magier. Einer dieser Hof-Zauberkünstler konnte einer Gans den Kopf abschneiden und wieder aufsetzen, ohne dabei das Tier zu töten. Ging es bei dieser Aktion ähnlich zu wie heute, wenn Zauberer eine Frau in zwei Teile zersägen? Ein anderer berühmter Magier konnte einen wilden Löwen in ein zahmes Haustier verwandeln.

Warum konnte er mich nicht einfach aus einem Hut zaubern?

4 König Ramses II. musste – nur mit seinem gezähmten Löwen – einem Hethiter-Heer gegenübertreten. Er bat den Gott Amun um Hilfe. Und schon tauchte ein verbündetes Heer auf. Die Feinde wurden in einen Fluss getrieben und viele ertranken. Der Hethiterkönig gab auf und schloss Frieden mit Ramses – und dem Löwen.

5 Im Totenreich brauchten die Könige nicht nur ihren mumifizierten Körper, sondern auch ihre Hausangestellten: Schreiber, Köche, Schneider, Maurer und so weiter – die gesamte Dienerschaft. Die meisten Könige wurden mit Skulpturen ihrer Diener beigesetzt.

Die ersten Könige hatten jedoch eine radikalere Lösung parat, um die Personalfrage im Totenreich zu lösen. Die Diener mussten einfach mitkommen. Und da sie die Reise in die Totenwelt nicht lebend antreten konnten, wurden sie getötet!

Wir wissen nicht, ob sie sich freiwillig umbrachten oder ob andere das übernahmen. Aber wir wissen zum Beispiel, dass beim Grab von König Djer 338 Diener beerdigt liegen, die bei seiner Beisetzung geopfert wurden. Erst mit dem achten König, Chaba, starb dieser grausame Brauch aus.

Es galt unter den Ägyptern als große Ehre, dem König zu dienen. Aber hättest du für ihn gearbeitet, wenn du gewusst hättest, dass mit seinem Tod auch für dich die lange Reise ins Jenseits anbrechen wird?

6 Die Römer eroberten Ägypten und machten es zu einem Teil des Römischen Reiches. Nach über 3000 Jahren waren die Tage des ägyptischen Reiches gezählt, das länger gedauert hatte als jedes andere Reich in der Geschichte. Beeindruckend, oder?

7 Die letzten Könige Ägyptens waren keine Ägypter, sondern Griechen. Nachdem Alexander der Große das Land im Jahre 332 v. Chr. erobert hatte, regierten die Ptolemäer fast 300 Jahre lang. Die letzte Königin war Cleopatra, die jedoch ein trauriges Ende nahm.

Cleopatra liebte den römischen Herrscher Julius Cäsar – der leider ermordet wurde. Sie musste entscheiden, welchen seiner Nachfolger sie unterstützen wollte – Augustus oder Marc Anton. Sie setzte auf Marc Anton … und wurde seine Geliebte.

Leider hatte Cleopatra auf das falsche Pferd gesetzt. Als Marc Anton den Krieg gegen Augustus verlor, war die Königin am Ende. Eine Geschichte mit tragischem Ausgang!

Marc Anton erhielt die Nachricht, dass Cleopatra sich umgebracht habe, und stürzte sich verzweifelt in sein Schwert. Die Verletzung war jedoch nicht tödlich.

Dann erfuhr er, dass Cleopatra sich doch nicht umgebracht hatte. Sie war noch am Leben! Überglücklich ließ er sich zu ihr bringen – und starb an seiner Verletzung. Daraufhin brachte Cleopatra sich tatsächlich um.

Geheimnisvolle Pyramidenkräfte

12. August 1799

Er war ein ganz großer Herrscher, der mächtigste seiner Zeit.

Dieser große Herrscher der Neuen Welt war gekommen, um den großen Herrschern der Alten Welt einen Besuch abzustatten. Es war niemand anderer als Napoleon Bonaparte, der Herrscher von Frankreich, der geniale Feldherr und Eroberer Europas, der die Cheops-Pyramide mit eigenen Augen sehen wollte.

Sein Führer geleitete ihn immer tiefer in die uralte Pyramide hinein. Zuletzt standen sie in ihrem Mittelpunkt, der Königskammer. Der Führer begann zu erklären, was er über das Bauwerk wusste, doch Napoleon brachte ihn mit einer Handbewegung zum Schweigen.

„Lass mich allein!", sagte er – auf Französisch natürlich.

„Aber, mon général …"

„Raus!"

„Wie Ihr wünscht, mon général", murmelte der Führer und verschwand im Dunkel des Ganges. Napoleon blieb allein in der Stille der warmen Kammer zurück. Es dauerte lange, bis der große Herrscher wieder herauskam. Der Führer hielt die Lampe hoch. Napoleon war kreidebleich und zitterte am ganzen Körper.

„Alles in Ordnung?", fragte der Führer besorgt.

Napoleon schien ihn gar nicht zu bemerken. Dann sagte er plötzlich mit heiserer Stimme: „Erwähne diesen Vorfall niemals!"

„Sehr wohl, mon général", sagte der Führer und geleitete Napoleon wieder in die trockene Hitze der ägyptischen Wüste hinaus.

Später in seinem aufregenden Leben war es Napoleon, der den Besuch nochmals erwähnte. Und er ließ durchblicken, dass er in der Pyramide Unglaubliches erlebt hatte. Er deutete an, dass er eine Vision seiner eigenen Zukunft gehabt hatte.

Später, als er auf der Insel St. Helena im Sterben lag, schien er kurz zu erwägen, sich einem Freund anzuvertrauen. „Aber nein", sagte er dann mit schwacher Stimme. „Wozu sollte es gut sein? Du würdest mir nie glauben."

Kurz darauf starb er. Das Geheimnis der Pyramide nahm er mit ins Grab.

Die Magie der Pyramiden

Etwa tausend Jahre vor Napoleon hatte schon ein anderer großer Herrscher die Königskammer betreten, Al Mamun, der Kalif von Bagdad. Er war ein mutiger junger Mann, der schon viel von den magischen Kräften der Pyramiden gehört hatte und herausfinden wollte, was es damit auf sich hatte.

Die meisten Pyramiden waren bereits von Grabräubern restlos ausgeplündert worden. Doch die massiven Steine der Cheops-Pyramide hatten bisher jeden Eindringling abgehalten.

Tief unterhalb der Pyramide befand sich eine Grabkammer – vermutlich geplant als Ruhestätte für den König, falls er vor Fertigstellung der Pyramide sterben würde. Für seine Gemahlin gab es eine weitere Kammer. Außerdem gab es noch eine dritte Kammer mitten im Zentrum der Pyramide.

Sobald der Sarkophag in dieser Kammer stand, wurde der Gang mit massiven Granitblöcken versiegelt. Al Mamun konnte sehen, dass kein Räuber es geschafft hatte, sich durch diese Granitblöcke hindurchzuarbeiten. Doch der junge Kalif war dazu entschlossen – und hatte jede Menge Arbeiter zur Verfügung.

Sie gruben neue Gänge durch die Steinblöcke und gelangten schließlich ins Zentrum. Al Mamun trat ein. Er hatte viele Legenden über die Geheimnisse gehört, die hier verborgen sein sollten: antike Karten, die die Bewegung der Sterne zeigten, Karten der damals bekannten Welt, Edelmetalle, Gold und geheimnisvolle Dinge wie unzerbrechliches Glas.

Doch die Königskammer war leer – abgesehen von einem Stein-Sarkophag. Und auch dieser war ... leer!

König Cheops war nie in diesem Sarkophag beigesetzt worden. Warum nicht? Wenn die Pyramide nicht seine Grabstätte war, warum wurde sie dann erbaut?

Dieses Rätsel ist bis heute nicht gelöst. Vielleicht lautet die Antwort ganz einfach: König Cheops wurde woanders beigesetzt, weil die Pyramide nicht rechtzeitig fertig war. Aber vielen Leuten erscheint diese Erklärung zu einfach.

Dutzende von Wissenschaftlern haben Theorien aufgestellt, eine kühner als die andere.

Wenn die Pyramide nicht als Grabstätte gebaut wurde, wofür dann? Wozu konnte eine Pyramide gut sein? Welcher Vorschlag gefällt dir am besten?

Faszinierende Pyramiden-Theorien

1 Die Cheops-Pyramide ist eine Art Computer. Anhand der Länge ihrer Seiten, der Höhe und den Winkeln kann man alle möglichen Dinge berechnen. Die Pyramide verrät, wie man den Umfang eines Kreises berechnet, wenn man den Durchmesser kennt.

2 Mit der Cheops-Pyramide konnten die Ägypter die Entfernung zwischen Erde und Sonne und die Lichtgeschwindigkeit berechnen.

3 Die Pyramide ist ein mathematisches Horoskop – man kann an ihr die Zukunft ablesen.

Das Institut für Pyramidologie in London behauptet, die Pyramide hätte die Kreuzigung Christi und den Ersten Weltkrieg vorhergesagt. Damit nicht genug: Angeblich sagt sie auch voraus, dass die Erde im Jahre 2979 n. Chr. untergehen wird.

4 Die Cheops-Pyramide sollte aller Welt das Wissen der ägyptischen Priester und ihre Macht demonstrieren. Die Priester überredeten Cheops zum Bau und ließen ihn bezahlen. Doch als er starb, wollten sie ihn nicht in ihrem prachtvollen Bauwerk haben.

5 Die Cheops-Pyramide ist ein Observatorium zur Beobachtung und Aufzeichnung der Sternbewegungen.

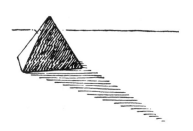

6 Die Cheops-Pyramide ist ein riesiger Kalender, mit dem die Ägypter die Länge eines Jahres bis auf drei Dezimalstellen berechnen konnten.

7 Die Cheops-Pyramide ist eine Sonnenuhr. Ihr Schatten fiel auf Pflastersteine, auf denen die Jahrestage und die Stunden markiert waren.

8 Die Cheops-Pyramide diente zur Orientierung und wurde als Ausgangspunkt für das Zeichnen und Messen von Landkarten benutzt – so ähnlich wie Greenwich heute.

9 Die Cheops-Pyramide war der ideale Aufbewahrungsort für die Gewichte und Längenmaße der Alten Welt. Die Regierung brauchte genaue Normen, um sicherzustellen, dass die Händler korrekt arbeiteten. Doch Gewichte wie die Debe waren aus Kupfer und verloren durch Abnutzung mit der Zeit an Gewicht – manchmal wurden sie auch von gerissenen Händlern „getürkt".

10 Im Zentrum der Pyramide sind unglaubliche Naturkräfte am Werk. Hier können merkwürdige und wunderbare Dinge geschehen. Abgesehen von Napoleons schockierendem Erlebnis: Es gibt auch Touristen, die in der Königskammer in Ohnmacht fallen oder in Verzückung geraten.

Achtung! Jemand der die Pyramiden studiert, ist ein Pyramidologe … Jemand, der verrückte Ideen über die Pyramiden aufstellt, ein Pyramidiot!

Die wirkungsvolle Form der Pyramide

Fünfzig Jahre nachdem Napoleon mit ihren Kräften in Berührung gekommen war, besuchte ein weiterer Franzose namens Bovis die Cheops-Pyramide. Im Inneren herrschte Chaos. Abfälle lagen herum, eine streunende Katze hatte sich hierher verirrt und war verendet. Bovis untersuchte den Kadaver genauer. Er war nicht verfault, wie man erwartet hätte, sondern hervorragend erhalten, fast mumifiziert – ohne einbalsamiert oder eingewickelt worden zu sein. Bovis kam zu dem Schluss, dass die Katze nur aus einem Grund so gut erhalten war – durch die Kräfte der Pyramide.

Sä'r, sä'r merkwürdisch!

Du hast sicher schon gesehen, wie man mit einem Vergrößerungsglas Sonnenstrahlen auf einen winzigen Punkt bündeln kann. Bovis zog den Schluss, dass die Form der Pyramide auf dieselbe Weise machtvolle Naturkräfte bündelt.

Wieder in Frankreich, begann er zu experimentieren. Er baute Pyramidenmodelle nach und legte verschiedene Sorten von Lebensmitteln ins Innere, die normalerweise in kurzer Zeit verfault sein würden. Dabei stellte er fest, dass sie wesentlich länger frisch blieben, als man hätte erwarten können!

Über hundert Jahre später, im Jahre 1959, las Karel Drbal, ein Ingenieur aus Tschechien, von Bovis' Experimenten. Er fragte sich, ob sich auch Metalle in einer Pyramide besser halten würden. Da damals in seinem Land Rasierklingen Mangelware waren, legte er ein paar stumpfe Klingen unter das Modell einer Pyramide, damit sie nicht noch stumpfer wurden. Zu seinem Erstaunen wurden sie sogar wieder scharf.

Das war eine großartige Entdeckung! Drbal musste dafür sorgen, dass seine Idee von niemandem gestohlen wurde. Er wollte seine Entdeckung rechtlich schützen und ging deshalb zum Patentamt.

Als Drbal in der folgenden Woche wiederkam, war der Beamte fassungslos.

Und Drbal verkaufte die Idee an eine Firma, die mit großem Erfolg Plastikpyramiden baute und als Rasierklingenschärfer verkaufte. Die Tschechen waren davon überzeugt, dass sie funktionierten.
 Du auch?

Das Pyramiden-Experiment

Ob die Pyramiden wirklich besondere Kräfte haben, testest du am besten selbst.

1 Baue eine Pyramide aus Karton. Du brauchst vier Dreiecke mit je einer Grundseite von 15,7 cm und den Seitenlängen 14,94 cm.

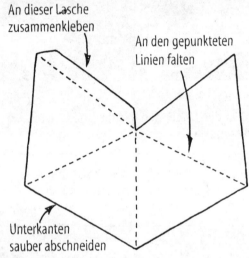

2 Lege ein Stückchen Brot, Käse oder anderes Essen auf eine kleine Erhöhung, damit es sich genau 3,33 cm über dem Boden befindet.

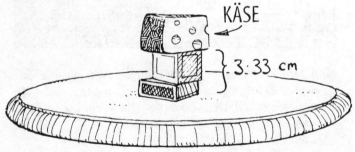

3 Stülpe die Pyramide darüber, sodass sich das Essen genau im Mittelpunkt befindet.
4 Stelle die Pyramide so auf, dass die vier Seiten genau nach Norden, Süden, Osten und Westen zeigen.
5 Bewahre ein identisches Stück Essen außerhalb der Pyramide auf.
6 Kontrolliere das Essen täglich.

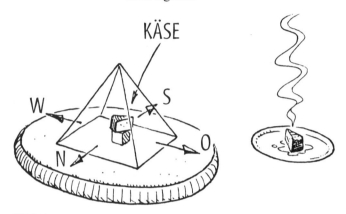

Welches Stückchen verdirbt oder schimmelt zuerst? Falls du die Feststellung machst, dass das Essen im Inneren der Pyramide frischer bleibt, hast du die Pyramidenkräfte nachgewiesen!

Schon gewusst?
Während des Ersten Weltkriegs (1914–1918) kursierte unter Soldaten die Geschichte, dass eine Rasierklinge stumpf wird, wenn man sie draußen ins Mondlicht legt. Die Kante der Klinge ist scharf, weil sie aus winzigen Kristallen besteht. Der Druck des Mondlichts reicht aus, um diese feinen Kristalle abzunutzen. Ob die Kräfte im Inneren einer Pyramide diese Kristalle irgendwie polieren, so wie sie Lebensmittel vor dem Verderb schützen oder eine tote Katze mumifizieren?

Die Pyramiden

10 beeindruckende Fakten über Pyramiden

1 Man nimmt an, dass eine Pyramide das Grabmal eines Pharaos war.

2 Die Pyramiden bestehen aus gewaltigen Steinquadern. Bis heute weiß kein Mensch, wie diese Blöcke befördert wurden, da es damals noch kein Rad gab. Und wie wurden sie ohne Kräne hochgehoben?

3 Die Grabkammer in der Pyramide war mit unglaublichen Schätzen angefüllt, die der Pharao im Totenreich brauchte.

4 Diese Schätze lockten natürlich finstere Grabräuber an. Mit falschen Türen, Treppen und Gängen versuchten die Erbauer der Pyramiden, spätere Grabräuber in die Irre zu führen.

5 Die Grundfläche der Cheops-Pyramide (230 x 230 m) entspricht der Größe von sage und schreibe sieben bis acht Fußballfeldern.

6 Die Königskammer in der Cheops-Pyramide hat die Größe eines kleinen Wohnhauses (10 m lang, 5 m breit und 6 m hoch).

7 Die Pyramiden stehen unweit des Nil, da die Steinblöcke auf dem Wasserweg vom Steinbruch zur Baustelle gebracht wurden.

8 Alle Pyramiden stehen am Westufer des Nil – in Richtung der untergehenden Sonne. Das geschah aus religiösen Gründen.

9 Die Pharaonen wurden mit religiösen Anleitungen für die Reise ins Totenreich beigesetzt. Die ältesten fand man an den Wänden der Grabkammern, spätere auf Sarkophagen. Noch spätere wurden auf Papyri geschrieben, zusammengerollt und mit in den Sarg gelegt. Die Texte beschrieben verschiedene Wege, ins Totenreich zu gelangen und sind als Ägyptisches Totenbuch bekannt.

10 Schon die alten Griechen reisten zu den Pyramiden. Sie berichteten, dass 100 000 Sklaven über zehn Jahre lang an einer einzigen Pyramide gebaut hatten. Obwohl dies noch heute in vielen Geschichtsbüchern steht, ist es wohl falsch. Die Arbeiter waren keine Sklaven, sondern Handwerker, und vermutlich bauten „nur" etwa 75.000 Menschen fünf Jahre lang an einer Pyramide. Aus Gesundheitsgründen bekamen sie einen Teil ihres Lohns in Form von Knoblauch und Rettichen ausbezahlt.

Teste deinen Tyrannen ... äh, Lehrer

Lehrer wissen auch nicht alles! Traurig, aber wahr! Teste deinen Lehrer mit diesen Richtig-oder-Falsch-Fragen. Wenn er mehr als acht richtige Antworten weiß, ist er ein Genie!

Richtig oder falsch?
1 Mumien wurden oft mit kleinen Statuen beerdigt.

2 Holz galt als wertvoll, weil es in Ägypten nur wenig Bäume gab. Das ist einer der Gründe, warum die Ägypter mit Stein so gut umgehen konnten.

3 Man nimmt an, dass die Ägypter die Steinblöcke auf Schlitten zu den ersten Pyramiden beförderten, da sie das Rad noch nicht kannten.

4 Einige Pharaonen wurden mit einem Totenbuch beigesetzt, das „Das Buch der Göttlichen Kuh" heißt.

5 Als Grabstätten kamen die Pyramiden etwa tausend Jahre lang – zwischen 1800 und 800 v. Chr. – aus der Mode.

6 In den Pyramiden befand sich alles, was der König für das Leben nach dem Tod brauchte ... sogar eine Toilette.

7 Die Stufenpyramide von Sakkara war das erste größere Steinbauwerk der Welt.

8 Die Cheops-Pyramide besteht aus ungefähr 2 300 000 Steinblöcken.

9 In Ägypten gibt es über 90 Pyramiden.

Lösungen: Alle obigen Behauptungen sind RICHTIG!

Uralter Witz über die alten Ägypter

Zehn Fakten über die Pyramiden, die du vermutlich nie brauchen wirst ...

1 Wenn du die Cheops-Pyramide in 30 Zentimeter dicke Scheiben schneiden würdest, könntest du eine 1 Meter hohe Mauer um ganz Frankreich bauen. Und wenn du viel Zeit hättest, könntest du sie in 6 Zentimeter dicke Stäbe schneiden und aneinander legen – und kämst damit bis zum Mond!

2 Manche Leute behaupten, dass die Pyramiden keine riesigen Gräber, sondern Getreidespeicher oder Schatzkammern waren.

3 Die Pyramiden wurden vermutlich schon in den Jahrhunderten nach der Beisetzung der Pharaonen ausgeplündert. Die einzigen Gräber, die bis in unsere Zeit unversehrt blieben, waren keine Pyramiden, sondern Felsengräber. Sie gehörten Tutanchamun und Königin Heterpheres.

4 Die Ägypter mumifizierten nicht nur ihre Pharaonen, sondern auch deren Lieblingstiere. Die armen Vierbeiner wurden mit Herrchen bestattet, um ihm Gesellschaft zu leisten.

5 Eine durchschnittliche Pyramide muss ungefähr 5.400.000 Tonnen wiegen. Ein mittelgroßer Steinquader wiegt etwa so viel wie zwei Autos (2,5 t). Der größte einzelne Steinblock (in der Mykerinos-Pyramide) wiegt circa 285 Tonnen – genauso viel wie 200 bis 250 Autos.

6 Die Erbauer der Pyramiden wollten Grabräuber täuschen, indem sie das Ende eines Ganges mit einem riesigen Stein blockierten und ihn vergipsten. Wenn die Einbrecher den Gips abklopften, stünden sie vor dem Stein und würden aufgeben. Der richtige Eingang war oft eine in der Decke versteckte Falltür.

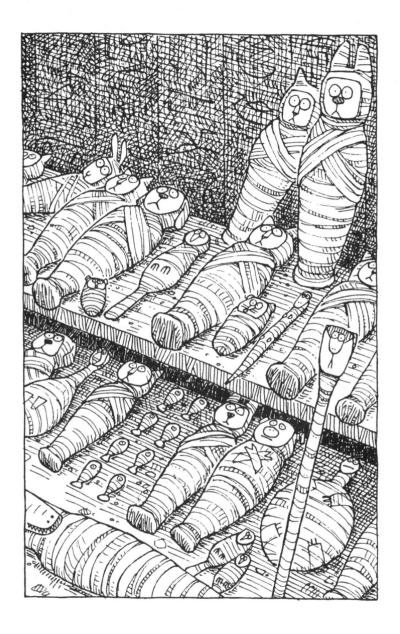

7 Die Ägypter hatten keine präzisen Messinstrumente aus Metall. Sie verwendeten Bänder, die schrumpften oder gedehnt werden konnten. Dennoch traten bei der Cheops-Pyramide bei einer Seitenlänge von 230 Metern nur 20 Zentimeter Ungenauigkeit auf (die Fehlerquote liegt unter 0,1 Prozent). Noch präziser waren die Baumeister beim Sockel – die Südostecke liegt nur einen Zentimeter höher als die Nordwestecke.

8 Die Pyramiden sind nicht die größten von Menschen errichteten Gebäude. Die Chinesische Mauer ist mindestens ebenso eindrucksvoll; die Quetzacoatl-Pyramide in Mexiko ist eindrucksvolle 54 Meter höher und hat ein Volumen von 3,3 Millionen Kubikmetern (die Cheops-Pyramide „nur" 2,5 Millionen Kubikmeter). Die ägyptischen Pyramiden sind jedoch mit Sicherheit die ältesten Steinmonumente der Welt.

9 Die ersten Grabstätten hatten ein Flachdach. Sie hießen „Mastabas" (Steinbänke), weil sie wie die Lehmhocker vor den Bauernhäusern aussahen. Mastaba-Gräber konnten leicht geplündert werden. Deshalb baute jemand eine etwas kleinere Mastaba auf die erste, darüber noch eine kleinere ... und noch eine ... bis schließlich eine Stufenpyramide entstand.

10 Heutzutage ist es im Allgemeinen verboten, auf die Pyramiden zu klettern. Weil es dabei zu etlichen Unfällen kam, braucht man dazu inzwischen eine Sondergenehmigung.

NEUESTE NACHRICHTEN (7. Januar 1993):
Nur wenige Meter von der Cheops-Pyramide in Gizeh entfernt entdeckten Archäologen bei Aufräumarbeiten durch Zufall die Ruinen einer kleinen Pyramide. Damit beläuft sich die Zahl der uns bekannten ägyptischen Pyramiden auf 96.

Wie man eine Pyramide baut (wenn man mindestens 75 000 Freunde hat)

1 Wische den Felsboden von Wüstensand frei.
2 Ebne die Grundfläche – lasse sie zur Kontrolle mit Nilwasser überfluten.
3 Mithilfe des Polarsterns bestimmst du Norden.
4 Miss für den Sockel ein Quadrat aus, dessen vier Seiten genau in Richtung Norden, Süden, Osten und Westen liegen.
5 Von der Mitte ausgehend legst du die erste Schicht aus zwei bis drei Tonnen schweren Kalksteinblöcken.
6 Jede neue Steinschicht wird etwas kleiner als die darunter liegende. Baue seitliche Rampen, um die Steinblöcke hinaufzuschieben.

7 Vergiss nicht Gänge und die Grabkammer einzubauen. Die Grabkammer muss direkt unterhalb der Pyramidenspitze liegen.
8 Verkleide die fertige Pyramide mit blank poliertem Kalkstein.
9 Baue die Erdrampen wieder ab und dafür einen erhöhten Fußweg vom Fluss zur Pyramide.
10 Warte, bis der Pharao stirbt. Mumifiziere ihn und setze ihn mitsamt seinen Schätzen in der Pyramide bei. Und vergiss nicht den Eingang zu versiegeln. (Grabräuber!)

Wie man eine Pyramide ausschmückt

1 Mache einen Pharao mit einer neu gebauten Pyramide ausfindig – denn er wird Künstler brauchen.
2 Überziehe die Innenwände mit einer glatten Gipsschicht, auf der du später malen wirst.
3 Als Pinsel verwendest du einen Pflanzenstängel. Kaue so lange auf einem Ende herum, bis es ausgefranst ist.
4 Zum Malen brauchst du neun Farben: Schwarz, Blau, Braun, Grün, Grau, Rot, Weiß und Gelb – und die Modefarbe des Neuen Reiches: Pink.
5 Zeichne ein Raster von Quadraten auf die Wand – dann weißt du, wohin jede Figur gehört.

6 Denk an den ägyptischen Stil: Die Köpfe werden im Profil (von der Seite) dargestellt, das Auge von vorne. Auch die Beine sind leichter von der Seite zu zeichnen. Es sind immer beide Schultern zu sehen. Je wichtiger die dargestellte Person, desto größer!

Am besten überträgst du die obige Zeichnung auf kariertes Papier. Wenn dir ein paar Freunde helfen, könnt ihr ein ganzes Wandbild malen. ABER ACHTUNG: Falls du die Wand eures Wohnzimmers verschönern willst, frag erst deine Eltern – sonst könnte es Ärger geben!

Magische Mumien

Schon gewusst?

1 Mumie ist das arabische Wort für Bitumen, eine Art Teer, der in der Medizin verwendet wurde. Als Araber die ersten Mumien entdeckten, glaubten sie, diese wären mit Teer überzogen.

2 Die Ägypter glaubten, dass die Welt irgendwann untergehen würde. Dann würden sie im Totenreich weiterleben. Für die lange Reise dorthin brauchten sie ihren irdischen Körper: Aber wenn der verfault wäre, könnten sie die Fahrt nicht antreten.

3 Die Männer, die die toten Körper einbalsamierten, hießen „Mumifizierer". Sie bearbeiteten die Leichen in der „Mumifizierwerkstatt", die sie auch das „Schöne Haus" nannten. Allerdings sah es dort eher wie in einer Metzgerei aus.

4 Anfangs konnten sich nur die Reichen eine Mumifizierung leisten. Später wurde das Ganze zu einem riesigen Erwerbszweig, und auch die Ärmsten sparten eifrig, um sich einbalsamieren lassen zu können.

5 Das natürliche Klima Ägyptens ist günstig für die Mumifizierung. Ein Bauer, der vor 5000 Jahren starb, wurde im heißen Wüstensand beigesetzt. Die als „Ginger" bekannt gewordene Trockenmumie ist besser erhalten als viele andere Mumien und im Britischen Museum in London zu besichtigen.

6 Der menschliche Körper besteht zu über 75 Prozent aus Wasser. Alles was nass oder feucht ist, fault sehr schnell. Deshalb brauchte man etwas, das die Körperflüssigkeiten der Toten rasch aufsaugte. Zuerst verwendete man Sand, aber der spannte die Haut zu sehr. Später entdeckte man, dass Natron, ein Salz, das man am Ufer der Seen von Kairo findet, besser geeignet war. Es veränderte das Aussehen der Verstorbenen kaum.

7 Wenn die Mumifizierer schlampig arbeiteten, hielten die Mumien nicht lange. Sie verfärbten sich dunkel, wurden spröde und zerbrechlich. Wenn ein Körperteil verfaulte oder abfiel – oder von einem Schakal aufgefressen wurde –, ersetzten die Einbalsamierer es durch ein Stück Leinen oder Holz. Fehlte dem Toten zu Lebzeiten ein Körperteil, gab man ihm für das Totenreich eines aus Holz mit.

8 Die Archäologen fanden Mumien, die in mehrere hundert Meter lange Leinenbinden eingewickelt waren.

9 Durch Untersuchung der Mumien erfuhr man einiges über die Menschen zu ihren Lebzeiten: Ramses II. hatte jede Menge Mitesser, Ramses III. war ein ziemliches Dickerchen. König Sekenenre fand kein besonders schönes Ende. Das zeigen seine schweren Schädelverletzungen. Blut klebte noch in seinen Haaren, sein Gesicht war schmerzverzerrt. Vielleicht wurde er im Schlaf ermordet, vielleicht starb er auch im Kampf. Mit Sicherheit wurde er in aller Eile einbalsamiert, denn seine Haare waren zuvor nicht gesäubert worden.

10 Im England des 19. Jahrhunderts gab es Menschenaufläufe, wenn eine Mumie ausgewickelt wurde! Doktor Pettigrew vom Königlichen Chirurgie-Institut machte daraus Starauftritte. Sogar an einem bitterkalten Januarabend waren alle Eintrittskarten in kürzester Zeit ausverkauft; selbst der Erzbischof von Canterbury wurde abgewiesen. Genau wie im Theater wurden nach jeder „Vorführung" Erfrischungen angeboten. Eine von Pettigrews Mumien entpuppte sich als Fälschung; man hatte nur Lumpen und Stecken eingewickelt.

11 Der Herzog von Hamilton wollte nach seinem Tod unbedingt von Pettigrew einbalsamiert werden. Dieser war überglücklich; nach zwanzig Jahren Mumienauswickeln erhielt er endlich die Möglichkeit, eine einzuwickeln! Sofort nach dem Tod des Herzogs am 18. August 1952 machte er sich ans Werk. Die Mumie wurde in einem alten ägyptischen Stein-Sarkophag beigesetzt, der jedoch nie mehr geöffnet wurde. Deshalb wissen wir nicht, ob Pettigrew genauso gute Mumien machte wie die Ägypter.

12 Als die Ägypter Christen und später Moslems wurden, glaubten sie nicht mehr, dass sie für das Totenreich ihren irdischen Körper brauchten. Deshalb brauchten sie auch keine Mumien mehr.

Wie mache ich eine Mumie?

Nach unseren wissenschaftlichen Erkenntnissen und den Berichten des Griechen Herodot gingen die Ägypter folgendermaßen vor.

> **WARNUNG:**
> Dies ist eine ziemlich schmierige Angelegenheit.
> Nicht in der eigenen Küche ausprobieren
> (deine Eltern wären sicher nicht begeistert)
> – auch nicht in der Schulküche!

1 Nimm einen toten Pharao.
2 Bringe die Leiche in die Mumifizierwerkstatt (normalerweise ein Zelt, weil darin die Luft besser ist!).
3 Entkleide die Leiche und lege sie auf einen Holztisch. Das ist der Einbalsamierungstisch. Die Tischplatte besteht nur aus Latten, damit man auch von unten an die Leiche herankommt (wichtig fürs Einwickeln!).
4 Entferne das Gehirn, indem du einfach durch das linke Nasenloch einen Meißel in den Schädel hineintreibst.

Mit einem eisernen Haken fahren sie in die Nase und ziehen das Gehirn heraus.
(Herodot, der 455 v. Chr. Ägypten bereiste.)

Andere Mumifizierer trieben hinter dem linken Auge einen Draht in den Schädel, zerkleinerten damit das Gehirn und „löffelten" es dann mit speziellen Werkzeugen heraus.
 Das Gehirn kannst du wegwerfen (oder an deine Katze verfüttern). Die Ägypter hielten das Gehirn nicht für notwendig im Totenreich.
5 Fülle den Schädel mit einer Mischung aus Natron und Gips – ein prima massives Zeug.

6 Nun schneide den Oberkörper auf – die Mumifizierer ließen diese Arbeit meist von einem „Aufschneider" erledigen.

Sie holen sämtliche Eingeweide heraus, reinigen sie und waschen sie mit Palmwein ab. Dann füllen sie die Bauchhöhle mit Myrrhe und anderen Kräutern und nähen die Öffnung wieder zu. Nun wird die Leiche siebzig Tage lang in Natron gelegt, anschließend gewaschen, von Kopf bis Fuß mit langen, schmalen Leinenbinden umwickelt und mit einer Schutzschicht überzogen.
(Herodot, der 455 v. Chr. Ägypten bereiste.)

Die Binden konnten insgesamt bis zu 375 Quadratmeter umfassen; das heißt, man könnte theoretisch ein ganzes Basketballfeld mit diesen Leinenbinden auslegen! (Wobei sich die Frage stellt, ob das besonders sinnvoll wäre.)
7 Wenn du möchtest, kannst du zauberkräftige Sprüche auf Papyrus mit einwickeln oder aber mit Tinte direkt auf die Binden schreiben. Das soll böse Geister abschrecken – Grabräuber allerdings nicht!
8 Die Augen können durch schwarze Steine ersetzt werden. (Ramses II. beispielsweise hatte zwei kleine Zwiebeln als Augen!)
9 Fülle alle Hohlräume des Leichnams mit Tüchern oder Lehm, damit er wieder möglichst naturgetreu aussieht, und nähe ihn danach gut zu. Nur das Herz bleibt im Körper, denn es wird bei der Ankunft im Totenreich voraussichtlich von Osiris gewogen.
10 Fertige eine möglichst lebensechte Maske für das Gesicht an. Da sie mit purem Gold überzogen wird, lass dir vom König genügend Geld geben, solange er noch lebt!
11 Lege die Mumie in einen Sarg (und möglichst in noch einen Sarg und in noch einen Sarg).

12 Fülle Magen, Leber, Därme und Lungen jeweils in spezielle Krüge (siehe Seite 58), schütte Natron dazu und versiegle die Krüge.

13 Führe das Ritual der Mundöffnung durch – wenn du es vergisst, kann die Mumie im Totenreich weder essen noch trinken, reden oder atmen!

14 Schließe den Sargdeckel. Bringe den Sarg in ein Grab oder eine Pyramide und versiegle die Grabstätte, damit sie vor Grabräubern geschützt ist. (Keine Angst um die Mumie. Sie hat eine Ba-Seele – die den Sarg nach Belieben verlassen kann. Eine Ba-Seele erkennt man auf den ersten Blick: Sie hat einen Vogelkörper und einen menschlichen Kopf.)

15 Sing ein Lied für den Verstorbenen. Ein altes ägyptisches Grablied lautete so:

Ihr Götter, nehmt diesen Menschen bei euch auf,
lasst ihn hören, genau wie ihr hört,
lasst ihn sehen, genau wie ihr seht,
lasst ihn stehen, genau wie ihr steht,
lasst ihn sitzen, genau wie ihr sitzt.

(Du musst dir eine eigene Melodie ausdenken, denn wir wissen nicht, wie die ägyptische Musik klang – vermutlich eine Art Singsang, begleitet von Trommel- und Tamburinklängen.)

16 Feiere ein Totenfest mit gutem Essen und viel Musik. Alle sind eingeladen – mit Ausnahme der Mumie!

Was mit der Mumie geschieht

Die Mumie wird in einen Sarg gelegt und dieser anschließend in die Grabstätte gebracht. Dann muss der Tote den gefährlichen Weg ins Totenreich unbeschadet überstehen und unterwegs Dämonen und Ungeheuer bekämpfen. Es gibt Flüsse aus Feuer und tiefe Schluchten. Für alle diese Gefahren gibt es passende Amulette und Zaubersprüche, die auf Papyrus geschrieben und dem Toten mit ins Grab gegeben werden. Diese Sprüche nennt man das Totenbuch.

Wenn der Verstorbene all diese Gefahren überwunden hat, gelangt er an das Tor zum Totenreich, wo seine verstorbenen Freunde bereits auf ihn warten. Doch zuvor muss er noch den größten Härtetest bestehen.

In der Gerichtshalle wird sein Herz auf eine Waagschale gelegt. Auf die andere Seite legt man die Feder der Wahrheit, die alle Lügen des vergangenen Lebens enthält. Und wehe, das Herz ist zu leicht! Die drei großen Götter – Osiris, Anubis und Thot – entscheiden über den Ausgang der Messung.

Wenn das Herz den Test bestanden hat, darf der Verstorbene die Gefilde der Seligen betreten. Ist das Herz jedoch zu leicht, wird es von der „großen Fresserin" verschlungen, einem Ungeheuer, das Krokodil, Nilpferd und Löwe zugleich ist.

Dann ist der Verstorbene für alle Ewigkeit verloren!

Bastle deinen eigenen Eingeweidekrug

Innereien sind eine ziemlich widerliche Sache, weshalb man sie am besten in speziellen Gefäßen (Kanopen) aufbewahrt. Die der Ägypter waren aus Ton. Du kannst aber auch eine Plastikflasche nehmen.

Du brauchst:
eine Plastikspritzflasche
Farben
Modelliermasse
Zeichenpapier
Farbstifte
Sand oder Kieselsteine
Kleber

1 Schraube den Flaschenverschluss ab und spüle die Flasche gut aus.
2 Schneide ein Blatt Zeichenpapier so zu, dass es genau um die Flasche passt.
3 Bemale das Papier mit Hieroglyphen und Symbolen – Anregungen findest du in diesem Buch zuhauf.

4 Klebe das Papier um die Flasche.
5 Fülle Sand oder Kieselsteine in die Flasche, damit deine Kanope einen sicheren Stand hat.
6 Mache aus Modelliermasse einen neuen Verschluss, der die Form eines der vier Söhne des Gottes Horus hat:
Amset – mit Menschenkopf, bewacht die Leber;
Duamutef – mit Hundekopf, bewacht den Magen;
Kebehsenuf – mit Falkenkopf, bewacht die Därme;
Hapi – mit Affenkopf, bewacht die Lunge.

Das merkwürdige (aber wahre) Schicksal einiger Mumien ...

Magisches Pulver
König Karl II. von England (1630–1685) sammelte Staub und Pulver, das von alten Mumien rieselte, und rieb sich damit am ganzen Körper ein. Er glaubte, dass die „antike Größe" der Mumien auf diese Weise auf ihn „abfärben" würde.

Billiges Heizmaterial
Um 1800 entdeckte man so viele Mumien, dass ihr Wert auf einmal rapide sank. Als Holz und Kohle knapp wurden, fanden einige von ihnen als Heizmaterial in Lokomotiven Verwendung. Die ärmere Bevölkerung von Luxor benutzte Leinenbinden als Heizmaterial zum Kochen.

Schöner Wohnen
Dekorative Schaukästchen mit der Hand, dem Fuß oder einem anderen interessanten Körperteil einer Mumie waren beliebte Objekte auf gepflegten englischen Kaminsimsen.

Hexenkraft
Der berühmte englische Schriftsteller William Shakespeare kannte sich anscheinend aus; „Mumie" ist eine besondere Zutat für das Hexengebräu, das in seinem Stück „Macbeth" eine Rolle spielt.

Malerbedarf
Viele Künstler des 16. Jahrhunderts waren davon überzeugt, dass ihre Gemälde beim Trocknen nicht rissig würden, wenn sie Mumienpulver unter ihre Farben mischten.

Tipps und Tricks zum Gebrauch von Mumien

Mumien als Arznei
Vom frühen 13. bis fast ins 17. Jahrhundert wurden ägyptische Mumien wirklich und wahrhaftig zerstückelt und als Arznei verkauft. Sie sollten gegen alle möglichen Krankheiten helfen, von gebrochenen Gliedern bis zu Vergiftungen und diversen Leiden. Erst im späten 16. Jahrhundert verbot die ägyptische Regierung den Export weiterer Mumien.

Doch rasch wurden aus frischen Toten gefälschte Mumien hergestellt! Ein französischer Tourist von damals berichtete, er habe in einer Mumienwerkstatt 40 gefälschte Mumien gesehen!

Im Dienste der Wissenschaft
Der englische Wissenschaftler Sir Marc Armand Ruffer untersuchte Mumien, um herauszufinden, welche Krankheiten im alten Ägypten vorkamen. Das Ergebnis war nicht sonderlich aufregend: Es waren weitgehend dieselben wie heute.

Zur Papierherstellung
Papier aus Lumpen galt von jeher als reißfest und sehr hochwertig. Die Beduinen, ein Nomadenstamm, sollen angeblich Mumien gestohlen und an Papierfabriken verkauft haben.

Der amerikanische Papierhersteller Augustus Stanwood importierte bis Ende des 19. Jahrhunderts Mumien und verarbeitete die Leinenbinden zu Papier. Aus den fleckigen Bandagen stellte man allerdings kein edles Schreibpapier her. Hierfür war es nicht besonders geeignet. Aber als Packpapier für Metzger und Lebensmittelhändler war es wundervoll. Erst nach einer Cholera-Epidemie, als deren Ursache dieses Papier galt, wurde die Produktion eingestellt. Es hatte inzwischen etliche Tote gegeben – die Rache der Pharaonen?

Was würdest du mit einer Mumie anfangen? Sie als Schaufensterpuppe ausstellen? Oder als Türstopper, Vogelscheuche oder Lehrerschreck verwenden?

Mit Mumien eine goldene Nase verdienen

In den Handel mit Mumien und anderen Relikten Ägyptens waren ein paar seltsame Gestalten verwickelt – keine Archäologen, sondern Leute, die auf einfache Weise zu Geld kommen wollten wie zum Beispiel …

Giovanni Belzoni
Belzoni war über zwei Meter groß und arbeitete lange beim Zirkus. Später reiste er durch Ägypten und verkaufte Werkzeug. Bald stellte er fest, dass man mit Grabbeigaben gutes Geld machen konnte.

Sein spektakulärstes Unternehmen war der Transport der Statue von Ramses II. durch die Wüste, nilabwärts und dann auf dem Seeweg bis nach England. Heute befindet sie sich im Britischen Museum in London.

Vor seiner Abreise aus Ägypten wurde Belzoni gefragt: „Habt ihr in Europa so wenig Steine, dass ihr unsere mitnehmen müsst?"

„Nein", antwortete er, „aber die ägyptischen sind uns viel lieber."

Aber selbst Belzoni hätte vermutlich seine Finger gelassen von etwas so Suspektem wie …

Ginger
Erinnerst du dich an Ginger von Seite 49? Nun, über ihn ist ein merkwürdiges Gerücht im Umlauf …

Die Leute vom Britischen Museum waren sehr an Mumien interessiert. Einige gut erhaltene Exemplare aus Gräbern hatten sie bereits gesammelt, doch wollten sie eine Mumie aus der Zeit vor den Pyramiden. Sie wussten, dass auch gewöhnliche Fellachen gut erhalten sein mussten, weil sie im heißen Wüstensand beigesetzt wurden. Doch wo fand man einen solchen Körper?

Die Museumsleute kannten einen Händler von ägyptischen Altertümern, der bald darauf das Gewünschte auftrieb. Diese als „Ginger" bekannte Wüsten-Mumie ist noch heute im Britischen Museum zu sehen.

Allerdings hatte der Händler einen ziemlich schlechten Ruf, weil er angeblich auch Fälschungen lieferte, wenn er nicht auftreiben konnte, was ein Museum bestellt hatte.

Aber einen Toten würde er doch sicher nicht „nachmachen", oder? Bestimmt würde er keine frische Leiche trocknen und als 5000 Jahre alte Mumie an ein Museum verkaufen, oder?

Ganz bestimmt nicht!

Und außerdem, wen hätte er umbringen sollen?

Merkwürdigerweise soll damals, als Ginger auftauchte, der Bruder des ägyptischen Händlers verschwunden sein!

Aber ganz bestimmt würde er niemals ... oder doch?

Das schaurigste Ende einer Mumie
Als König Ludwig XIV. von Frankreich 1715 starb, wurde sein Herz mumifiziert. Im 19. Jahrhundert kam Dean von Westminster in den Besitz des Herzens und soll es verspeist haben!

Der Fluch des Königsgrabes

Eine wahre Geschichte?

26. November 1922
Der britische Archäologe Howard Carter suchte jahrelang nach einem noch ungeplünderten Pharaonengrab. Die Pyramiden waren leer, die Schätze schon vor Jahrhunderten gestohlen worden. Es war frustrierend. Aber er gab nicht auf. Er hoffte, dass einige der Felsengräber im Tal der Könige ihr Geheimnis noch bewahrt hatten.

Nach langer Suche gelangte er an den Eingang einer versiegelten Grabkammer. Er ließ extra den Expeditionsleiter Lord Carnarvon anreisen, damit dieser dem großen Ereignis beiwohnen konnte, das Carter später wie folgt beschrieb:

Mit zitternden Händen machte ich eine kleine Öffnung in der linken oberen Ecke und steckte eine Eisenstange hindurch.

Hinter der Tür befand sich offensichtlich ein Hohlraum. Ich erweiterte die Öffnung, hielt eine Kerze hinein und schaute ins Innere.

Zuerst konnte ich nichts sehen, da die aus der Kammer entströmende heiße Luft das Licht der Kerze zu heftig zum Flackern brachte. Doch sobald sich meine Augen an die Dunkelheit gewöhnt hatten, tauchten nach und nach Einzelheiten aus dem Nebel auf: seltsame Tierfiguren, Statuen und Gold – überall schimmerndes Gold!

Vor Ergriffenheit brachte ich kein Wort über die Lippen. Gespannt fragte Lord Carnarvon: „Können Sie etwas sehen?" Und ich konnte nur leise stammeln: „Ja, wunderbare Dinge."

Carter verbrachte Jahre mit der Ausgrabung des spektakulärsten Fundes des 20. Jahrhunderts: Er hatte das Grab des jung verstorbenen Königs Tutanchamun entdeckt. Aber war dem alten Grab mehr als nur heiße Luft entströmt? Vielleicht auch der über 3000 Jahre alte Fluch, mit dem die alten ägyptischen Priester das Grab belegt hatten, um den König zu schützen?

Der Fluch
Die seltsamsten Gerüchte ließen nicht lange auf sich warten. Nach der Graböffnung kletterten die Männer wieder hinaus in die Abendsonne. Als der letzte Arbeiter herausstieg, kam ein Sandsturm auf und hüllte den Eingang der Höhle in Dunkelheit. Später tauchte im Westen ein Falke auf. Der Falke war das Symbol der Pharaonen, Westen die Richtung des ägyptischen Totenreichs.

Lord Carnarvon starb am 6. April 1923, nur wenige Monate nach der Entdeckung. Er wurde von einem Moskito auf die linke Wange gestochen und starb an Blutvergiftung. Als Ärzte später die Mumie von Tutanchamun untersuchten, bemerkten sie ein seltsames Mal im Gesicht der Mumie ... auf der linken Wange!

In der Nacht von Lord Carnarvons Tod fielen in Kairo alle Lichter aus und die ägyptische Hauptstadt war in Finsternis gehüllt. Zur gleichen Zeit heulte sein Hund in England auf und verendete. „Die Rache des Tutanchamun!", davon waren die Leute überzeugt.

In den folgenden Monaten wurde der Tod mehrerer Personen, die das Grab besichtigt hatten, auf diesen Fluch zurückgeführt. Einer davon war der ägyptische Prinz Ali Farmy Bey, dessen Stammbaum bis auf die Pharaonen zurückgeht. Er wurde in einem Londoner Hotel ermordet, sein Bruder beging Selbstmord.

Richard Bethell, der Carter beim Auflisten von Tutanchamuns Schätzen geholfen hatte, beging 1929 offensichtlich Selbstmord. Wenige Monate später war in den Zeitungen beim Tod seines Vaters vom neunzehnten Opfer des Fluchs die Rede ...

Lord Westbury, 78 Jahre, stürzte sich heute aus einem Fenster seiner Wohnung im siebten Stock eines Londoner Hauses. Er war auf der Stelle tot. Lord Westburys Sohn, der frühere Sekretär von Howard Carter, dem Archäologen, der das Grab des Tutanchamun entdeckt hat, wurde im letzten November tot in seiner Wohnung aufgefunden, obwohl er am Abend zuvor bei bester Gesundheit zu Bett ging. Die genaue Todesursache wurde nie festgestellt ...

Lord Westbury soll kurz vor seinem Tod geschrieben haben: *Diesen Horror halte ich nicht mehr aus.* In dem Raum, aus dem er gesprungen war, fand die Polizei eine Steinvase. Sie stammte aus dem Grab des Tutanchamun.

Die Liste der Todesfälle wurde noch länger. Als Archibald Reid, ebenfalls Archäologe, beim Röntgen einer Mumie verstarb, lauteten die Schlagzeilen: *Ein Grauen geht durch England!*

Als der Ägyptologe Arthur Weigall an einem „unbekannten Fieber" starb, wurde er zum einundzwanzigsten Opfer des Fluches erklärt. Selbst der mysteriöse Tod eines Amerikaners namens Carters wurde Tutanchamun zur Last gelegt.

Der Fluch wird enttarnt
Howard Carter nannte sämtliche Berichte über den Fluch lächerlich und behauptete, sie seien nur zur Unterhaltung der Leserschaft in Umlauf gebracht worden. Er selbst starb erst 1939 eines natürlichen Todes. Hätte nicht er, der als Erster die Grabkammer betreten hatte, auch als Erster dem Fluch erliegen müssen? Auch einige von Carters Assistenten wurden sehr alt. Doktor Derry, der Tutanchamuns Körper untersucht hatte, wurde 88 Jahre alt.
Im Jahre 1933 nahm der deutsche Professor Georg Steindorff den Fluch näher unter die Lupe. Er fand heraus, dass Lord Westbury und sein Sohn niemals direkt mit dem Grab oder der Mumie in Berührung gekommen waren. Und Richard Bethell starb vermutlich eines natürlichen Todes. Steindorff bewies auch, dass der Amerikaner Carter nichts mit Howard Carter zu tun gehabt hatte.
Mumien wurden nicht mit einem „Fluch" beigesetzt, sondern mit einem Zauberspruch, der die Feinde des Pharaos nicht töten, sondern nur erschrecken sollte, damit der König unbehelligt ins Totenreich gelangen konnte.

Die Geschichte geht weiter
Aber es ist schwierig, eine gute Geschichte einfach fallen zu lassen. Die Leute lieben Horrorfilme, und herumirrende Mumien geben ideale Monster ab. Als ein Pariser Museum 1966 die Schätze des Tutanchamun ausleihen wollte, gab es neue Schlagzeilen. Mohammed Ibrahim, einer der Verantwortlichen in Ägypten, war dagegen gewesen. Er hatte geträumt, er würde ein schreckliches Ende nehmen, wenn die Schätze das Land verließen. Deshalb sprach er sich heftig dagegen aus. Doch er wurde überstimmt. Als Mohammed die Versammlung verließ, wurde er von einem Auto überfahren und starb.

Und du, glaubst du an den Fluch des Tutanchamun?

Die Hand der Mumie

In den letzten Jahrzehnten kursierten etliche „wahre" Geschichten über Mumien. Glaubst du diese hier?

Lord Carnarvon,
ich flehe Euch an: Passt auf Euch auf! Die alten Ägypter hatten Wissen und Kräfte, von denen wir Heutigen keine Ahnung haben!
   Ihr getreuer Freund Graf Louis Hamon

Als Lord Carnarvon dieses Schreiben gelesen hatte, sagte er: „Da braucht es mehr als seltsame Briefe, um mich davon abzuhalten, weiterhin Gräber zu erforschen!"

Wenige Tage danach entdeckte Lord Carnarvons Expedition das berühmte Grab des Tutanchamun und vier Monate später war Lord Carnarvon tot! Was hatte Lord Hamon veranlasst, seinen Freund schriftlich zu warnen?

Es war eine Erfahrung, die er mit einer Mumienhand gemacht hatte …

3. Die Prinzessin wurde begraben... allerdings ohne ihre Hand.

4. Das schauerliche Relikt, ihre Hand, wurde von einer Familie zur nächsten weitergegeben, bis sie in diesem Jahrhundert in den Besitz eines Scheichs gelangte.

> Du hast mich von Malaria geheilt, Hamon. Zum Dank gebe ich dir ein Geschenk ...

5. Und der Scheich gab Hamon die Hand der Prinzessin.

> Ich kann es nicht annehmen, ein so ... wertvolles Geschenk ...
> Ich bestehe darauf!

6. Hamons Frau hasste die Hand.

> Kannst du sie nicht einem Museum vermachen?
> Ich hab's versucht – alle haben abgelehnt.

7. Dann schließ sie in den Safe und wir vergessen sie ...

8. Doch als die Hamons den Safe im Oktober 1922 öffneten, erstarrten sie vor Schreck ...

> Sie ist nicht mumifiziert! Sie ist so weich und frisch wie meine!

10. In der Halloween-Nacht las Hamon Gebete aus einem alten „Totenbuch" vor.

11. Doch als er das Buch zuklappte, war plötzlich das ganze Haus dunkel und bebte.

12. Ein Windstoß riss die Tür auf.... Die Hamons fielen zu Boden und eine ägyptische Frau erschien.

13. Schau! Ihr fehlt eine Hand!

14. Die Gestalt beugte sich über die Hand und verschwand wieder.

Unerschrockene Grabräuber

Welche Macht hatten die Grabräuber? Sie hatten die Macht, die Geschichte Ägyptens umzuschreiben!

Um als Mumie in Sicherheit zu sein, ließen die Pharaonen Pyramiden erbauen, doch Grabräuber störten ihre Totenruhe und stahlen alle Schätze, mit denen sie beigesetzt worden waren.

Deshalb wurden immer größere und noch sicherere Pyramiden gebaut. Doch die Grabräuber gaben nicht auf und klauten weiter.

Am Ende mussten die Pharaonen aufgeben. Sie begriffen, dass eine Pyramide geradezu ein Aushängeschild war, auf dem stand: „Schaut, ein Grab voller Schätze!" Sie beschlossen sich in verborgenen Felshöhlen beisetzen zu lassen.

Wegen der Grabräuber bauten die Ägypter keine Pyramiden mehr. Doch in dem jahrhundertelangen Kampf zwischen Gräberbauern und Grabräubern mussten auch Letztere gelegentlich eine Schlappe hinnehmen …

Die Rache der Mumie

Endlich hatte der Räuber sein Ziel erreicht: Er stand vor dem steinernen Sarkophag. Welche märchenhaften Schätze er dort wohl finden würde?

Der Deckel des Sarkophags war schwer. Eine Schufterei, ihn anzuheben! Mit der Ruhe in der stillen Kammer war es vorbei. Staub und Sand rieselten von der Decke. Endlich ein Riss im Deckel. Der Mann machte eine kurze Pause, ehe er mit neuer Energie ans Werk ging. Der Riss wurde breiter. In seiner Aufregung bemerkte der Mann nicht, dass erste Steine aus der Kalksteindecke fielen.

Noch ein Versuch! Es knarrte. Der Mann streckte eine Hand in den Sarg. Noch ein Knarren, doch diesmal nicht vom Sargdeckel. Es war das Dach der Grabkammer! Bei seinem Versuch, in das Grab einzudringen, hatte der Grabräuber es beschädigt. Zu spät bemerkte er nun, dass seine Gier ihm zum Verhängnis wurde. Die Dachplatte erschlug ihn, seine Hand steckte noch im Sarg.

So wurde er im Jahre 1970 von Archäologen gefunden, die das Grab erforschten: ein Skelett in Lumpen, die einst sein Mantel gewesen waren. Die Hand steckte noch immer im Sarkophag. In der Tasche des Mantels fanden sie etwas, das ihnen genau verriet, wann der Mann hier eingedrungen war: die Reste einer alten Zeitung. Wann war der Grabräuber erschlagen worden? 1944 – n. Chr.!!

Tipps + Tricks für Grabräuber

Versetze dich ein paar Jahrtausende zurück. Du reist durch das alte Ägypten und dir geht das Kleingeld aus. Deshalb beschließt du, eine Pyramide oder ein Felsengrab auszurauben. Hier ein paar Tipps, um möglichst ungeschoren davonzukommen:

1 Denk an die Strafe für ertappte Grabräuber: Folter und Hinrichtung. Also sei ein bisschen vorsichtig!

2 Sei im Vorfeld nicht knauserig, schließlich bist du hinterher stinkreich! Sorge dafür, dass die örtlichen Beamten auf deiner Seite sind. Freunde dich mit ihnen an, auch wenn es nicht ganz billig ist!

3 Stell eine Bande von sieben bis acht Leuten zusammen, die über besondere Kenntnisse verfügen müssen. Du brauchst:
- ▲ Ein paar geschickte Steinmetze, die den Weg frei meißeln.
- ▲ Einen Schmied, der Gold und Silber einschmelzen kann.
- ▲ Einen gewieften Flussschiffer für den Weg zur Grabstätte (und für den Rückweg), der zugleich Schmiere stehen kann.
- ▲ Wasserträger für die Steinmetze und als Hilfskräfte.

4 Wähle möglichst einen Hintereingang ins Grab, damit die Priester den Einbruch nicht gleich bemerken und der Haupteingang versiegelt bleibt. Solange sie glauben, dass die Mumie in Sicherheit ist, bist auch du in Sicherheit!

5 Zahle allen, die mit dem Begräbnis zu tun haben, Schmiergeld:
- ▲ Dem Sargmacher. Er kann an einem Ende des Sargs eine Falltür einbauen, damit du kein Siegel verletzen und keinen Deckel aufhieven musst. Du brauchst dann nur die Falltür zu öffnen und kannst Mumie und Schätze mühelos herausholen.

- ▲ Dem Grabversiegler. Er muss die drei Türen, die ins Innere führen, versiegeln. Wenn du ihm genug bezahlst, wird er die beiden inneren Türen nicht versiegeln – und das erspart dir eine Menge Arbeit!
- ▲ Den Grabwächtern. Ein langweiliger Job. Ein bisschen Grabräuberei würde ihr Leben interessanter machen. Natürlich musst du das Grab nach außen hin so verlassen, wie du es aufgefunden hast. Und sie können das Grab auch bewachen, wenn es leer ist.
- ▲ Den Priestern. Da sie ohnehin sehr reich sind, musst du eine anständige Summe herausrücken, damit sie während deines Einbruchs ein Auge zudrücken.
- ▲ Den Hofbeamten. Wenn sie erfahren, dass du eingebrochen bist, werden sie dich verhaften lassen. Also bestich sie lieber gleich, damit sie für dich lügen. Sie müssen nur sagen: „Das Grab wurde nicht angerührt!" – und du bist wieder ein freier Mann!

6 Mach dich mit Insider-Tricks vertraut. Setz z. B. das Grab einfach in Flammen. Alles aus Holz verbrennt – das Gold aber schmilzt und sammelt sich in kleinen Tümpeln. Sobald diese abgekühlt und hart sind, hol sie aus der Asche und bring sie in Sicherheit. Cool, hm?

7 Arrangiere dich mit reisenden Händlern. Sie werden dir deine gestohlenen Schätze abkaufen ohne dumme Fragen zu stellen oder dich zu verraten. (Heutzutage nennt man solche Leute „Hehler".)

8 Stelle deinen plötzlichen Reichtum nicht zu offen zur Schau. Das wurde schon so manchem Grabräuber zum Verhängnis. Deine Mitmenschen würden sich fragen, woher dein Vermögen stammt.

9 Es ist von Nutzen, die Gänge und Kammern eines Grabes gut zu kennen – viele Grabarbeiter wurden später zu Grabräubern. Wenn sie nicht pünktlich ihren Lohn bekamen, traten sie in Streik, marschierten vor die Häuser der Beamten und riefen: „Wir haben Hunger, Hunger, Hunger …" Wenn das nichts nutzte, raubten sie eben die Gräber aus, die sie zuvor gebaut hatten.

10 Am allerbesten ist es, die Leiche zu klauen, ehe sie begraben wird! Jemand soll das mal mit der Mumie der Mutter eines Pharao gemacht haben. Das kann sich so abgespielt haben …

Wo ist meine Mam?

Cheops war größenwahnsinnig, das muss einmal gesagt werden. Seit Jahrhunderten schon wurden die Pharaonen in Pyramiden beigesetzt, die als Weltwunder galten. Cheops aber wollte eine noch größere.

„Meine Pyramide soll gewaltig werden. Die größte Pyramide, die die Welt je gesehen hat."

„Aber natürlich, Euer Majestät", sagte der Großwesir Yussef mit einer Verbeugung. „Die größte Pyramide für den größten Pharao aller Zeiten. Dafür werde ich sorgen." Das würde Yussef zum wichtigsten Mann Ägyptens machen – neben Cheops natürlich.

„Und meine Pyramide muss sicher sein, Yussef, absolut einbruchsicher! Ich habe keine Lust, mir von Grabräubern den Gang ins Totenreich verbauen zu lassen."

„Es wird das sicherste Grab aller Zeiten werden, Euer Majestät", versprach der Großwesir.

„Und das größte!", mahnte der Pharao.

„Selbstverständlich, Euer Majestät!" Yussef verbeugte sich und eilte davon.

Cheops Mutter, Hetepheres, sagte seufzend: „Leider werde ich das Ende der Bauarbeiten nicht mehr erleben, mein Sohn."

„Vielleicht nicht hier, aber du wirst vom Totenreich aus zuschauen. Und eines Tages werde ich nachkommen", versprach Cheops.

„Wenn die Grabräuber es zulassen, mein Sohn."

„Grabräuber werden niemals einen Fuß in meine Pyramide setzen!", prahlte Cheops.

Hetepheres hüstelte. „Ich sprach von meinem Grab, mein Sohn, nicht von deinem."

Cheops sprang auf. „Liebste Mutter, ich schwöre dir bei allen Göttern, dass dein Grab so sicher werden wird wie meines!"

„Das kann ich nur hoffen", sagte Hetepheres und schüttelte traurig den Kopf. „Ich kann nur hoffen."

Die Cheops-Pyramide wuchs und wuchs und die Jahre verflogen wie Wüstensand ... und plötzlich starb Hetepheres.

Cheops trauerte und richtete seiner Mutter ein großartiges Begräbnis aus. Tausende von Menschen standen entlang der staubigen Straße nach Dashur, um Hetepheres die letzte Ehre zu erweisen. Tausende von neidischen Augen verfolgten die juwelenbesetzten Kisten und die mit Edelsteinen besetzten Statuen aus Silber und Gold, die der alten Königin mit ins Grab gegeben werden sollten.

In mein Grab kommt bestimmt nur mein Lieblingsstock und meine Sammlung von getrocknetem Kuhdung ...

Der Zugang zur Grabkammer wurde mit riesigen Steinen versperrt und Tag und Nacht bewacht. Niemand konnte hinein ...

... aber einer wohl doch!

Es war Yussef, der Cheops die schreckliche Nachricht überbrachte. „Unmöglich!", brüllte Cheops. „Ich habe ihr versprochen, dass sie in Sicherheit ruhen wird. Nun kommt sie nicht ins Totenreich!" Zornbebend wandte er sich an seinen Großwesir: „Ich will, dass alle Verantwortlichen getötet werden."

„Aber der Körper ist doch in Sicherheit, Euer Majestät", sagte Yussef nachsichtig. „Niemand muss sterben."

„In Sicherheit?"

„Ja, der Sarg ist noch da", erwiderte Yussef gelassen.

„Osiris und Isis sei Dank", stammelte der König. „Aber so etwas darf nie wieder geschehen. Wir müssen ein zweites Grab finden, ein geheimes ... irgendwo in der Nähe der Großen Pyramide. Die wertvollsten Schätze befinden sich im Sarg."

„Ich weiß, Euer Majestät, ich weiß", sagte Yussef lächelnd. „Und ich habe schon einen perfekten Plan."

Yussefs Plan war wirklich genial. Hetepheres' neue Ruhestätte blieb 3000 Jahre lang unangetastet. Grabräuber und Archäologen wussten vom ersten Grab und auch, dass der Sarg versteckt worden war. Doch sie suchten vergeblich.

Sie fanden nichts, bis ...

... ein Fotograf die Ausgrabungen in der Nähe der Cheops-Pyramide fotografierte. Er stellte das Stativ seiner Kamera auf den vermeintlich massiven Fels. Plötzlich sank eines der Beine des Stativs ein – auf Felsgestein war das wohl kaum möglich!

Vorsichtig wischten die Archäologen den Sand weg. Darunter war natürlich kein Fels. Es war Gips, der eine Schachtöffnung bedeckte. Der Schacht war mit Steinblöcken angefüllt, die mit Mühe einzeln weggeräumt werden mussten, und in massiven Fels gehauen – bestimmt keine leichte Sache damals für Cheops' Arbeiter.

In dreißig Meter Tiefe stießen die Archäologen endlich auf eine Grabkammer. Der große weiße Steinsarg war unversehrt. Genau wie Cheops ihn vor der geheimen Beisetzung gesehen hatte.

Da in der unterirdischen Grabkammer nur acht Leute Platz hatten, waren nur acht Personen bei der Sargöffnung zugegen. Gespannt warteten sie darauf, die älteste Mumie der Welt zu sehen, eine Mumie, die im Jahre 2500 v. Chr. begraben worden war.

Doch alles, was sie fanden, waren zwei silberne Armreifen – eine armselige Beigabe für die einst unermesslich reiche Königin Hetepheres. Und keine Mumie!

Aber es war offensichtlich, dass diese Grabkammer nie zuvor betreten worden war. Der gute Cheops hatte einen leeren Sarg beisetzen lassen! Wahrscheinlich wandert er noch heute durch das Totenreich und sucht seine Mami. Vielleicht sieht ihm sein gerissener Großwesir dabei zu – und grinst sich eins.

Grabräuber späterer Zeiten

Die Priester des alten Ägypten glitten lautlos durch die mondlose Dunkelheit. Ihre Diener trugen eine schaurige Last – 30 Mumien! Doch die Priester waren keine Mumienräuber, sondern Mumienretter.

Auf der Suche nach Schätzen hatten Räuber das Tal der Könige geplündert. Sie begnügten sich nicht mit dem Gold, sondern rissen auch Mumien auf, um an versteckte Juwelen zu kommen. Jeder wusste, wer die Räuber waren, doch keiner konnte sie stoppen, weil sie mächtige Freunde hatten. Selbst wenn sie verhaftet wurden, waren sie innerhalb kürzester Zeit wieder frei.

Die königstreuen Priester sahen nur eine Möglichkeit, um ihre Gottkönige und Königinnen zu retten. Sie mussten sie fortschaffen. In einer Geheimaktion wurden mehrere Mumien aus den aufgebrochenen Gräbern geholt und in einen versteckten Raum tief im Felsgestein gebracht.

Die Leinenbinden wurden geflickt, die Körper wieder mit neuen Schutzamuletten und den wenigen Schmuckstücken versehen, die ihnen verblieben waren. Anschließend wurde die geheime Grabkammer versiegelt und der Eingang getarnt. Und tatsächlich wurden Räuber auf diese Weise für die nächsten Jahrtausende abgehalten.

Historiker wussten von den 30 bedeutenden Königen und Königinnen, doch die Archäologen konnten ihnen nicht sagen, wo sie begraben waren. Dieses Geheimnis wurde erst um 1880 von Grabräubern gelöst …

Die Geschichte von Mohammed
Mohammed war am Ende. Er konnte sich kaum noch auf den Beinen halten, sein Körper war mit blauen Flecken übersät. Er humpelte zum Haus seines Bruders, wo er zusammenbrach. Ahmed, sein ältester Bruder, brachte ihm einen Stuhl und heißen Kaffee. „Hast du etwas verraten?", fragte Ahmed.

Mit Stolz in den Augen blickte Mohammed auf. „Die Polizisten haben mich gefesselt und in eine Zelle geworfen. Dann schlugen sie mich auf die Fußsohlen, bis sie brannten wie Feuer!"

„Hast du etwas verraten?", fragte ein weiterer Bruder besorgt.

„Kein Sterbenswörtchen", flüsterte Mohammed. „Sie wollten wissen, woher wir das viele Geld haben. Ich sagte, wir hätten dafür gearbeitet. Da haben sie mich geschlagen. Sie fragten auch, was ich von den Sachen weiß, die aus dem Grab gestohlen wurden, und ich sagte, ich wisse nichts. Da haben sie mich noch mal geschlagen."

„Du warst sehr tapfer, Mohammed", sagte ein jüngerer Bruder lobend.

„Ich habe euch den dreckigen Hals gerettet", schnaubte Mohammed.

„Dafür sind wir dir dankbar", sagte Abdul.

Mohammed beugte sich vor. „Wie dankbar genau?"

„Sehr dankbar."

„Ich meine – wie viel ist euch mein Schweigen wert?", fuhr Mohammed fort, während er an dem Kaffee nippte.

Die Brüder zuckten mit den Schultern. „Wir haben den Erlös immer gerecht unter uns fünfen aufgeteilt."

„Gut, in Zukunft will ich die Hälfte für mich", erklärte Mohammed.

Die Brüder blickten einander an. Einer lachte leise auf. Dann noch einer. Bald lachten alle vier Brüder lauthals. Es war Ahmed, der schließlich ausrief: „Du scheinst zu vergessen, dass ich es war, der die Mumien 1871 entdeckt hat. Wenn jemandem die Hälfte zusteht, dann mir!"

„Und wenn du nicht so gierig gewesen wärst und zu viel auf einmal verkauft hättest, hätten uns die Leute vom Museum nicht die Polizei auf den Hals gehetzt", widersprach Mohammed. „Ich will einen größeren Anteil. Ich habe ganz schön gelitten!"

Ahmed stand auf, sein Lachen erstarb. „Niemals!"

Mohammed schmetterte die Kaffeetasse auf den Boden und humpelte zur Tür. „Na schön", murmelte er.

Wenige Minuten später klopfte er an die Tür des Museumsleiters.

„Mr. Maspero?", fragte er.

„Er ist nicht da. Ich bin sein Assistent, Emil Brugsch. Kann ich dir weiterhelfen?"

„Nein, aber ich kann Ihnen weiterhelfen", sagte Mohammed und erzählte die ganze Geschichte. Brugsch erfuhr, wie Ahmed die Grabkammer entdeckt hatte. Auf der Suche nach einer entlaufenen Ziege kam er zu dem Eingang eines steil abfallenden Ganges; als er wenig später mit einer Lampe zurückkam, entdeckte er eine Grabkammer mit 30 Mumien samt Goldschätzen.

Gefundene Schätze gehören natürlich dem Ägyptischen Museum. Sie zu verkaufen war und ist gesetzlich verboten. Über zehn Jahre lang verkauften Ahmed und seine Brüder die Schätze nach und nach an Sammler.

„Wirst du mich zu dieser Grabkammer führen?", fragte Brugsch.

Mohammed nickte. „Letztes Mal bekamen wir Probleme. Mr. Pawar, der Bürgermeister von West-Theben, musste sich für uns einsetzen ... und wir bezahlten ihn natürlich gut. Werden Sie dafür sorgen, dass ich nicht ins Gefängnis komme, Mr. Brugsch?"

Brugsch lachte. „Wenn das, was du mir erzählt hast, stimmt, kommst du nicht ins Gefängnis! Du wirst als Nationalheld gefeiert werden!"

„Die gestohlenen Schätze ..."

„Oh, die sind nicht so wichtig. Uns geht es mehr um die Mumien. Können wir gehen?"

Brugsch fand die Grabkammer, musste jedoch schwer kämpfen um die wertvollen Mumien zu erhalten. Männer aus der nahe gelegenen Stadt bekamen Wind von der Sache und wollten verhindern, dass der Archäologe ihre toten Könige entführte. Als sie nilabwärts ins Museum von Kairo transportiert wurden, stand die einheimische Bevölkerung am Ufer, weinte und streute sich Staub auf den Kopf – genau wie die alten Ägypter vor Tausenden von Jahren.

Während der Schiffsreise griffen Räuber das Boot an und versuchten die Mumien zu stehlen. Diesmal waren sie zu gut bewacht. Endlich gelangten die Mumien in das sichere Museum von Kairo. Was glaubst du, ist mit Mohammed passiert? Wurde er ...

A Ins Gefängnis gesteckt?
B Mit 500 Dollar belohnt?
C Hingerichtet?
D Als Ausgrabungsleiter angestellt?
E Von einem Fluch der Mumien getötet?

Antwort: B und D.

Ein bemerkenswerter Fluss

Was hat der Nil mit den Pyramiden zu tun?

Sehr viel, denn ohne den Nil gäbe es keine Pyramiden.

Nordafrika war früher ein üppiges Grasland. Das Gebiet, das heute Ägypten ist, stand unter Wasser. Dann, vor etwa 9000 Jahren, begann die Gegend auszutrocknen und Menschen wurden sesshaft. Als es noch trockener wurde, siedelten die Menschen vor allem in der Nähe des Nils an. Doch warum bauten sie die Pyramiden?

Hier vier Hinweise. Errätst du, wie jeder dieser Punkte zum Bau der Pyramiden beigetragen haben könnte?

1 Jedes Jahr trat der Nil über die Ufer und machte das umliegende Land fruchtbar. Aber natürlich konnten die Fellachen nicht auf den Feldern arbeiten, wenn diese überflutet waren.

2 Die Gebiete, die nicht überschwemmt wurden, verwandelten sich in Wüste – schlecht zu durchqueren für andere Völker. Abgeschnitten vom Rest der Welt, war Ägypten vor aufdringlichen Nachbarn sicher.

3 Man kannte noch kein Rad. Doch während der Überschwemmungszeit, wenn Häuser und Dörfer abgeschnitten waren, lernten die Fellachen Boote zu bauen.

4 Die Regenfälle in den tropischen Wäldern Afrikas ließen den Nil ansteigen und in Ägypten regnete es fast nie. Die plötzlichen, lebenswichtigen Nilfluten waren für die Ägypter ein Geschenk des Himmels.

Hier die vier Seiten einer Pyramide, die den Zusammenhang zwischen Nil und Pyramiden erklären.

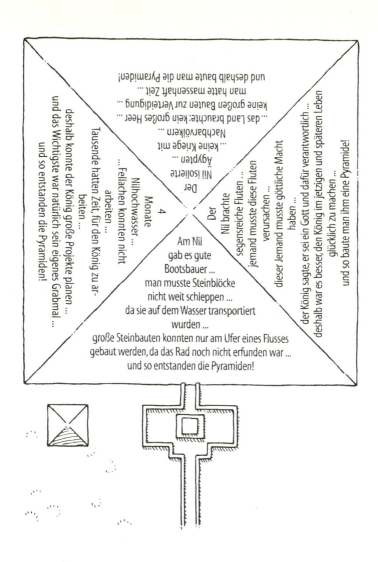

Fakten, Fakten, Fakten

1 Von der Quelle bis zur Mündung ins Mittelmeer ist der Nil eindrucksvolle 6.671 Kilometer lang.
2 Zwei Flüsse bilden den Nil:
 – der Blaue Nil aus dem Äthiopischen Hochland
 – und der Weiße Nil aus Uganda.
3 Der Nil trat jedes Jahr fast zum gleichen Zeitpunkt über die Ufer: Mitte Juni. Markierungen im Gestein am Ufer zeigten die alljährliche Wasserhöhe an. Man nennt sie „Nilometer" (Fakt oder Fabel?).
4 Der Nil zog sich erst im Oktober wieder in sein Bett zurück.
5 Der Nil brachte nicht nur jede Menge Wasser mit, sondern auch schwarzen Schlamm, der das Land fruchtbar machte und reiche Ernten bescherte. Deshalb nannten die Ägypter ihr Land „Keme" – Schwarzes Land.
6 Im November begann es überall zu sprießen. Die Höhe des Hochwassers bestimmte das Ausmaß der Ernten. Plinius, ein römischer Besucher, schrieb:
Ein Anstieg von 12 Ellen bedeutet Hunger.
(1 Elle = 1,5 m)
Ein Anstieg von 13 Ellen bedeutet Leid.
Ein Anstieg von 14 Ellen bedeutet Glück.
Ein Anstieg von 15 Ellen bedeutet Sicherheit.
Ein Anstieg von 18 Ellen bedeutet eine Katastrophe.

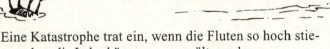

Etwas feucht heute, was?

Eine Katastrophe trat ein, wenn die Fluten so hoch stiegen, dass die Lehmhäuser weggespült wurden.

7 Herodot, ein griechischer Reisender, schrieb:
Wenn der Nil über seine Ufer tritt, verwandelt sich das Land in einen riesigen See, aus dem nur hier und dort Städte aufragen, die wie Inseln aussehen.
8 Der Nil war die wichtigste Verkehrsverbindung durch Ägypten. Längere Reisen wurden fast immer per Boot gemacht.
9 Heutzutage tritt der Nil nicht mehr über seine Ufer. Der große Staudamm bei Assuan (1971 gebaut) reguliert die Wasserhöhe. Aber das führte zu neuen Problemen. Ohne die Fluten gibt es keinen fruchtbaren Schlamm mehr; folglich müssen die Bauern für viel Geld chemische Dünger kaufen.
10 Über den Nil wurden viele Gedichte und Lieder geschrieben. Ein Priester dichtete:
Heil dir, o Nil,
der du Ägypten ernährst!
Deine Fluten erquicken das Land.
Welche Freude, wenn du kommst, o Nil!
Welche Freude, wenn du kommst!
Du, der du Mensch und Tier ernährst:
Welche Freude, wenn du kommst!
(Vielleicht nicht gerade hitverdächtig, aber immerhin hat das Lied 3000 Jahre überdauert.)

11 Wo das Überschwemmungsgebiet endete, begann die Wüste. Der Unterschied war so deutlich, dass man mit einem Fuß auf dem Acker, mit dem anderen im Wüstensand stehen konnte. Die Wüste hieß Dashre, Rotes Land.

12 Wegen der Überschwemmugen des Nil unterteilten die Ägypter ihr Jahr in drei Jahreszeiten: Flutzeit, Pflanzzeit und Erntezeit.

13 Jedes Jahr mussten die Fellachen Bewässerungskanäle bauen oder reparieren. Das war ein Teil des Tributs, den sie an den Pharao zu zahlen hatten. Wer sich nicht an diesen Projekten beteiligte, wurde ausgepeitscht. Eine Flucht hätte nichts genützt, denn dann wären die Familienmitglieder ausgepeitscht worden.

14 Ehe der Nilpegel wieder sank, wurde das Wasser in Reservoirs aufgefangen. Dann konnten die Felder auch bei Dürre bewässert werden. Mit einem „Schaduf" schöpften die Fellachen das Wasser auf ihre Felder. Ein Schaduf ist ein Gestell mit einem Querbalken, der an einem Ende beschwert ist. Am anderen Ende hängt ein Schöpfgefäß, das ins Wasser getaucht werden kann. Dank dieser Erfindung konnte man Tausende von Litern Wasser pro Tag schöpfen.

Noch heute wird mit den praktischen Schadufs gearbeitet. Hast du Lust einen zu bauen?

Ein Schaduf leicht gemacht
Die Ägypter bauten diese Art Ziehbrunnen aus drei Baumstämmen; für deine kleinere Ausführung reichen drei Stöckchen.

1 Du brauchst drei gerade, etwa 20 cm lange Stöckchen. Binde sie drei Zentimeter unterhalb der Spitze zusammen und lass ein Stück Schnur hängen.

2 Stell die Stöckchen aufrecht und ziehe sie unten auseinander (Bild 1). Drücke die Enden in ein Stück Modelliermasse, damit sie Halt haben.

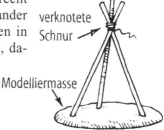

3 Nun brauchst du ein weiteres gerades Stöckchen (35 cm) als Hebel. Binde es mit dem Schnurende oben in dem Gestell fest. Auf einer Seite sollte der Hebel etwa 12 cm überstehen (Bild 2).

4 Beschwere das kurze Ende des Hebels mit Knete. Binde ein weiteres, 15 cm langes Stöckchen am langen Ende fest.

5 Nun brauchst du nur noch ein Schöpfgefäß, wofür sich ein etwas größerer Plastikdeckel eignet. Bohre drei Löcher in den Rand und binde das Gefäß oben am Hebel fest.

Glückwunsch! Du hast gerade eine einfache und doch äußerst geniale Erfindung nachgebaut!

Göttergalerie

Was für ein Leben, wenn man sich die Hälfte der Zeit nur mit dem Tod beschäftigt! Der Tod war das Hauptproblem der Ägypter. Sie wollten unbedingt ins Totenreich gelangen, von dem die Priester ihnen erzählten. Dort war es zwar nicht so angenehm wie im „Land der Götter", zu dem nur die Pharaonen Zugang hatten, aber immer noch besser als auf Erden. Die Ägypter wussten sogar, wo sich dieses Totenreich befand: westlich des Horizonts.

Aber beim linken Knie des Anubis!! Man musste eine ganze Reihe von Götter zufrieden stellen, ehe man dort Einlass fand! Und wenn man nur einen der Götter beleidigte, handelte man sich ganze Schadufs voll Ärger ein. (Äh, entschuldige, Anubis, ich finde dein linkes Knie wirklich sehr hübsch!)

Klar, dass die Götter unermesslich alt waren. Sie hatten lange vor den ersten Menschen existiert und behandelten sie als eine Art Diener oder Spielzeug. Die Götter kontrollierten alles Geschehen und erwarteten Respekt.

Versuch mal diesen Haufen bei Laune zu halten:

Sobek: der mit dem Krokodilskopf. Herrschte über das Wasser.

Thot: der mit dem Ibiskopf. Gott des Wissens, erfand Sprechen und Schreiben.

Seth: Gott des Chaos und der Stürme. Feind von Osiris.

Das große Götter-Quiz
Zu welchem Gott würdest du wann beten?
O großer ....! Mein Land ist zu trocken und meine Ernte geht ein.
Mächtiger ....! Mein jüngster Sohn starb vor drei Monaten an Fieber. Seither ist meine Frau am Boden zerstört. Hilf ihr, sich wieder des Lebens zu erfreuen.
O weiser ....! Mein Sohn will Schreiber werden, kann sich aber die Hieroglyphen so schlecht merken, dass seine Lehrer ihn von der Schule werfen wollen. Auch Schläge haben nichts genützt!
Gib mir Kraft, o rachsüchtige ....! Plünderer aus dem Roten Land haben unser Dorf überfallen. Hilf uns im Kampf gegen die Eindringlinge.
O mächtiger ....! Mein Ehemann ist gestorben und ich habe fast all unsere Ersparnisse für seine Mumifizierung aufgebraucht, damit er sich deines Wohlgefallens sicher ist. Hilf ihm, in das Totenreich zu gelangen.
Erhöre mich, o schöne ....! Ich habe mich in ein Mädchen verliebt, aber beim Tanzen hat sie mich ausgelacht. Da ich so ungeschickt bin, stolpere ich ständig.

Die spinnen, die Götter!

Eine Geschichte, die alle Ägypter glaubten, ist folgende:

Osiris war ein mächtiger König, darin waren sich alle einig, zumindest fast alle. Er wurde geliebt von seiner Gemahlin Isis und all seinen Untertanen ... nun ja, fast allen. Nur sein Bruder Seth hasste ihn. Er war neidisch. Deshalb schmiedete Seth finstere Pläne, um seinen Bruder ungestraft aus dem Weg zu schaffen.

Was, wenn seine Leiche niemals gefunden würde? Jawohl, das war's. Er musste die Leiche verschwinden lassen!

Seth machte sich ans Werk. Zuerst brachte er Osiris um, dann zerstückelte er den Körper in 14 Teile, die er am Ufer des Nils verstreute, in der Hoffnung, die Krokodile würden sie auffressen.

Doch sein Plan schlug fehl. Isis sammelte alle 14 Teile wieder ein und wickelte sie in der richtigen Position in Leintücher. So wurde Osiris zur ersten Mumie der Welt.

Aber Isis war noch nicht fertig. Sie rief den Gott Anubis zu Hilfe, der Osiris neues Leben einhauchte. Doch da Osiris nicht als Mensch weiterleben konnte, ging er ins Totenreich und herrscht dort als Gott der Toten.

So wurde Anubis zum Schutzgott für Mumifizierungen, Isis zur Schutzgöttin der Toten. Und Seth? Seth bekam es mit Horus zu tun, dem Sohn von Osiris und Isis. In einer erbitterten Schlacht gelang es Seth, Horus ein Auge auszureißen, aber am Ende siegte Horus doch. Seth wurde dazu verdammt, den Rest seines Lebens im schrecklichsten Teil der Unterwelt zu verbringen.

Horus wurde zum Beschützer der Lebenden; sein ausgerissenes Auge macht die Toten sehend.

Schutzamulett für dich und deine Freunde
Die Ägypter waren sehr abergläubisch und schmückten sich gern mit schützenden Amuletten. Hier ein Talisman, den du aus Karton ausschneiden und dir um den Hals hängen kannst.
Die drei Symbole sind Hieroglyphen für die drei Wörter

Ein Ägypter hat's nicht leicht

O großer Pharao, das ist nicht fair!

Das schrecklichste Los im Alten Reich hatten die Fellachen (Bauern). Sie befanden sich am Fuß einer Pyramide, die folgendermaßen aussah:

1 *Der Pharao* – König, Gott und Oberster Priester, Heerführer.

2 *Der Wesir* – zweitmächtigster Mann im Staat. Er musste dafür sorgen, dass alles glatt lief: Das ging vom Eintreiben der Steuern bis zur Organisation des Baus neuer Bewässerungssysteme. Er war zugleich oberster Richter.

3 *Die Imakhu (die Ehrenvollen)* – Freunde und Verwandte des Pharao. Sie bekamen tolle Jobs wie: Botschafter, Gouverneur, Hüter der Kronjuwelen, Hüter der Öle und Parfüme, Hüter der königlichen Kleidungsstücke oder Hüter der Geheimnisse der königlichen Worte (legte fest, wer den Pharao sprechen durfte).

4 *Die Nomarchen* – Vorsteher kleinerer Bezirke, die für alle Belange zuständig waren. Sie sorgten für die öffentliche Ordnung und stellten im Falle eines Angriffs Soldaten bereit.

5 *Die Schreiber* – gebildete Beamten, die die königlichen Bücher führten.

6 *Die Priester* – Tausende, die den vielen Tempeln vorstanden.

7 *Die Hemutiu oder Handwerker* – gut ausgebildete Arbeiter im Dienste der Reichen: Weber, Architekten, Maler, Bildhauer, Händler, Juweliere, Einbalsamierer, Metallarbeiter …

8 *Die Fellachen* – die übrigen 90 % der Bevölkerung.

Zehn harte Lektionen: Das Leben als Fellache

1 Es gibt nur wenige Sklaven in Ägypten – aber die Fellachen sind auch nicht viel besser dran.
2 Fellachen sind Leibeigene – wenn ein Pharao Land verschenkt, werden die Fellachen mitverschenkt.
3 Genau wie das Vieh werden auch die Fellachen gezählt, wenn ein Landbesitzer seinen Besitz präsentiert.
4 Frauen werden nicht mitgezählt, da sie nicht so viel wert sind wie Kühe!

5 Fellachen werden jeweils in Fünfergruppen zum Arbeiten eingeteilt.
6 Familien dürfen in unterschiedliche Arbeitsgruppen aufgeteilt werden.
7 Solange ihre Felder überschwemmt sind, werden die Fellachen zum Pyramidenbau abgeordnet.
8 Wenn ein Fellache nicht hart genug arbeitet, wird er ausgepeitscht oder verstümmelt – man hackt ihm einen Finger oder eine Zehe ab!
9 Wenn er ein Grab plündern will, um endlich reich zu werden, wird er im Allgemeinen einen Kopf kürzer gemacht.
10 Vor der Weizenernte kommt der Steuereintreiber vorbei um festzulegen, wie viel davon man an den Pharao abgeben muss. Die gute Nachricht: Was der Pharao nicht will, dürfen die Fellachen behalten!

Die Arbeit auf den Feldern

> So, du armseliger Fellache, das Wasser ist zurückgegangen. Hier ein paar kleinere Aufgaben, damit dir nicht zu wohl wird ...

1. Repariere alle Schäden, die die Wassermassen auf den Feldern hinterlassen haben.
2. Hacke und pflüge die Erde, bevor die Sonne sie austrocknet.
3. Säe aus und lass die Samen von der Ziegenherde einstampfen.
4. Bewässere die Felder täglich, damit der Weizen gut wächst.
5. Reiße regelmäßig das Unkraut aus.
6. Verjage die gefräßigen Vögel.
7. Zupfe die Ähren ab.
8. Mahle das Getreide – schlage es mit Flegeln, bis sich die Körner von den Ähren lösen.
9. Siebe das Getreide und wirf es in die Luft, damit die Streu davongeweht wird.
10. Geh wieder aufs Feld und mähe die Getreidestängel, damit du Viehfutter hast oder Backsteine und Körbe daraus machen kannst.

> Und was mach ich in meiner Freizeit?

> Ich bin froh, dass du mich das fragst ... Kümmere dich um die Schweine, Schafe, Gänse und Enten, baue Trauben an, damit wir einen guten Wein bekommen, und Flachs, damit wir Leinen machen können, mahle das Korn und ...

> Warum habe ich nur gefragt? Ich bin froh, wenn die Flut kommt und ich wieder an der Pyramide bauen darf!

Die Arbeiten an der Pyramide

Du hast einen riesigen Steinblock 60 Kilometer weit durch die Wüste geschleppt und natürlich auch dein Trinkwasser. Endlich erreichst du die Pyramide, hievst den Stein an seinen Platz und wankst davon, um dir deinen Lohn in Form von Brot, Leinen und Salben abzuholen. Da enthüllt dir der Vorarbeiter die schreckliche Nachricht: kein Lohn!

Du stapfst zu den Baracken – primitive Unterkünfte mit Lehmboden. Du bist müde, hungrig und wütend. Die Baracken sind überfüllt, es gibt weder Wasser noch einen Abort. Es stinkt nach dem Schweiß deiner Mitmenschen und der Tiere, die diese Unterkunft mit dir teilen.

Du wünschst, du wärst daheim bei deiner Frau und deinen Kindern. Aber du weißt, dass du verhungert sein wirst, ehe du bei ihnen ankommst.

Was wirst du tun? Du könntest …
1 dich murrend wieder an die Arbeit machen.
2 einen Bittbrief an den Pharao schreiben.
3 in Streik treten.

Antwort: Nummer 3. Der erste Streik der Weltgeschichte fand auf der Baustelle einer Pyramide statt. Die Arbeiter saßen an einem schattigen Plätzchen und weigerten sich weiterzuarbeiten, ehe sie nicht ihren Lohn erhielten. Und sie erhielten ihn!

Uralter Witz aus dem alten Ägypten

Kein Wunder, dass es im Alten Reich Probleme gab. Um 2300 v. Chr. begann das Alte Reich zu zerfallen. Nomaden untergruben die Macht der Pharaonen. Ein alter Text besagt:

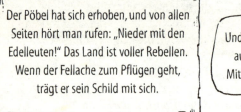

Erst um 2065 v. Chr. (unter den Pharaonen der 11. Dynastie) kam das Land unter Kontrolle. Den Fellachen wurden bessere Arbeitsbedingungen zugestanden.

Jede Familie erhielt genügend Land, um sich selbst versorgen zu können. Die Felder wurden an die nächste Generation vererbt und konnten nicht weggenommen werden. Endlich ging es den Bauern etwas besser!

Die Ägypterin im alten Ägypten

Die Göttliche
Die Ägypter wussten genau, wie die ideale Frau zu sein hatte: nämlich wie die Göttin Isis, die …

Die Perfekte
Auch wenn ein Mädchen nicht ganz an Isis heranreichte, so galt sie doch als ganz passabel, wenn sie …
1 zu Hause blieb und ihren Eltern gehorchte, bis sie zwölf und somit alt genug zum Heiraten war;
2 sich eine passende Partie aussuchte; jemand, mit dem die Eltern einverstanden waren;
3 ihrem Ehemann gehorchte;
4 ihren Ehemann mit etlichen anderen Frauen teilte;
5 ihrem Ehemann viele Kinder schenkte – sechs oder sieben waren das Mindeste.

Die Stinknormale
Nicht viele Ägypterinnen waren so perfekt. Manchmal kam es vor, dass …
1 eine Tochter wohlhabender Eltern zu Hause auszog und zur Schule ging, um Lesen und Schreiben zu lernen;
2 ein Mädchen aus Liebe heiratete und sich den Ehemann nicht von den Eltern aussuchen ließ. Ansonsten war es üblich, einen Verwandten zu heiraten, zum Beispiel einen Onkel oder Cousin.
3 Der Grieche Herodot schrieb nach seiner Ägyptenreise, dass die Ägypterinnen längst nicht so gehorsam waren, wie sie seiner Meinung nach hätten sein sollen. Sie waren ihm viel zu selbstständig!

4 Ein Ägypter konnte so viele Frauen heiraten, wie er wollte, aber er musste in der Lage sein, alle zu versorgen. Die Hauptfrau war ihrem Gemahl gleichgestellt und ihr ältester Sohn erbte den Besitz, wenn der Hausherr starb; sie selbst bekam die Haushaltsgegenstände.

5 Viele Mädchen wurden bereits mit zwölf oder dreizehn Jahren Mutter. Sie gebaren im Knien auf einem speziellen Gebärstuhl. Wegen des hohen Infektionsrisikos war der Tod des Kindes oder der Mutter nichts Ungewöhnliches. Die werdende Mutter konnte nur hoffen, dass Twaret, die Göttin der Geburt, böse Geister fern hielt. Für Twaret eigentlich kein größeres Problem: Sie war nämlich ein wildes, trächtiges Nilpferd!

Die Schönheitskönigin

Die ägyptischen Frauen waren stolz auf ihr Aussehen und gingen gern mit der Mode. In einem altägyptischen Beauty-Ratgeber hättest du folgende Tipps gefunden:

1 Bade häufig und gib Natron ins Badewasser (ja, dasselbe Salz, das auch für Mumien verwendet wurde!).

2 Lass dich massieren. Das kann dein Hausdiener tun, sofern du das Glück hast, einen solchen zu haben.
3 Umrande deine Augen mandelförmig mit einer grauschwarzen Wimperntusche aus Bleierz. Zupf dir die Augenbrauen aus. Am besten mit einer Pinzette aus Silber, falls du dir eine leisten kannst.
4 Trage Make-up. Helle den Teint auf und verwende Lippenstift aus roten Eisenoxyden.
5 Male die Nägel mit Henna rot. Cool ist es auch, sich damit die Handflächen und Fußsohlen rot zu färben!

Leben wie ein Ägypter

Die Ägypter bauten Häuser aus Lehmziegeln. Das war eigentlich ganz praktisch. Lehm gab es überall umsonst und die in der Sonne getrockneten Lehmziegel wurden steinhart.

Solche Häuser hielten mindestens hundert Jahre – und manche Ägypter bauen noch heute so. Je bedeutender jemand war, desto größer musste sein Haus sein. Möbel hatte der Durchschnittsägypter nur wenige, aber er verbrachte ohnehin die meiste Zeit im Freien. Hättest du gerne wie ein Ägypter gelebt?

1 Die alten Ägypter brauchten nicht viele Kleidungsstücke. Kinder und arme Leute trugen meist überhaupt nichts. Zum Glück ist das Klima in Ägypten sehr mild ... Und splitternackt herumzulaufen galt damals keineswegs als anstößig.

2 Die Ägypter aßen viel Brot. Es war allerdings so hart, dass es ihre Zähne abschliff. Schon um 2000 v. Chr. gab es Bäckereien.

Falls es dich interessiert, wie dieses Brot schmeckt (Keine Sorge, die Zähne wirst du dir nicht ausbrechen), teste dieses alte Rezept:

Vollkornbrot
Man benötigt:
4 Tassen Vollkornmehl
1/2 Teelöffel Salz
2 Tassen warmes Wasser
Zubereitung:
1. Vermische Mehl, Salz und Wasser.
2. Knete diesen Teig fünf Minuten lang.
3. Forme runde oder dreieckige Brötchen.
4. Lege sie auf ein eingefettetes Backblech.
5. Lass sie über Nacht stehen.
6. Delle die Ränder mit den Fingerspitzen ein.
7. Backe die Brote eine halbe Stunde lang in einem Gasofen auf Stufe 4.
(Man kann auch eine Hand voll gehackter Datteln in den Teig kneten – und Tiergestalten formen.)

Dein Urteil (bitte ankreuzen):
○ Super   ○ Genießbar   ○ Widerlich

3 Die Ägypter aßen gern Gurken, Sellerie, Kopfsalat, Zwiebeln, Knoblauch, Lauch und Kresse – doch die meisten mussten sich mit Brot und Zwiebeln begnügen. An Obst gab es Melonen, Feigen, Granatäpfel und Datteln. Später bauten die Ägypter auch Kirschen, Äpfel und Birnen an. Sie aßen das Fleisch von Schafen, Ziegen, Rindern und Gänsen; Schweine galten als unrein.
4 Die Ägypter brauten ein Gerstenbier. Man ließ Gerste, Wasser und Brot gären und filterte das Ganze vor dem Trinken, denn es sah eher wie eine Brotsuppe aus.

5 Schon um 1600 v. Chr. gab es in Ägypten die ersten Süßigkeiten der Welt. Man fand in Stein gehauene Rezepte. Wie wäre es hiermit?

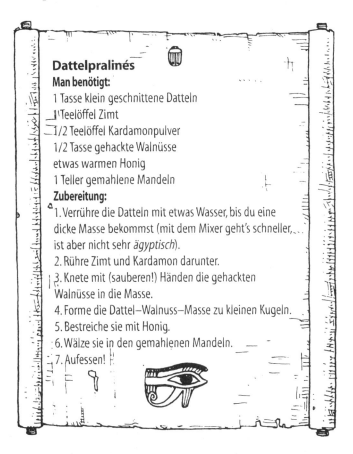

Dattelpralinés

Man benötigt:
1 Tasse klein geschnittene Datteln
1 Teelöffel Zimt
1/2 Teelöffel Kardamonpulver
1/2 Tasse gehackte Walnüsse
etwas warmen Honig
1 Teller gemahlene Mandeln

Zubereitung:
1. Verrühre die Datteln mit etwas Wasser, bis du eine dicke Masse bekommst (mit dem Mixer geht's schneller, ist aber nicht sehr *ägyptisch*).
2. Rühre Zimt und Kardamon darunter.
3. Knete mit (sauberen!) Händen die gehackten Walnüsse in die Masse.
4. Forme die Dattel-Walnuss-Masse zu kleinen Kugeln.
5. Bestreiche sie mit Honig.
6. Wälze sie in den gemahlenen Mandeln.
7. Aufessen!

6 Die Ägypter richteten Paviane aus Äthiopien dazu ab, die Datteln von den Palmen zu holen. (Falls ihr zufällig eine Dattelpalme im Garten habt, kannst du ja versuchen ein Eichhörnchen zu dressieren!)

7 Die Ägypter waren sehr abergläubisch. Hier der nützlichste Tipp, den du je in einem Buch finden wirst. Vielleicht rettet er dir eines Tages das Leben! Wenn du das Pech hast, in einen Fluss voller Krokodile zu fallen, musst du sagen:

Heil dir, du Affe, sieben Ellen lang, dessen Augen aus Gold sind und dessen Lippen aus Feuer und dessen Worte wie Flammen sind ... Halte die Krokodile zurück, damit ich wieder sicher an Land komme!

Sage es möglichst rasch und auf Ägyptisch. Es funktioniert garantiert – falls nicht, bekommst du dein Geld zurück.

8 Viele Ägypter trugen ihr Haar sehr kurz. Reiche Ägypter trugen bei wichtigen Anlässen eine Perücke und darauf einen Behälter aus parfümiertem Wachs. Wenn dieses schmolz, begann es zu duften ... und das Wachs tropfte über die schöne Perücke!

9 Die ägyptische Medizin war eine Mischung aus gesundem Menschenverstand und Aberglauben. Als der Regierungsbeamte Khety bei einem Überfall eine schwere Kopfwunde erlitt, betäubte ihn sein Arzt mit Drogen und entfernte einen Teil des verletzten Schädels. Die Wunde wurde vernäht und Khety überlebte!

10 Gegen Erblindung zerstampften sie das Auge eines Schweins, vermischten es mit Honig und rotem Ocker und stopften es in das Ohr des Patienten!

Wenn du das nächste Mal Medizin schluckst, sage den ägyptischen Zauberspruch auf: „Komm, du, der du die bösen Geister vertreibst. Wer dieses trinkt, wird geheilt werden, wie die Götter des Himmels geheilt wurden."

Was ist das?
Betrachte diese eindrucksvollen ägyptischen Gegenstände und versuche zu erraten, wozu sie benutzt wurden.

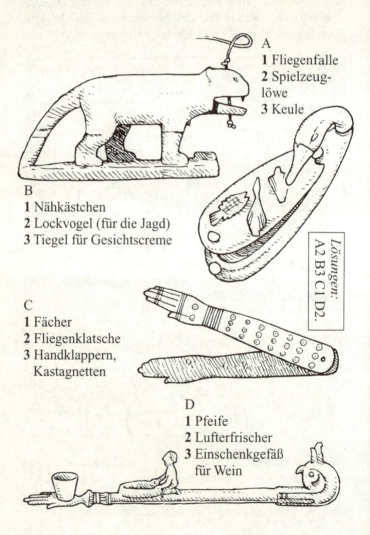

A
1 Fliegenfalle
2 Spielzeuglöwe
3 Keule

B
1 Nähkästchen
2 Lockvogel (für die Jagd)
3 Tiegel für Gesichtscreme

C
1 Fächer
2 Fliegenklatsche
3 Handklappern, Kastagnetten

D
1 Pfeife
2 Lufterfrischer
3 Einschenkgefäß für Wein

Lösungen: A2 B3 C1 D2.

Ägyptische Freizeitbeschäftigungen

Geschichten erzählen
Die alten Ägypter liebten Geschichten. Diese hier hat eine gewisse Ähnlichkeit mit unseren heutigen Märchen:
Nach Prinz Ramses' Geburt trat die Schicksalsgöttin an seine Wiege und sprach: „Dieses Kind wird von einem Krokodil, einer Schlange oder einem Hund getötet werden."
Der königliche Vater ließ seinen Sohn stets behüten, doch als dieser erwachsen war, zog er hinaus in die Ferne. Er hörte von einer wunderschönen Prinzessin in Syrien. Wer um sie freien wollte, musste einen hohen Turm besteigen. Natürlich schaffte es Prinz Ramses.
Alles war gut – bis er von einer Schlange angegriffen wurde! Die Prinzessin rettete ihn in letzter Minute. Und wieder war alles gut, bis er von seinem eigenen Hund angegriffen wurde. Er entkam durch einen Sprung ins Meer!

Er schien gerettet, als plötzlich ein Krokodil auf ihn zuschwammm. Es war ein sehr hungriges Krokodil! Der Prinz hatte nur eine Chance: Er musste dem Krokodil versprechen, dessen schlimmsten Feind zu töten …
Tja, an dieser Stelle ist der Papyrus leider beschädigt und wir werden das Ende der Geschichte nie erfahren. Pech! Aber vielleicht fällt dir ein gutes Ende ein! Ein Tipp: Die Ägypter liebten traurige Geschichten mit Happyend!

Kinderspiele

Bälle waren aus Leder und mit Körnern gefüllt. Die Kinder jonglierten damit oder machten Fangspiele. Manchmal nahmen sie einander dabei Huckepack.

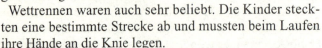

Kreisel aus poliertem Stein waren ebenfalls beliebt. Meist ging es darum, wer die meisten Kreisel gleichzeitig drehen konnte.

Wettrennen waren auch sehr beliebt. Die Kinder steckten eine bestimmte Strecke ab und mussten beim Laufen ihre Hände an die Knie legen.

In Gräbern fand man wunderschöne Spielsachen, zum Beispiel Holztiere, die das Maul aufklappen, wenn man an einer Schnur zieht.

Sitzende Ziege

Wie wär's mit diesem einfachen ägyptischen Spiel für mindestens vier Spieler?

1 Zwei Spieler bilden die „Ziege". Sie setzen sich auf den Boden, strecken die Beine aus und legen die Fußsohlen aneinander.
2 Die anderen müssen über die „Ziege" hinwegspringen.
3 Die „Ziege" versucht sie mit den Händen zu packen.
4 Wenn ein Springer gefasst wird, muss er den Spieler ablösen, der ihn gepackt hat.

Wasserspiele
Na, habt ihr alle das Schwimmabzeichen? Bildet zwei Gruppen zu je drei bis vier Spielern. Jede Gruppe braucht ein Boot. Ziel ist es, aufrecht im Boot zu stehen und die Gegenspieler einzeln ins Wasser zu stoßen, ohne selbst das Gleichgewicht zu verlieren.

Jagdspiele
Ein Nilpferd mit Harpune, Speer, Seil oder Netz zu fangen ist nicht ganz ungefährlich – das Nilpferd könnte sich wehren!

Lass lieber die Finger von diesem Sport! (Du könntest zwar im Zoo ein Nilpferd auftreiben, aber wahrscheinlich werfen sie dich hinaus, wenn du es jagen willst – und außerdem passt es nicht in euren Mikrowellenherd!)

Schwierig ist auch die Vogeljagd: Die Ägypter richteten Vögel ab, um andere, wilde Vögel anzulocken. Diese wurden dann mit einem Wurfholz erlegt – einer Art Bumerang, der nicht zurückkommt.

Schneidet ein paar Vogelformen aus Karton aus und werft mit „Wurfstöcken" danach. Wer erzielt bei zehn Würfen die meisten Treffer?

Brettspiel

Das beliebte spanische Spiel „Alquerque" soll aus dem alten Ägypten stammen. Es waren die aus dem Nordwesten Afrikas stammenden Mauren, die es bei der Eroberung Spaniens mitgebracht haben. Jeder der beiden Spieler erhält zwölf Spielsteine. Du kannst das Spielbrett (siehe Abbildung) leicht auf Karton übertragen und ausschneiden. Stellt die Spielsteine wie auf der Abbildung gezeigt auf.

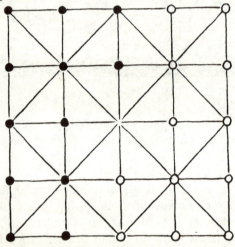

Spielregeln:

1 Zu Beginn ist nur das Feld in der Mitte unbesetzt.

2 Mit einem Würfel wird entschieden, wer beginnt. Der erste Zug muss auf das mittlere Feld führen.

3 Entlang der aufgezeichneten Linien darf nun jeder Spieler jeweils einen Stein versetzen.

4 Wenn du einen gegnerischen Stein überspringen kannst, gehört er dir und du darfst ihn vom Brett nehmen. Außerdem darfst du gleich weiterspringen.

5 Wer dem Gegner alle Steine weggenommen hat, ist Sieger.

Altägyptische Astronomie

Der ägyptische Kalender war ziemlich brillant. Manche Historiker halten ihn für die größte Erfindung jener Zeit. Durch Beobachtung der Sonne kamen die Ägypter auf ein Jahr mit 365 Tagen, fast genau wie wir.

Das Jahr war unterteilt in drei Jahreszeiten (siehe S. 92), die jeweils 120 Tage dauerten, sowie fünf „Extra"-Tage. Es gab 12 Monate mit jeweils 30 Tagen.
Jeder Monat hatte drei Wochen.
Jede Woche hatte zehn Tage.

Alte Aufzeichnungen

Irgendwann um 3000 v. Chr., am ersten Tag der Überschwemmung, beobachtete ein Astronom kurz vor Sonnenaufgang den Himmel. Er arbeitete an der Akademie von Memphis, der neuen Hauptstadt nach der Vereinigung von Unter- und Oberägypten.

Als im Osten die Sonne aufging, bemerkte er, dass der Stern Sirius (auch „Hundsstern" genannt) gleichzeitig aufging. Nachdem die Aufzeichnungen über mehrere Generationen hinweg weitergeführt worden waren, wussten die Ägypter definitiv, dass diese drei Ereignisse – Beginn der Überflutung, Sonnenaufgang und Aufgehen des Sirius – Moment mal … einmal alle 1.460 Jahre zusammentrafen. Echt beeindruckend!

Wenn wir das Arbeitsleben eines Astronomen mit etwa 25 Jahren ansetzen, wie viele Generationen mussten dann den Himmel beobachten – Nicht so faul! Denk mit! – 1.460 geteilt durch 25 … murmel … murmel … Na schön, du darfst die Seite umdrehen und nachschauen.

Lösung: 58 Generationen und ein Forscher, der erst 10 Jahre im Dienst war.

Schreiben wie die Ägypter – Lektion 1

Die ägyptischen Schriftzeichen hießen Hieroglyphen, aber nicht bei den Ägyptern! Das Wort kommt aus dem Griechischen – von heiros (heilig) und glyphe (einschnitzen). Die Ägypter bezeichneten ihre Schrift als „Worte der Götter".

Manche Hieroglyphen standen für einen Buchstaben – genau wie in unserem Alphabet, andere für ein ganzes Wort.

Die altägyptische Tinte ähnelte unseren Plakafarben. Die häufigsten Farben waren Rot und Schwarz. Es handelte sich um mit Gummilösung gebundene Holzkohle oder rote Tonerde. (Eine flüssige Tinte wäre im heißen Klima schnell vertrocknet.)

Man schrieb mit einem Schilfrohr, das an einem Ende ein wenig breit gekaut und mit einem Messer spitz zugeschnitten wurde. Dieser Pinsel wurde in Wasser getunkt und dann auf dem Farbblock gerieben.

Die Ägypter schrieben auf Papyrus, dem Mark der Sumpfpflanze Cyperus papyrus. Man schnitt die weichen Fasern in Streifen, legte sie quer übereinander und klopfte sie, bis sie zusammenhafteten. Anschließend wurden sie in der Sonne getrocknet. Der längste uns bekannte Papyrus ist eindrucksvolle 125 Meter lang.

Die ägyptische Schrift war durchaus absichtlich so kompliziert konstruiert. Die wenigen, die Lesen und Schreiben konnten, wurden auf diese Weise zu wichtigen Persönlichkeiten.

Die meisten ägyptischen Jungen, die zur Schule gingen, wurden Schreiber. Sie mussten lesen und schreiben können, ehe sie so wichtige Berufe wie Beamter, Arzt oder Priester erlernen konnten. Die weitaus meisten Kinder aber besuchten keine Schule und erlernten denselben Beruf wie ihre Eltern.

Die Schulen wurden oft von Priestern geleitet. Es war hart, Schreiber zu werden, denn es herrschte eiserne Disziplin. Lies nur diesen überlieferten Text mit der Überschrift „Ratschläge für angehende Schreiber"!

O Schreiber, sei nicht müßig, sonst bist du verflucht. Hänge dein Herz nicht an Vergnügungen, sonst wirst du versagen. Verbring keinen einzigen Tag mit Müßiggang, sonst wirst du verprügelt, denn ein Junge hat sein Ohr auf dem Rücken und er hört nur, wenn er geschlagen wird ...

Schluck!

Als im 6. Jahrhundert n. Chr. der letzte Tempel geschlossen wurde, ging die Kunst des Hieroglyphen-Lesens verloren. Deshalb dachten manche Leute, die alten Ägypter wären so clever gewesen eine Schrift zu erfinden, die außer ihnen kein normaler Sterblicher entziffern konnte.

Des Rätsels Lösung kam in Sicht, als ein Offizier von Napoleons Armee 1799 den Rosetta-Stein entdeckte, auf dem derselbe Text sowohl in Hieroglyphen als auch auf Griechisch steht. 1822 gelang es dem französischen Gelehrten Jean-François Champollion dank dieses Steins und seiner Griechischkenntnisse, den Code zu knacken und die Hieroglyphen zu übersetzen.

Schreiben wie die Ägypter – Lektion 2

Hier einige ägyptische Hieroglyphen zum Nachmalen. Kannst du dir vorstellen, wie lange ein Schreiber wohl für seine Aufzeichnungen brauchte?

Versuch nun, dieses Wort zu entziffern. Und vergiss nicht, dass manche Vokale ausgelassen werden.

Altägyptische Rechenkunst

Verblüffe deinen Lehrer mit deinen Kenntnissen über die ägyptische Rechenkunst. Sei ganz cool und lass diese Fakten möglichst beiläufig ins Gespräch einfließen ...

1 Die Ägypter begriffen, wie vielseitig und nützlich Zahlen waren. Deshalb ermutigten sie ihre Priester sich in dieser Kunst zu üben.

2 Lehrer drängten ihr Wissen niemandem auf, denn Mathematik war ein streng gehütetes Geheimnis – so ähnlich wie einige Gebiete der heutigen Wissenschaft. Die Kenntnisse wurden meist nur mündlich weitergegeben und nicht aufgeschrieben, damit sie nicht von Feinden gestohlen werden konnten! (Puh, wer hätte sich dafür schon interessiert??)

3 Mithilfe der Mathematik lösten die Ägypter Probleme mit ihren diversen Bauprojekten. Vor Baubeginn zeichneten die Architekten detaillierte Pläne, sodass jede Grabstätte und jeder Tempel so korrekt durchkalkuliert waren wie unsere heutigen Gebäude (siehe „Wie man eine Pyramide baut", Seite 46).

4 Wie wir verwendeten sie ein Dezimalsystem, kannten aber keine Null.

5 Der berühmte Rhind-Papyrus im Britischen Museum in London zeigt, wie die Ägypter Rechtecke, Kreise und Dreiecke berechneten.

6 Die Ägypter kannten schon das Bruchrechnen, aber der Zähler, die obere Zahl des Bruchs, war immer 1. 3/8 wurden also als 1/8 1/8 1/8 geschrieben.

7 Schau dir die ägyptischen Zahlen auf der nächsten Seite an. Erkennst du das Prinzip? Kannst du die Zahlen hier unten auf Altägyptisch schreiben?

14	18	25	30
37	43	56	71
102	175	333	450

8 Teste deine Freunde mit einigen ägyptischen Rechenaufgaben, zum Beispiel:

$$\cap\cap = \cap{}^{||}_{|||} + {}^{||}_{|||}$$

Ägyptische Zahlen

1	2	3	4	5	6	7	8	9	10
|	||	|||	||||	|||||	||| |||	|||| |||	|||| ||||	||| ||| |||	∩

11	15	22	39	100	1000	10.000
|∩	||||∩	||∩∩	||||||||| ∩∩∩	❡	⚹	⌐

Maßeinheiten

Rechne mal wie die Ägypter – du wirst staunen!

Wenn ein Ägypter jemanden um seine Hand bat, wollte er meist etwas nachmessen. Die Ägypter nahmen mit ihren Körperteilen Maß, meist mit Armen und Fingern.

Die Breite von vier Fingern hieß Handbreite. Die Länge eines Unterarms von der Fingerspitze bis zum Ellbogen hieß „Elle". Sieben Handbreiten sollten einer Elle entsprechen. Stimmt das bei dir? Zeichne die Länge deines Unterarms auf ein Blatt Papier. Wie oft passt deine Handbreite hinein? Hatten die Ägypter Recht – zumindest was deinen Körper betrifft?

Miss ein paar alltägliche Dinge nach – zum Beispiel den Schwanz eures Hundes, die Innenseite von Opas Bein oder Länge und Breite eurer Küche, wenn Mutter gerade beim Kochen ist. Falls du jemanden mit deinen Feldforschungen nervst, erkläre freundlich, dass es sich um eine erzieherisch wertvolle Maßnahme handelt.

Vergleiche deine Ergebnisse mit denen eines (geduldigen) Erwachsenen. Alles klar? Und nun stell dir vor, du brauchst Stoff vom Markt. Wen würdest du zum Einkaufen schicken? Die Person mit dem längsten Arm in der Familie, logisch! Ideal wäre ein großer Bruder von der Sorte „langer Lulatsch".

Nun, die Ägypter bemerkten bald, dass ihr Längenmaß gewisse Probleme aufwarf. Deshalb legten sie die königliche Elle fest, ein Standardmaß, das im ganzen Land gültig war. Eine Elle entsprach fortan 52,3 Zentimetern unseres Systems.

Für größere Längen gab es die „Schnur-Rute", 100 Ellen, und das „Flussmaß", 4000 Ellen.

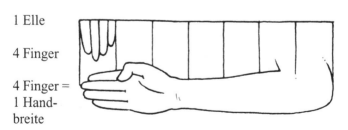

1 Elle

4 Finger

4 Finger = 1 Handbreite

7 Handbreiten = 1 Elle

Zum guten Schluss

Das Leben im alten Ägypten konnte hart und grausam sein. Nur wenige Menschen führten ein friedliches Leben; Mumien nicht einmal nach dem Tod! Doch wie dem auch sei: die Ägypter waren echt faszinierend. Selbst nach über fünftausend Jahren gehören ihre Bauwerke noch immer zu den eindrucksvollsten der Welt.

Als Howard Carter Tutanchamus Grab fand, war die Weltöffentlichkeit restlos begeistert. Der „ägyptische Stil" war der letzte Schrei in den zwanziger und dreißiger Jahren. Alle Welt wollte die sagenhaften Schätze sehen.

Tutanchamun und die alten Ägypter erlangten lange nach ihrem Tod mehr Ruhm als zu ihren Lebzeiten. Sie hatten nämlich niemals über mehr als einen kleinen Winkel der Alten Welt geherrscht.

Die späteren Landesherren dagegen waren weitaus ehrgeiziger. Sie wollten die ganze damals bekannte Welt regieren – und die unbekannte möglichst auch noch!

Sie waren viel schlimmer als die Ägypter. Sie aßen geröstete Mäuse! Sie waren korrupt und verkommen! Die grässlichen Römer! Aber das ist eine andere Geschichte, ein weiteres Stück Wahnsinnsgeschichte …
ENDE

Die Griechen

Vorwort

Geschichte kann einfach schrecklich sein. Und wisst ihr, wer daran schuld ist?

Nein, die alten Griechen sind schuld!

Die Griechen erfanden die Geschichte vor 2 500 Jahren ...

Geschichtsunterricht ist nicht das Einzige, was wir den alten Griechen zu verdanken haben. Sie haben auch das Theater und die Olympischen Spiele erfunden und sogar die Kamera!

So ein Zufall – hier ist es schon! In diesem Buch erfahrt ihr alles, was euch ein Lehrer nie erzählen würde. Alles, was wirklich spannend und interessant ist. Geschichte kann nämlich echt witzig sein – und auch ganz schön gruselig!

Zeittafel der sagenhaften Griechen

vor Chr.

1600–1200 Kretisch-mykenische Hochkultur. Adelige Herren mit riesigen Burgen regieren das Land.

um 1180 Die Schlacht von Troja. Die Trojaner fallen auf den berühmten Trick mit dem Holzpferd rein.

um 1100 Der Stadtstaat Sparta wird gegründet.

776 Erste überlieferte Olympische Spiele.

um 750–550 Griechen fahren zur See und werden zu erfolgreichen Händlern und Kaufleuten.

um 730 Die weltweit ersten geschriebenen Dichtungen entstehen. Der berühmteste griechische Dichter ist der alte Homer.

640 Im Tempel der Göttin Hera in Olympia werden die weltweit ersten Dachziegel hergestellt.

um 600 Der große griechische Wissenschaftler Thales behauptet, dass die Erde ganz und gar von Wasser umgeben ist.

585 Wissenschaftler Thales sagt eine Sonnenfinsternis voraus.

um 550 König Kroisos von Lydien lässt Gold- und Silbergeld prägen – die ersten Münzen mit Inschriften!

um 520 Alkmaion von Kroton erforscht den menschlichen Körper, indem er Leichen aufschneidet – hu!

490 Die Perser fallen in Griechenland ein – und werden von den Griechen in der Schlacht von Marathon besiegt.

486 In Athen wird die erste Komödie aufgeführt.

480 Der Perserkönig Xerxes greift die Griechen an. Spartanische Helden lassen ihr Leben.

460 Athen im Krieg mit Sparta und Persien.

431–404 Athen wird den anderen Griechen zu mächtig, deshalb beginnen sie den „Peloponnesischen Krieg" – neuer Anführer wird Sparta.

430 Eine schlimme Seuche rafft Perikles, den Herrscher Athens, dahin – und dazu gleich noch ein Viertel der Stadtbevölkerung.

413 Vernichtung der Athener Flotte im Hafen von Syrakus – die Folge ist …

404 … der Fall Athens.

um 400 Griechische Waffenbauer erfinden Wurfmaschinen für Stein- und Pfeilgeschosse – die Vorläufer der späteren Armbrust.

378–371 Die Spartaner verlieren ihre Führungsrolle an die Thebaner.

336 Alexander der Große wird König von Makedonien, nachdem sein Vater ermordet wurde. Innerhalb von zehn Jahren gelingt es ihm, den alten Feind Persien zu besiegen.

330 Aristoteles erfindet die „Camera obscura" – eine Art Gucklochkamera und die Grundidee für Film und Fernsehen von heute – toll, was?

323 Alexander stirbt. Seine Generäle teilen sein Reich unter sich auf.

322 Ende der Demokratie in Athen, als die Makedonier die Macht übernehmen.

215 Archimedes erfindet Kriegsmaschinen wie das Katapult – damit halten sich die Griechen die Römer drei Jahre lang vom Hals.

213 Archimedes lässt am Hafen Spiegel anbringen, die die angreifenden Römer blenden und ihre Schiffe in Brand setzen! (So sagt zumindest die Legende.)

212 Die Römer greifen an!

146 Griechenland gehört zum Römischen Reich.

nach Chr.

394 Die Römer schaffen die Olympischen Spiele ab – 1500 Jahre lang finden sie nicht mehr statt!

Die grausamen Götter

Vor den sagenhaften Griechen herrschten die mächtigen Mykenen in Griechenland. Der größte Palast der Zeit stand auf der Insel Kreta – er war so supervornehm, dass die Königin, die dort lebte, die erste Toilette der Welt mit Wasserspülung hatte! Aber irgendwann waren die Paläste zerstört, und die mykenische Kultur ging wieder unter – und mit ihr das Wasserklosett. Was war schief gegangen? Lag es an …
- einem Krieg und feindlichen Angriffen
- Krankheiten und Seuchen
- Dürrekatastrophen und Hungersnöten
- oder an einem Klima-Umschwung?

All das halten die Geschichtsforscher für möglich, aber – genau wie beim Aussterben der Dinosaurier – kann man bis heute nicht sagen, was wirklich passiert ist.

Weil die ganze Kultur vernichtet war, verschwand auch die Schrift. Die Griechen wurden zu Analphabeten. Deswegen wissen wir nicht viel über diese Zeit – die Wissenschaftler nennen sie die *Dunklen Jahrhunderte*.

Nun wurde Geschichte nicht mehr geschrieben, sondern erzählt. Dabei wurden diese Geschichten immer unglaublicher. Jeder dichtete etwas dazu – sie wurden zu Sagen.

Gruseliges liebten die Griechen ganz besonders. Ein griechischer Schriftsteller war der Meinung, dass man den Kindern solche Geschichten lieber nicht erzählen sollte (genau wie die Erwachsenen heutzutage nicht begeistert sind, wenn ihre Kinder Horrorfilme gucken).

Aber in diesem Buch hier geht's um Wahnsinnswissen – und die folgende Geschichte ist nichts für schwache Gemüter!

Lest nicht weiter, wenn ihr leicht Albträume kriegt – oder macht wenigstens die Augen zu, wenn es ganz besonders scheußlich wird!

WIR HABEN EUCH GEWARNT!

Götterspeise

Kronos war der Chefgott. Aber besonders glücklich war er dabei nicht. Sein Vater hatte ihm nämlich geweissagt, dass irgendwann eines seiner Kinder seinen Posten einnehmen würde.

„Das wäre ja noch schöner!", schimpfte Kronos. „Frau, reich mal das Baby rüber!"

„Warum?"

„Keine blöden Fragen, her mit dem Kind!"

Frau Kronos gab ihm den kleinen Säugling. „Hier ... Aber ... was machst du denn da mit dem Baby!", schrie sie.

„Ich esse es."

„Essen? Du grässlicher Gierschlund, du kannst doch unmöglich schon wieder Hunger haben – wir haben gerade erst zu Mittag gegessen!"

„Ich bin nicht hungrig", knurrte der Chefgott. „Aber diese Weissagung, dass eines meiner Kinder mich absetzen will, gefällt mir ganz und gar nicht! Kein Kind, kein Problem – so sehe ich die Sache!"

„Du glaubst doch wohl nicht ernsthaft an diesen Astrologie-Hokuspokus!" Frau Kronos seufzte.

„Man soll sein Schicksal nicht herausfordern, das ist meine Meinung!", sagte Kronos ungerührt. „Gib mir mal die Magentabletten."

Wie das so ist, die Zeit verging, Frau Kronos brachte noch weitere göttliche Kinder zur Welt ... und Kronos verspeiste sie allesamt. Das heißt: fast alle. So langsam hatte Frau Kronos nämlich genug von der bestialischen Fresserei. „Schluss damit!", sagte sie sich und versteckte das letzte Baby, den kleinen Zeus, unter dem Bett. Sie nahm einen großen Stein, wickelte ihn in eine Babydecke und legte ihn in die Wiege.

Da kam auch schon Kronos zur Tür herein. „Wo ist er?"

„Im Bett."

Kronos warf einen Blick auf den Felsbrocken. „Ganz schön hässlich, der Kleine, was?", sagte er.

„Liegt wohl am Vater", brummte Frau Kronos.

„Zergeht nicht gerade auf der Zunge", sagte Kronos, der sich die Zähne an dem Felsen ausbiss.

Frau Kronos nickte. „Vielleicht ist er einfach zäher als die anderen", sagte sie.

Kronos sank auf das göttliche Sofa. „Ooooh! Ich glaube, das hier war ein ganz schön harter Brocken!"

„Kann schon sein", sagte Frau Kronos. „Aber das bist du ebenfalls, Liebling!"

„Ooooooh!" Der große Gott stöhnte und hielt sich den Bauch. „Mir wird ganz übel!"

„Bitte nicht auf den Teppich, Liebling. Dahinten steht eine Schüssel!", sagte Frau Kronos streng.

Mit einem göttlichen Rülpser spie Kronos nicht nur das Baby aus Stein, sondern auch all die anderen Kinder wieder aus.

„Da sieht man's mal wieder", sagte Frau Kronos erfreut.

„Ein guter Gott lässt sich einfach nicht unterkriegen!"

Und, was meint ihr? Haben die kleinen Götter ihren grausamen Vater abgesetzt?

Mit Kronos braucht ihr jetzt kein Mitleid zu haben; immerhin hatte er seinen eigenen Vater entmannt und dessen Weichteile über alle Meere verstreut. Nun wurden er und die anderen alten Götter von Zeus und den neuen Göttern in Rente geschickt. Bei diesen neuen Göttern war viel mehr los als bei den alten. Sie waren eine große, chaotische Familie. Immerzu am Streiten, am Kämpfen und damit beschäftigt, sich gegenseitig zu ärgern.

Vom Sitz der Götter auf dem Berg Olymp herrschte Zeus über Himmel und Erde. Von all den verrückten Göttern war er der verrückteste. Und er hatte den absolute Top-Job. Wenn er nicht gerade mit Menschenmädchen flirtete, erschreckte er die Leute mit Schleuderblitzen.

Zeus' Bruder, Poseidon, war der Herrscher der Meere. Das war ein mieser Job, mit dem der arme Posi nicht gerade das große Los gezogen hatte. Und weil er ein schlechter Verlierer war, stapfte er wütend umher und peitschte das Meer mit seiner Gabel zu Stürmen. Ein ziemlicher Schaumschläger!

Hades, der dritte der Brüder, war am schlechtesten dran. Er hatte die Ehre, über die Unterwelt zu herrschen. Das muss echt die Hölle gewesen sein!

Mini-Quiz

Prometheus, ein junger Gott, mochte die Menschen. Deswegen stahl er für sie das göttliche Feuer und brachte es zur Erde. Doch daraufhin bestrafte Chefgott Zeus die Menschheit mit einer schrecklichen Plage. Welche war es?

1 Frauen
2 Fliegen
3 Lehrer

Lösung:

1 Die Frauen! Prometheus Bruder hatte eine aufgenommen, die zur Stifterin allen Übels wurde. Jetzt verführten die Frauen die Männer – und zugleich waren sie absolute Nervensägen. Frauen waren eine große Hilfe, wenn es darum ging, Geld auszugeben, und überhaupt keine Hilfe, wenn der Mann arm war. Natürlich ist dies eine Legende und blanker Unsinn – falls ihr Zweifel haben solltet, fragt mal eine Frau!

Griechische Geschenke

Die Holzköpfe von Troja

Fast jeder kennt die Geschichte vom Trojanischen Pferd. Aber mal ehrlich, kann man so was glauben? Diese trojanischen Trottel entdeckten ein Holzpferd vor der Toren ihrer Stadt …

Jeder findet diese Geschichte toll und denkt, dass es ziemlich dämlich von den Trojanern war, die Feinde im Holzpferd in ihre Stadt hineinzurollen. Tatsache ist: Ja, es war unglaublich dämlich! Die Trojaner hatten nicht mal genug Grütze für einen halben Nachtisch im Kopf!

Die Griechen schafften es nämlich, sie noch einmal hereinzulegen!

Nicht zu glauben, aber es stimmt! Die Geschichte mit dem hohlen Holzpferd kennt fast jeder. Doch kaum ein Lehrer erzählt was darüber, dass die Trojaner die Griechen tatsächlich ein zweites Mal in ihre Stadt ließen, und zwar über 800 Jahre nach der Pleite mit dem Pferd – nämlich im Jahre 360 vor Christus ...

Trojanische Trotteligkeit ... zweiter Teil

Der Feldherr Charidemos hatte die Nase gestrichen voll. Er schritt in seinem Zelt auf und ab und fuhr sich mit seiner starken Hand durchs Haar. „Ich schaffe es niemals, Troja zu erobern!", schimpfte er. „Die Stadtmauern sind einfach zu dick! ... Und diese Trojaner machen nicht gerade den Eindruck, als ob sie am Verhungern wären, richtig?"

„Leider nicht", brummte der junge Leutnant. „Vielleicht könnten wir ja ein Holzpferd bauen und ..."

Charidemos warf ihm einen wütenden Blick zu. „Besten Dank! Du bist jetzt schon der Fünfte, der mir damit kommt! Als ob die Trojaner auf so einen uralten Trick hereinfallen würden! Die würden das Pferd doch sofort in Brand stecken! Möchtest du dich freiwillig reinsetzen?"

„Nein, danke." Der Jungleutnant errötete vor Scham. Erleichtert hörte er, wie sich draußen Schritte näherten. Er sprang zum Zelteingang.

„Das Losungswort?"

„Ajax!", sagte eine Männerstimme.

Der Leutnant öffnete und sagte: „Tritt ein, Freund!"

Der Wachmann trat ein.

An einer kurzen Kette zog er einen zerlumpten Mann hinter sich her. „Melde gehorsamst, ein Spion, Sir!", brüllte der Wachmann. „Hab ihn dabei erwischt, wie er Lebensmittel stehlen wollte! Soll ich ihn gleich hinrichten?"

Charidemos musterte den Gefangenen. Seine Kleidung war schmutzig und zerrissen, aber sie wirkte vornehm. „Noch nicht, Hauptmann. Lass uns allein."

Der Hauptmann salutierte wieder und verließ das Zelt. Charidemos deutete auf eines der Sitzkissen. „Nimm Platz!", befahl er. „Wie lautet dein Name?"

Der Gefangene grinste. „Damon." Er war ein drahtiger Mann mit dunklen Augen, die ständig in Bewegung waren und keinem Blick standhielten.

„Du bist also aus Troja und hast versucht, bei uns etwas zu essen zu stehlen. Herrscht denn in der Stadt solche Not?"

Damon setzte ein cooles Lächeln auf. „Ihr Griechen habt einfach mehr zu essen als wir Trojaner. Unser König hat uns auch schon vor der Belagerung wenig zu essen gegeben."

„Wenn du mit deinem König unzufrieden bist, wieso dienst du ihm dann?", fragte der Feldherr.

Der Gefangene zuckte mit den Schultern. „Dafür werde ich schließlich bezahlt."

Charidemos beugte sich vor. „Und wenn ich dich in meine Dienste nähme? Gegen höheren Lohn und bessere Verpflegung?"

Damon betrachtete seinen Daumen und steckte ihn nachdenklich in den Mund. „Ich würde gerne für Euch arbeiten. Ich würde Euch treu dienen."

Die Augen des Feldherrn wurden zu schmalen Schlitzen. „Oh, das glaube ich dir gern, Damon. Männer, die mich verraten, lassen nämlich ihr Leben … und sie lassen es ziemlich langsam."

Damon rutschte unruhig auf seinem Kissen hin und her und lächelte nervös. „Also, was muss ich tun?", fragte er.

„Du sollst mein Holzpferd sein, Damon. Pass genau auf, ich sage dir, was du tun sollst…"

Die Vorbereitungen für den Plan des Feldherrn dauerten eine Woche. Sein junger Leutnant wurde langsam nervös. Als er die Schnalle an Charidemos' Rüstung festzog, fragte er ihn: „Woher wollt Ihr wissen, dass Damon uns nicht hintergeht?"

Der Feldherr wog sein Schwert in den Händen. „Damon ist zwar käuflich, aber nicht dumm. Er weiß genau, dass es nur eine Frage der Zeit ist, bis wir Troja erobern. Wenn es zu lange dauert, werden wir ungemütlich – das weiß er. Ihm ist klar, dass wir alle Trojaner niedermetzeln würden – und ihn mit. Wenn er uns unterstützt, rettet er sein Leben – und er braucht abends nicht mehr hungrig schlafen zu gehen."

Er ließ das Schwert in die Scheide gleiten. „Hilf mir mal mit dem Umhang!"

Der junge Leutnant nahm den schmutzigen weiten Umhang und legte ihn Charidemos um die Schultern. Eine Kapuze bedeckte den kantigen Kopf des Feldherrn. Der Leutnant zupfte den Umhang zurecht, bis die Waffen darunter verschwanden, dann rieb er Charidemos die Hände mit Staub ein. Er nickte. „So wird man Euch für einen armen Wanderer halten, Sir!"

Der Feldherr schritt zum Zelt hinaus, wo ein Dutzend Männer auf ihn warteten, die auf dieselbe Art gekleidet waren. Niemand sprach ein Wort. Charidemos ging voran; im Schein der Fackeln verließen sie das Lager und bogen ab auf die steinige Straße Richtung Troja. Eine kleine Gestalt auf einem Pferd wartete schweigend am Wege.

„Alles bereit, Damon?", fragte der Feldherr leise.

„Alles bereit!", sagte Damon und lächelte. Er wendete sein Pferd und ritt langsam auf das Stadttor von Troja zu. Hinter ihm her hinkten auf ihren schlurfenden Sandalen die Griechen.

„Wer da?", rief die Stadtwache recht lautstark vom Turm herunter.

„Damon!", antwortete der Verräter.

„Ach du bist's! Wen hast du bei dir?"

„Die Griechen werden unvorsichtig. Ich bin in ihr Lager eingedrungen. Ein paar von unseren Leuten, die sie gefangen genommen haben, wurden nur von einem einzigen Mann bewacht. Ich habe ihn umgebracht und sie befreit!", log Damon. „Lass uns schnell herein, sie sind krank und schwach!"

„In Ordnung. Damon ... Äh, gib mir lieber noch das Losungswort!"

„Castor!", sagte Damon mit fester Stimme und wie aus der Pistole geschossen.

Das Tor schwang knarrend auf. Damon ritt auf seinem Pferd hindurch, die Soldaten trotteten hinterher.

Als die Torflügel sich schlossen, warfen die Männer im Schatten der Stadtmauer ihre Umhänge von sich. Dann stiegen sie die Treppe hinauf, die zu den Wachtürmen und dem Rundgang führte.

Die Trojaner hatten keine Chance: Wer den Feind außerhalb der Stadt beobachtet, rechnet schließlich nicht damit, innerhalb der Mauern angegriffen zu werden.

Charidemos schnitt die letzte Kehle durch und ließ den Toten über die Mauer in den pechschwarzen Graben fallen, der die Burg umgab. Dann berieten sie sich in dem Turm über der Toreinfahrt.

„Jetzt warten wir auf unsere restlichen Leute", begann Charidemos. Da hastete der Leutnant an die Mauer und sah hinunter. Von der steinigen Straße waren knirschende Schritte zu hören, als eine Heerschar unten vor dem Tor zum Stehen kam.

„Sie sind schon da, Sir – viel zu früh!", keuchte der junge Leutnant erschrocken.

„Entweder das, oder es sind gar nicht unsere Männer", sagte Charidemos.

„Wie sollen wir sie in der Dunkelheit denn unterscheiden?"

„Die Losung, Mann, die Losung! Wie war die noch gleich? ‚Holzpferd' oder so ähnlich ... Los, frag schon!", befahl der Feldherr.

„Wer da?", rief der Leutnant.

„Gut Freund!", kam die Antwort.

„Die Losung!"

Kurze Stille, dann rief eine Stimme: „Castor!"

Die Griechen sahen Charidemos fragend an.

„Lasst sie herein! Wenn wir es nicht tun, schlagen sie Alarm, bevor unsere Leute da sind. Versteckt euch hinter den Torflügeln, und wenn der Letzte von ihnen drin ist, springt ihr hervor und bringt sie um – und zwar alle!"

Die Soldaten schlichen die Treppen hinab und nahmen Aufstellung, während Charidemos und sein Leutnant die Winden betätigten, um das Tor zu öffnen. Militärischer Gleichschritt war zu hören, dann überraschte und ängstliche Schreie, Geklirr von Waffen – gefolgt von tödlicher Stille.

Im dunkelsten Winkel der Straßen von Troja verzog ein kleinwüchsiger Mann sein Gesicht zu einem teuflischen Grinsen. Das Pferd, auf dem er saß, hatte die griechischen Feinde in die Stadt hineingeführt – das zweite Pferd, das Troja Unglück brachte ...

Theater, Theater

Nach den Göttersagen kamen die Geschichten über Helden. Diese antiken Helden waren fast so stark und mächtig wie Götter, mit nur einem Unterschied: Sie waren sterblich.

Die Heldensagen waren sehr lang und außerdem gereimt – heute nennt man sie „Epen". In den Palästen des alten Griechenlands wurden solche Geschichten als Gesänge vorgetragen. Später, nach der schriftlosen Zeit, den Dunklen Jahrhunderten, wurden sie aufgeschrieben. Das älteste Epos stammt von dem griechischen Dichter Homer und heißt *Die Ilias*. Die Geschichte spielt während des Kampfes um Troja und handelt von todesmutigen Helden, die im Auftrag von König Menelaos versuchen, seine Frau, die schöne Helena, zu befreien.

Wenn die Epen auf der Bühne vorgetragen wurden, traten dazu Tanzgruppen auf. Schließlich kam ein pfiffiger Dichter namens Aischylos auf eine geniale Idee: Er stellte einfach noch einen zweiten Leser auf die Bühne – und das Schauspiel war geboren … Noch eine Erfindung der Griechen!

Ein anderer berühmter Dichter war Euripides. An seinen Stücken haben schon viele Schülertheater Freude gehabt, z. B. an der Tragödie Elektra …

Natürlich mussten die Griechen sich, wie bei so vielen Dingen, auch im Schreiben von Theaterstücken gegenseitig übertrumpfen. Die Aufführungen wurden zu regelrechten Wettbewerben, bei denen das beste Stück am Ende ausgezeichnet wurde. Aber so ein antiker Theaterbesuch war ganz anders als heute. Das damalige griechische Theater …
- fand unter freiem Himmel statt
- erlaubte nur Männer auf der Bühne – es gab keine Schauspielerinnen!
- zeigte keine aufregenden Action-Szenen – über Morde und andere Katastrophen wurde nur berichtet
- ließ alle Schauspieler mit Masken auftreten. Um größer zu sein, trugen sie hohe Plateauschuhe, mit denen man sich auf der Bühne nur sehr langsam bewegen konnte.

Es gab zwei Formen von Theaterstücken: Ernste, in denen ein Haufen Leute auf tragische Weise in den Tod getrieben wurde – das waren die Tragödien. Und natürlich verrückte, witzige und derbe Stücke – das waren die Komödien.

Eins der beliebtesten Tragödienthemen war die Geschichte des Trojanischen Krieges. Sie ist von vielen Dichtern beschrieben worden, und jeder versuchte auf seine Weise, sie interessanter zu erzählen als die anderen.

Dichter Aischylos berichtete nichts über die Kämpfe in Troja. Für ihn waren die Frauen wichtiger, die zu Hause saßen, während ihre Männer in den Krieg zogen. Wie zum Beispiel Klytaimnestra, die Frau des Feldherrn Agamemnon.

Wenn Klytaimnestra ein Tagebuch über diese aufregende Zeit geführt hätte – was hätte sie wohl geschrieben? Zum Beispiel:

Mein Mord-Tagebuch

Liebes Tagebuch!

Du wirst nicht glauben, was meine Stiefschwester Helena angestellt hat! Sie ist mit diesem jungen Mann durchgebrannt, diesem Paris! So eine Schlampe! Kaum lässt ihr Gatte Menelaos sie mal alleine im Palast, da reißt sie sich gleich den kleinen Paris auf – ist doch widerlich! Also, ich würde nie mit einem Gast anbändeln. Schließlich hab ich drei Kinder zu erziehen, da muss man doch ein gutes Vorbild sein! Jedenfalls glauben alle, dass sie nach Troja abgehauen sind. Immer noch besser als nach Sparta. Die sind echt brutal da. Es ist nicht zum Aushalten dort, das hab ich ihr immer schon gesagt. Keine Frage – das

Troja

gibt noch Ärger! Agamemnon, mein lieber Gatte, kam heute Abend in mein Gemach gestürzt. „Hast du gehört, was deine Schwester sich mal wieder geleistet hat?", schnauzte er mich an.
„Hab ich", erwiderte ich. „Und ich muss sagen, ich kann's ihr nicht verübeln. Dieser Paris ist doch ein toller junger Mann!" Ich weiß genau, dass Agamemnon

sich immer schrecklich aufregt, wenn ich so etwas sage. Er wurde rot wie Opferschalenblut. Aber ich lasse es nicht zu, dass er Helena beschimpft.

Klar, sie ist immer schon ein Flittchen gewesen – das geb ich gerne zu. Aber sie ist meine Stiefschwester, und ich erlaube niemandem, schlecht von ihr zu reden.
„Toller junger Mann!", hat er gebrüllt.
„Er war ein Gast, ein Gast, und hat das Vertrauen von Menelaos missbraucht! Spannt ihm die Frau aus, während er auf der Jagd ist!"
„Kein Grund zu brüllen, du erschreckst ja Iphigenie", habe ich gesagt und unserer Tochter über den Kopf gestrichelt.
„Was hat Papa denn?", hat Iphigenie ganz interessiert gefragt.
„Deine Tante Helena ist mit dem schönen Prinzen Paris nach Troja gegangen", hab ich ihr erklärt.
„Oh, das ist alles?", meinte sie bloß und ging wieder an ihre Näharbeit.
Wundervolles Mädchen, unsere Iphigenie.

Orestes und Elektra

Wenn doch unsere anderen beiden Kinder, Orestes und Elektra, auch so wären! Sie sind unzertrennlich, die beiden. Ein komisches Paar.
„Das gibt auf jeden Fall Ärger", sagte Agamemnon.
„Großen Ärger. Wir sollen mit tausend Schiffen hinterher und Helena zurückholen!"
„Das wird ja Monate dauern!", sagte ich.

„Ein Grieche muss tun, was ein Grieche eben tun muss", hat er gemeint. „Bring mir was zu essen, und dann muss ich los, das Heer organisieren."
„Das Heer organisieren?", hab ich gefragt. „Jetzt sag mir nicht, dass du auch mitfährst!"
„Mitfahren? Ob ich mitfahre? Ich bin der Anführer der ganzen Expedition! Immerhin ist Menelaos mein Bruder!"
Das ist einfach typisch Agamemnon. Mischt sich in anderer Leute Streitereien ein, um in irgendeine Schlacht zu ziehen. Und ich sitze wieder monatelang alleine hier. Geschähe ihm ganz recht, wenn ich mir einen Liebhaber zulegen würde, so wie meine

Schwester Helena. Das wäre ihm mal eine Lehre! Um ehrlich zu sein, ich hab ja schon seit einiger Zeit ein Auge auf diesen Aigisthos geworfen … Ach, lieber nicht.
Da würde sich unsere Iphigenie nur aufregen. Ich verzeihe Agamemnon noch mal. Hoffentlich wird er seekrank.

Herbst

Ich bring ihn um! Im Ernst, ich werde Agamemnon umbringen! Es ist einfach nicht zu glauben, was er getan hat! Hätte ich ein Schwert zur Hand gehabt, hätte er gleich dran glauben müssen. Aber jetzt ist er fort. Ob es sechs Monate dauert oder sechs Jahre: Wenn er wiederkommt, werde ich mich rächen. Sein Blut soll fließen, und das wird es!

Das werde ich ihm nie vergeben. Ich wusste ja, dass er Probleme hatte. Tausend Schiffe, die nach Troja wollen, und sie kommen nicht mal aus dem Hafen von Aulis heraus. Der Wind hat sie einfach zurückgeblasen, Woche für Woche.
Mir war klar, dass sie das Orakel um Rat fragen würden – aber keiner hat mir gesagt, was es geantwortet hat. Agamemnon war sehr schweigsam, als er zurückkam.
„Und? Was sollen wir tun?", hab ich gefragt.
„Oh, ein Opfer bringen", murmelte er. „Nur ein Opfer, und die Götter werden dafür sorgen, dass der Wind sich dreht."
„Na, wunderbar. Was wird denn geopfert? Ein Schaf? Ein Hirsch?"
Er brummelte etwas in seinen Bart und steuerte auf die Tür zu.
„Wie bitte?", sagte ich. Ich bin ja nicht taub. Er wollte ganz offensichtlich nicht, dass ich ihn verstehe.

„Öh … eine Jungfrau. Wir müssen eine Jungfrau opfern", sagte er, spürbar peinlich berührt.
„Ähm … mein lieber Agamemnon. Du wirst doch wohl nicht ein unschuldiges junges Mädchen umbringen, bloß um diese unnütze, verdorbene Helena zurückzuholen, oder?"
„Ein Grieche muss tun …"
„Ja, was er eben tun muss – ich weiß! Aber es ist einfach schrecklich. Wenn ich mir vorstelle, wie sehr die Mutter des Mädchens leiden wird!"
„Jaja", antwortete er verlegen und schlich hinaus.
Ich war so entsetzt. Wie grauenvoll, sich vorzustellen, dass diese Ungeheuer ein Mädchen töten wollten, nur um einen Gott bei Laune zu halten! In meinem Gram rief ich nach unserer kleinen Iphigenie, um auf bessere Gedanken zu kommen. Als die Amme erschien, war sie bleich wie eine Marmorstatue. „Iphigenie ist bei der Opferung", sagte sie.
„Bei der Opferung!", schrie ich. „Sie ist doch noch viel zu jung, um sich so scheußliche Dinge anzusehen! Das regt sie doch nur auf, und nachher isst sie wieder nicht richtig. Sie macht doch immer so ein Theater mit dem Essen."
„Nein", sagte die arme Amme leise. „Sie braucht kein Abendessen mehr. Sie ist nicht nur bei der Opferung, sie ist das Opfer!"
Es verschlug mir die Sprache. Dieser falsche

Dreckskerl von einem Ehemann ließ unsere Tochter auf einem Altar ermorden, nur damit er fortkonnte, um Krieg zu spielen!
Der Wind drehte auch prompt, und Agamemnon ließ sofort alle Segel setzen und machte sich davon, bevor ich ihn zu fassen bekam. Und nun sitze ich hier und darf die beiden Übriggebliebenen aufziehen, die Unzertrennlichen Orestes und Elektra. Aber ich habe Geduld. Grenzenlose Geduld. Das Warten versüßt mir nur den Moment, wo ich ihn endlich zwischen die Finger kriege. Und ich erwische ihn, das schwöre ich. Wenn er nicht schon in Troja umgebracht wird, dann eben hier, nach seiner Rückkehr. Ich habe Zeit.

Fünf Jahre später

Troja einzunehmen ist schwerer, als sie gedacht haben. Und ihr kleines Kriegsspiel ist weniger aufregend als erhofft. Tag für Tag bloß vor den Stadtmauern zu sitzen ist selbst für Spatzenhirne langweilig.

Mir selbst ist die Zeit auch zu lang geworden. Aber inzwischen habe ich den hübschen, einfühlsamen Aigisthos zum Zeitvertreib – wie zuvorkommend von ihm, dass er nicht mitgefahren ist nach Troja!

Agamemnon hat den Tod wirklich verdient. Und jetzt, mit Aigisthos an meiner Seite, bin ich wirklich fest entschlossen, den Alten ins Gras beißen zu lassen, falls er je nach Hause kommt. Also gleich zwei gute Gründe … Das mit Iphigenie hab ich nicht vergessen.
Was die beiden „Unzertrennlichen" angeht: Sie sind so komisch wie immer. Manchmal habe ich das Gefühl, dass sie ihre Mutter gar nicht lieben. Trifft sich gut, denn ich halte auch nicht gerade viel von ihnen.

Noch mal fünf Jahre später

Jetzt ist er also wieder zu Hause. Der große Eroberer ist zurückgekehrt. Weil die Trojaner mit einem fairen Kampf nicht zu besiegen waren, hat er Soldaten in einem Holzpferd versteckt, heißt es.

Das hölzerne Pferd

Mal wieder typisch Agamemnon, hinterlistig wie immer. Die arme Helena ist wieder bei Menelaos, und alle sind zufrieden … außer mir (und den Trojanern natürlich). Erst war ich ganz die Ehefrau, die ihn liebevoll begrüßt. Aber dann trat plötzlich dieses Mädchen vor. „Das ist Kassandra", sagte Agamemnon.
„Kassandra? Die Tochter des Königs von Troja?"

„Jawohl – und sie wird meine Frau", fügte er hinzu.
„Du hast doch eine Frau, du hast mich!"
„Dann wird sie eben meine zweite Frau", sagte er und schritt an mir vorbei in den Palast. Kassandra, diese Bohnenstange, trottete hinter ihm her. Man sagt, sie kann in die Zukunft sehen. In diesem Fall müsste sie ahnen, dass wir sie auch umbringen. Sie weiß es, ich hab's ihr angesehen. Sie weiß es!

Am nächsten Tag

Es ist vollbracht. Er ist tot. Wir haben abgewartet, bis er in der Badewanne war. Dann bin ich mit dem Schwert reingegangen. Ich hätte ihn von hinten erschlagen können. Aber ich wollte, dass er alles mitbekommt – genauso, wie es Iphigenie damals vor zehn Jahren ergangen sein muss. Aigisthos hat ihm dann den Rest gegeben. Ziemlich widerlich, das ganze Blut.
Kassandra war in ihrem Gemach und erwartete uns schon, als ob sie alles wusste. Vielleicht wusste sie es wirklich. Sie hat nicht geschrien oder versucht wegzulaufen. Sie schloss einfach die Augen und senkte den Kopf. Irgendwie war es bei ihr nicht so leicht wie bei ihm. Aber nun ist alles vorbei.
Ach ja, Elektra und Orestes, die Unzertrennlichen, stecken die Köpfe zusammen. Wahrscheinlich eine Verschwörung. Aber was können sie schon tun. Es ist gegen jedes göttliche oder menschliche Gesetz, die eigene Mutter zu töten. Ich habe nichts zu befürchten.

> Liebes Tagebuch!
> Es ist gegen jedes göttliche oder menschliche Gesetz, den eigenen Ehemann zu töten. Wir glauben, dass die Götter uns dazu bestimmt haben, den Tod unseres Vaters zu rächen. Deswegen haben wir unsere Mutter und Aigisthos, ihren mörderischen Liebhaber, umgebracht. Mögen die Götter ihr Urteil über unsere Tat fällen und uns richten.
> Orestes und Elektra

Die Götter beschlossen, Orestes und Elektra für ihre Tat zu bestrafen, und schickten ihnen die Furien auf den Hals, eine Art von Racheengeln. Aber am Ende ließ die Göttin Athene doch noch Gnade walten.

Solche Geschichten waren es, die die Griechen gerne auf der Bühne sahen. Viele Leute meinen, dass heutige Filme im Fernsehen oder im Kino immer brutaler werden. Die Wahrheit ist, dass es Gewalt als „Unterhaltung" schon seit Tausenden von Jahren gibt.

Die Wahrheit über Troja
Aber beruht diese Geschichte über Troja eigentlich auf historischen Tatsachen? Ist sie wirklich passiert? Homer hat sein Epos ja erst hundert Jahre später geschrieben. Natürlich könnte es sein, dass sie in den Dunklen Jahrhunderten mündlich weitergegeben worden ist. Fragen wir dazu mal einen Historiker …

Geschichten, die Geschichte machten

Die Griechen liebten nicht nur Theaterstücke, sondern auch gute Geschichten. Und niemand konnte bessere Geschichten erzählen als Äsop. Seine Fabeln sind heute noch berühmt. Jeder kennt die Geschichte vom Wettlauf zwischen Hase und Schildkröte. Die Moral lautet: „Beharrlichkeit kommt auch ans Ziel". Oder die Geschichte vom Jungen, der „Wolf!" schrie. Sie lehrt uns: „Wer einmal lügt, dem glaubt man nicht."

Von Äsop stammen auch viele Sprichwörter wie z. B. sinngemäß: Kümmer dich nicht um ungelegte Eier! Und welche seiner Geschichten ist die gruseligste? Zweifellos seine eigene:

Äsop war ein griechischer Volksheld, der wahrscheinlich im sechsten Jahrhundert vor Christus gelebt hat. Der Legende nach wurde er in Thrakien geboren, lebte als Sklave auf der Insel Samos und begann nach seiner Freilassung damit, durch die Gegend zu reisen und Geschichten zu erzählen. Schließlich kam er nach Delphi zum Orakel – so nannte man damals weise Priester oder Priesterinnen, die mit den Göttern in Verbindung standen und ihre Ratschläge an die Menschen weitergaben. Äsop scheint die Priester des Orakels verärgert zu haben, vielleicht weil er ihnen die folgende Geschichte erzählte ...

Der Mann und die Götze

In alten Zeiten beteten die Menschen Götzen an – Gegenstände aus Holz oder Stein, die Gottheiten darstellten und Glück bringen sollten. Einmal trug es sich zu, dass ein Mann eine hölzerne Götze von seinem Vater vermacht bekam. Doch obwohl er sie sehr verehrte und anbetete, blieb er vom Pech verfolgt. In seiner Wut ging er eines Tages zu der hölzernen Figur und fegte sie mit einem Schlag von ihrem Podest, sodass sie zerbrach. Und was geschah? Aus dem Inneren der Holzfigur ergoss sich ein Regen von Geldmünzen auf den Boden.

Und Äsop schloss vielleicht mit den folgenden Worten: „Und die Moral von der Geschichte: Religion ist Schwindel und Betrug, der aus Priestern reiche Leute macht."

Was auch immer Äsop den Priestern des Orakels von Delphi gesagt haben mag – es scheint ihnen nicht gefallen zu haben. Oder sie fanden heraus, dass er Tempeldiebstahl begangen hatte. Denn sie schleppten ihn auf eine hohe Klippe und stießen ihn hinab in den Tod.

Die wilden Spartaner

Der erste mächtige Staat, der nach den Dunklen Jahrhunderten gegründet wurde, war Sparta. Die Spartaner waren ein wenig schwierig. Sie hielten sich für besser als alle anderen. Wenn ihnen ihr Land zu klein wurde, besetzten sie einfach fremden Grund und Boden. Und wenn dort schon Menschen lebten, machten die Spartaner sie zu ihren Sklaven. Kurz gesagt: Sie waren das ungemütlichste Völkchen in ganz Griechenland.

Natürlich hatte nicht jeder Lust, sich versklaven zu lassen. So

mancher legte sich mit den Spartanern an und zahlte es ihnen mit gleicher Münze zurück – mit Gewalt. Von allen Bewohnern Griechenlands waren die Spartaner wahrscheinlich die härtesten, weil sie ihre Kampfkünste immer wieder unter Beweis stellen mussten.

Für die Tapferkeit wurde in Sparta aber auch einiges getan. Man trainierte nicht einfach nur junge Männer im Umgang mit Waffen, sondern begann ihre kämpferische Erziehung schon in frühester Kindheit.

Zehn goldene Regeln zur Erziehung

1 Kinder mussten fit sein! Zum Pflichtprogramm gehörten Laufen, Ringkampf, Speerwurf und Ringe werfen – auch für Mädchen!
2 Bei festlichen Umzügen, Tänzen und religiösen Zeremonien

waren die Mädchen nackt – dadurch wollte man verhindern, dass sie sich für schöne Kleider begeisterten und eitel wurden.

3 Wenn ein junger Spartaner ein Mädchen heiraten wollte, musste er sie mit Gewalt entführen – oder jedenfalls so tun. Dann schnitt sich die Braut die langen Haare ab und verkleidete sich als Mann. Der Bräutigam, der natürlich bei der Armee diente, musste sich heimlich zu seiner neuen Frau schleichen.

4 Die Neugeborenen wurden von den ältesten Spartanern untersucht. Wenn ein Baby gesund und kräftig war, durfte es am Leben bleiben. War es schwach und kränklich, brachte man es auf einen Berg und ließ es dort sterben.

5 Ein Kind gehörte nicht den Eltern, sondern dem Staat Sparta. Mit sieben wurde jedes Kind einer Gruppe zugeteilt. Das stärkste Kind wurde zum Anführer ernannt und durfte die anderen herumkommandieren. Lehrer überwachten die Gruppen und ließen die Kinder häufig gegeneinander kämpfen, um herauszufinden, wer am stärksten war.

6 Mit zwölf durften die Kinder einen Umhang tragen, aber keine Tunika. Baden war nur ein paar Mal im Jahr erlaubt.

7 Geschlafen wurde auf Schilf, das die Kinder sich selbst am Flussufer holen mussten. Im Winter, wenn es kälter wurde, mischten sie ein paar Disteln unter das Schilf ... durch das Kratzen und Scheuern auf der Haut wurde ihnen wärmer.

8 Spartanische Kinder bekamen nur karge Mahlzeiten und wurden dazu erzogen, sich etwas zu essen zu stehlen – schließlich sollten sie sich später auf dem Schlachtfeld auch selbst versorgen. Wer beim Stehlen erwischt wurde, erhielt zur Strafe Schläge – nicht wegen des Diebstahls, wohlgemerkt, sondern fürs Erwischtwerden. Junge Männer wurden häufig auch grundlos geschlagen – dies sollte der „Abhärtung" dienen. Wer die Prügel nicht überlebte, hatte Pech.

Memme! Von ein paar kleinen Schlägen stirbt man doch nicht!

9 Die jüngeren Knaben mussten den älteren dienen. Ein Biss in die Hand war eine gebräuchliche Strafe, wenn der Jüngere einen Fehler machte.
10 Wer bei einem Kampf vor Angst oder Schmerz schrie, wurde bestraft – zusätzlich bestrafte man auch den besten Freund des Feiglings.
Die wilden Spartaner waren jedoch nicht schlimmer als viele andere Völker dieser Zeit, zum Beispiel die Skythen. Der Geschichtsschreiber Herodot (485–425 v. Chr.) hat die Gräueltaten der Skythen folgendermaßen beschrieben:

> Bei den Skyten ist es Sitte, dass jeder Krieger das Blut des ersten Feindes trinkt, den er getötet hat. Die Häupter der Besiegten werden dem König nach der Schlacht gebracht; nur wer abgeschlagene Köpfe vorzuweisen hat, bekommt auch einen Anteil von der Beute. Das Ablösen des Skalps geht so vor sich:

Der Krieger bringt einen runden Schnitt in Ohrenhöhe an und schüttelt den Kopf an den Haaren, bis die Kopfhaut sich löst. Dann wird die Innenseite mit einer Rinderrippe sauber geschabt und später mit den Fingern weich geknetet. Diese Trophäen hängt der Krieger sich an das Zaumzeug seines Pferdes. Je mehr Skalps ein Skythe erbeutet, desto vornehmer ist er. Viele nähen die Kopfhäute zusammen und tragen sie wie einen gewöhnlichen Umhang.

Ein Junge mit Fuchs sagt keinen Mucks
Wenn ihr die folgende Geschichte aus Sparta lest, kriegt ihr eine gute Vorstellung davon, wie merkwürdig die Spartaner drauf waren. Sie handelt von einem braven spartanischen Jungen …

Die Kunst, ein guter Spartaner zu sein, Teil 1: Klau, was du kriegen kannst – aber lass dich nicht erwischen!
Es war einmal ein Junge, der stahl einen jungen Fuchs.

Die Kunst, ein guter Spartaner zu sein, Teil 2: Ergib dich niemals kampflos!
Jemand hatte beobachtet, wie der Knabe nach der Tat davonrannte, und er wurde gefasst und eingesperrt. Bevor man ihn erwischte, hatte er gerade noch Zeit, den jungen Fuchs unter seiner Tunika zu verstecken.

Die Kunst, ein guter Spartaner zu sein, Teil 3: Lüge, betrüge, und gib bloß nichts zu!
Der Meister des Knaben fragte ihn, was er mit dem Fuchs gemacht habe. Der Junge antwortete: „Ein Fuchs? Was für ein Fuchs? Ich weiß nichts von einem Fuchs!"

Die Kunst, ein guter Spartaner zu sein, Teil 4: Besser ein toter Held als ein lebender Schlaffi!
Der Meister fragte und fragte und hörte gar nicht mehr auf. Da fiel der Junge plötzlich um ... und war tot. Als man den leblosen Körper untersuchte, sahen alle, dass der junge Fuchs sich bis in die Eingeweide des Knaben hineingefressen hatte. Der tapfere Junge aber hatte sich die Schmerzen nicht im Geringsten anmerken lassen und nicht aufgegeben, obwohl es ihn das Leben kostete.

Wer lügt heutzutage schon noch so tapfer und todesmutig wie die Spartaner damals?

Tödliche Thermopylen
Die Geschichte mit dem Jungen und dem Fuchs ist womöglich erfunden – aber auf jeden Fall macht sie deutlich, was sich die Spartaner unter heldenhaftem Verhalten vorstellten. Die Geschichte der Schlacht am Thermopylenpass ist dagegen mit hoher Wahrscheinlichkeit wahr. Auch sie zeigt, dass die Spartaner lieber starben als aufzugeben.

Unter der Führung von König Leonidas versuchte ein Heer von nur 300 Spartanern den schmalen Pass der Thermopylen gegen die übermächtigen Perser zu verteidigen. Das persische Heer war mehrere tausend Mann stark, und ihr Anführer Xerxes sandte Kundschafter aus, die herausfinden sollten, wie viele Soldaten die Spartaner hatten. Xerxes hätte nie geglaubt, dass die Spartaner so dumm sein könnten, sich auf einen derart ungleichen Kampf einzulassen. Aber da kannte er die Spartaner schlecht.

Die Spartaner waren nicht nur furchtlos, sie waren einfach total cool. Vor der Schlacht ölten sie sich ihre Körper ein und kämmten sich schön ordentlich die Haare ... einfach irre!

Die Kunst, ein guter Spartaner zu sein, Teil 5: Mit einem lockeren Spruch geht alles besser!

Man warnte die Spartaner, dass die Perser so viele Bogenschützen hätten, dass ihre Pfeile die Sonne verdunkeln würden. Die Antwort des spartanischen Feldherrn Dionysios: „Umso besser, dann haben wir ein bisschen Schatten beim Kämpfen."

Die Kunst, ein guter Spartaner zu sein, Teil 6: Denke an Eiswürfel, und behalte einen kühlen Kopf!

Ein Woche lang hielten die Spartaner durch. Dann führte ein Verräter die Perser über einen geheimen Pfad um das spartanische Lager herum, sodass sie von hinten angreifen konnten. Alle 300 Spartaner wurden massakriert. Während ihres Todeskampfes verloren einige von ihnen ihre Schwerter und kämpften mit Fäusten und Zähnen weiter ...

Könntet ihr bei Gefahr genauso cool bleiben?

Wusstet ihr schon ...

Eine historische Horrormethode zum Testen spartanischer Tapferkeit war das Auspeitschen am Altar des Gottes Artemis. Wer die meisten Peitschenhiebe ertrug, war am tapfersten. Halb verblutet (manchmal leider auch ganz verblutet) – aber tapfer ... Tja, so waren sie, die Spartaner!

Das Gespenst von Sparta

Pausanias war ein großer spartanischer Feldherr, der Sparta 479 v. Chr. zum Sieg über die Perser verhalf. Doch die Spartaner fanden, dass ihm der Erfolg ein bisschen zu Kopf stieg. Sie zitierten ihn zurück nach Hause, um eine Erklärung für sein Verhalten zu hören – oder um ihn zu bestrafen.

Pausanias war nicht sehr erfreut. Er schrieb an den persischen König Xerxes und bot ihm an, Sparta zu verraten. Ein Bote sollte den Brief an Xerxes überbringen. Aber dem Boten war aufgefallen, dass frühere Boten niemals zurückgekehrt waren. Also öffnete er den Brief und las ihn. Und siehe da, am Ende des Briefes fand sich eine interessante Bemerkung …

Natürlich überbrachte der Bote den Brief nicht König Xerxes, sondern zeigte ihn den Spartanern, und sie schickten einen Trupp Soldaten, die Pausanias umbringen sollten. Der Feldherr floh in den Tempel von Athen und verschanzte sich dort. „Hier dürft ihr nicht Hand an mich legen, ich befinde mich auf heiligem Grund und Boden", rief er.

„Das ist wahr", antwortete das Mordkommando. „Wir werden nicht Hand an dich legen!" Und sie hielten ihr Versprechen: Sie mauerten Pausanias einfach ein, damit er verhungerte.

Eigentlich hätte dies das endgültige Ende des Feldherrn sein sollen. Dummerweise begann jedoch der Geist des Toten im Tempel zu spuken und gab dabei derart grauenhafte Geräusche von sich, dass der Priesterin die Kunden ausblieben. Schließlich sandte sie nach einem Zauberer, der sich auf Gespensterjagd spezialisiert hatte und dem es tatsächlich gelang, Pausanias für immer aus dem Tempel zu vertreiben …

Die tödlichen Athener

Drakon der Drakonische

Die Bewohner der Stadt Athen waren ganz anders als die Spartaner. Einer ihrer ersten Gesetzgeber war ein Mann namens Drakon. Die Athener fanden die Spartaner zwar ziemlich brutal, aber Drakons Gesetze waren eigentlich fast genauso schlimm. Noch heute nennt man ganz besonders grausame Strafen „drakonisch". Drakon schrieb das erste Gesetzbuch Athens, und es gab kaum ein Vergehen, das nicht mit dem Tode bestraft wurde. Nach seinen Gesetzen …

- durfte jemand einen anderen Menschen zu seinem persönlichen Sklaven machen, wenn dieser ihm Geld schuldete
- stand auf den Diebstahl von Obst oder Gemüse die Todesstrafe
- wurden Leute hingerichtet, wenn sie faul waren.

Dazu Drakon:

Stimmt, es ist unfair. Die Strafe ist bei allen Vergehen dieselbe. Mal sehen, ob mir was Schlimmeres einfällt als der Tod. Dann könnte ich damit die Schwerverbrecher bestrafen.

700 Jahre später sagte ein griechischer Historiker namens Plutarch über Drakon:

> Er schrieb seine Gesetze mit Blut statt mit Tinte.

Aber es gab auch andere, die der Meinung waren, dass Drakons Gesetze immerhin besser waren als gar keine Gesetze (Zweifellos gehörten sie nicht zu den Leuten, die wegen der einen oder anderen Kleinigkeit hingerichtet wurden.)

Peisistratos der Witzbold

Ein anderer Herrscher Athens, Peisistratos, war nicht ganz so drakonisch, obwohl er auf jeden Fall ein „Tyrann" war, also jemand, der die Macht mit Gewalt an sich gerissen hatte. Doch er regierte zum Glück nur so lange, wie die Athener mit seinem Führungsstil einverstanden waren.

Unter Peisistratos mussten die Leute hohe Steuern zahlen – zehn Prozent ihrer gesamten Einkünfte. Aber wenigstens hatte Peisistratos Sinn für Humor.

Eines Tages besuchte er einen einfachen Bauern. Der Bauer erkannte den Herrscher nicht.

> Was bringt dir dieses Land?

> Nichts als schmerzende Knochen. Davon sollte Peisistratos mir auch zehn Prozent abnehmen!

Peisistratos lachte – und ordnete an, dass der alte Bauer niemals wieder Steuern zahlen sollte.

Peisistratos der Trickreiche

Peisistratos wurde immer unbeliebter, und das Volk von Athen begann, sich gegen ihn zu stellen. Eines Tages kam er, übel zugerichtet und blutend, in seinem Wagen auf den Marktplatz gefahren. Er und seine Maultiere hatten Schnittwunden. „Man hat versucht, mich umzubringen!", schrie er. „Ich konnte gerade noch entkommen!"

Die Athener bekamen Angst, ihren Herrscher zu

verlieren – er war zwar nicht besonders beliebt, aber einen anderen hatten sie nun mal nicht. Sie trommelten die stärksten und brutalsten Männer zusammen und stellten eine Leibwächtertruppe für Peisistratos auf. Mit ihrer Hilfe hatte er nach kurzer Zeit die ganze Stadt unter Kontrolle.

Das Attentat hatte Peisistratos zur Macht verholfen – ganz so, wie er es beabsichtigt hatte. Die Geschichte von dem Mordanschlag war nämlich frei erfunden! Der trickreiche Herrscher hatte sich die Wunden einfach selber zugefügt!

Wer tötete den Ochsen?

Die Athener waren zwar nicht so erbarmungslos wie die Spartaner, aber ihre kleinen merkwürdigen Angewohnheiten hatten sie ebenfalls. Dazu gehörte z. B. das Opfern eines Ochsen im heiligen Tempel. Das Schlachten des Ochsen an sich war nichts Besonderes – seltsam aber war, was die Athener nach einer solchen Opferung taten: Sie hielten eine Gerichtsverhandlung ab, um den Mörder des Ochsen zu ermitteln!

Ich klage die an, die das Wasser trugen, das die Axt härtete!

Wir klagen den an, der Axt und Messer schliff!

 Ich klage die an, die Axt und Messer nahmen.

Ich klage den an, der den Ochsen erschlug!

  Und ich klage den an, der den Ochsen erstach!

Schuld ist das Messer!  Hast du eine Erklärung für deine Tat, Messer?

 In diesem Fall spreche ich das Messer schuldig, den Ochsen ermordet zu haben. Es verdient den Tod durch Ertrinken. Werft es ins Meer!

Immer muss ich alles ausbaden!

Scheußlicher Schierling

Die Athener verurteilten nicht nur auf seltsame Weise Messer zum Tode. Sie töteten sich auch gegenseitig mit ganz besonderen Methoden.

Nachdem die Athener den Krieg gegen Sparta verloren hatten, suchten sie nach einem Schuldigen. Sie beschuldigten den alten Lehrer Sokrates, einen etwas seltsamen alten Kauz, der meist mit jungen Leuten herumhing und sie lehrte, nicht mehr an die alten Götter zu glauben. So etwas wurde im alten Athen mit dem Tode bestraft. Doch die Athener brachten Sokrates nicht einfach um. Sie zwangen ihn, sich mit einem Trank aus Schierling selbst zu vergiften. Phaidon, einer der Schüler des alten Sokrates, hat die grausame Szene beschrieben …

> Der Mann, der ihm das Gift reichen sollte, brachte einen Becher mit dem fertigen Trank herein. Sokrates sprach zu ihm: „Guter Mann, du verstehst etwas von diesen Dingen. Sag mir, was ich tun soll."
> „Trinkt ihn aus, und geht umher, bis Euch die Beine schwer werden. Dann legt Euch hin. Es wirkt sehr rasch."
> Der Mann reichte Sokrates den Becher, und er nahm ihn mutig entgegen, ohne Zittern oder Blässe. Er sah den Mann bloß an und fragte: „Darf ich einen Trinkspruch ausbringen?"
> „Ihr dürft", erwiderte der Mann.
> „Ich trinke also auf die Götter und bete, dass wir nach dem Tode ebenso vergnügt sein werden wie zu Lebzeiten."
> Er trank den Becher mit einem Zug aus. Bis da-

hin hatten die meisten von uns die Tränen zurückhalten können. Aber als wir sahen, wie er trank, flossen sie in Strömen. Ich bedeckte mein Gesicht und weinte – nicht um seinetwillen, sondern um meinetwillen. Ich hatte einen guten Freund verloren.

Sokrates sah uns an und sagte streng: „Ich habe gehört, dass man einen Menschen in Frieden sterben lassen soll. Also reißt euch zusammen, und seid still!" Unser Schluchzen erstarb.

Der Meister legte sich hin, und der Giftmischer kniff ihn in den Fuß. Sokrates sagte, dass er dort unten nichts mehr fühle. Wenn das Gift sein Herz erreiche, wäre es mit ihm vorbei.

Als das Taubheitsgefühl sich bis zum Oberkörper ausgebreitet hatte, rief Sokrates den jungen Crito. „Crito, wir schulden Asklepios eine Opfergabe. Denk daran. Vergiss es nicht."

(Asklepios war der Gott der Heilkunst.)

„Bestimmt nicht", erwiderte Crito. „Kann ich sonst noch etwas tun?"

Doch Sokrates antwortete nicht.

Dies war das Ende unseres Freundes, des besten, weisesten und ehrlichsten Menschen, dem ich je begegnet bin.

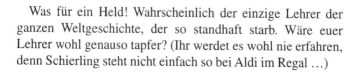

Was für ein Held! Wahrscheinlich der einzige Lehrer der ganzen Weltgeschichte, der so standhaft starb. Wäre euer Lehrer wohl genauso tapfer? (Ihr werdet es wohl nie erfahren, denn Schierling steht nicht einfach so bei Aldi im Regal …)

Denkwürdige Demokratie

In den meisten Ländern herrscht heutzutage Demokratie. Das bedeutet, dass die Staatsgewalt vom Volk ausgeht und jeder Erwachsene mit seiner Stimme die Vertreter in ein Parlament wählt oder sich selbst wählen lassen kann. Die Athener hatten die erste Demokratie überhaupt. Aber weil sie sich noch nicht so richtig damit auskannten, gab es ein paar kleine Anfangsschwierigkeiten ...

Die mächtigen Perser

König Dareios von Persien hatte ein großes Heer und fand, dass es an der Zeit war, Griechenland zu besetzen. Er machte sich nicht mal die Mühe, selbst zur Schlacht zu erscheinen, weil er die Griechen für eine leichte Fingerübung hielt. Eigentlich hätten sie für die Perser auch wirklich nur eine leichte Fingerübung sein müssen, denn ...
- nur die Armee der Athener tauchte zum Kampf auf – die Spartaner waren gerade mit religiösen Feierlichkeiten beschäftigt und verpassten die Schlacht
- die Athener waren ein wenig erschrocken über die Aufmachung der persischen Soldaten.

Die Perser trugen nämlich Hosen, während man in Griechenland lange Hemden trug.

Trotzdem gelang es den Athenern schließlich, die große Schlacht bei Marathon gegen die Perser zu gewinnen. Zehn Jahre lang ließen die Perser sie danach in Ruhe.

Dann kam der persische König Xerxes mit einer wirklich gigantischen Armee. Die Soldaten mussten den Hellespont überqueren, einen 1200 Meter breiten Meeresarm. Daher ließ König Xerxes eine Brücke bauen. Als ein Sturm sie zerstörte, verlor der König die Beherrschung – er herrschte zwar immer noch über Persien, war jedoch ziemlich unbeherrscht.

Und was glaubt ihr, tat dieser verrückte König?
1 Er befahl, den Brückenbauer mit 300 Peitschenhieben zu bestrafen.

2 Er befahl, den Meeresarm mit 300 Peitschenhieben zu bestrafen.

oder 3 Er befahl seiner Armee hinüberzuschwimmen.

Lösung:

2 Xerxes ordnete an, das Meer solle Peitschenhiebe erhalten. Als zusätzliche Strafe ließ er Eisenfesseln ins Wasser werfen. Es wird sogar berichtet, dass er Folterknechte losschickte, die die Meeresoberfläche mit glühenden Eisen versengen sollten!

Persische Pappköpfe

Die Griechen hätten nicht solche Angst vor den Persern zu haben brauchen, wenn sie gewusst hätten, was der Geschichtsschreiber Herodot wusste. Er erzählt eine erstaunliche Geschichte über eine frühere persische Schlacht in Ägypten – bei Pelesum, wo die Perser im Jahre 525 v. Chr. gekämpft hatten …

> Auf dem Schlachtfeld machten mich die Einheimischen auf ein merkwürdiges Phänomen aufmerksam: Die Knochen der Toten waren zu zwei verschiedenen Haufen aufgeschichtet – dem der Perser und dem der Ägypter. Wenn man nun mit einem noch so kleinen Kiesel nach den persischen Schädeln wirft, halten sie nicht stand, und der Stein bricht ein Loch hinein. Die ägyptischen Schädel dagegen sind so stark, dass selbst ein schwerer Felsen sie nicht zerschmettert!

Die hölzerne Wand

Nachdem die Spartaner erledigt waren, machte Xerxes sich mit seiner Armee auf den Weg nach Athen. Die Athener flüchteten sich auf die Insel Salamis, die direkt vor der Küste von Athen liegt. Sie mussten mit ansehen, wie Xerxes ihre Stadt bis auf die Grundmauern abbrennen ließ.

Doch der Anführer der Athener, Themistokles, ließ das nicht auf sich sitzen. Er ging zum Tempel von Delphi und bat das „Orakel", eine Art göttlichen Ratgeber, um Hilfe. Es empfahl ihm, „sein ganzes Vertrauen auf die hölzerne Wand zu setzen." Was meint ihr, tat Themistokles also?
1 Er baute eine Flotte (aus hölzernen Schiffen).
2 Er errichtete einen hölzernen Zaun um die Insel Salamis, um die Perser auszusperren.
3 Er errichtete einen hölzernen Zaun um Athen und sperrte die Perser ein.

> Lösung:
>
> **1** Themistokles verstand den Rat des Orakels so, dass er seiner Flotte vertrauen solle – was sich als richtig erwies. Die 800 Schiffe der Perser wurden im flachen Wasser zwischen Athen und Salamis von nur 310 griechischen Schiffen besiegt. Die Athener hatten allerdings Rammböcke aus Bronze am Bug, die die persischen Schiffe durchschlugen und so zum Sinken brachten.

Das Geisterschiff von Salamis

Herodot berichtete auch von einem merkwürdigen Ereignis bei der Seeschlacht von Salamis:

> Die Athener erzählen diese Geschichte über einen Kapitän aus Korinth namens Adeimantos. Als die Schlacht begann, war er erfüllt von Angst und Schrecken; er setzte die Segel und ergriff mit seinem Schiff die Flucht. Die anderen Korinther bemerkten es und drehten ebenfalls bei, um ihm zu folgen. Als sie jedoch den Tempel der Athene bei Sciras erreichten, erschien an ihrer Seite plötzlich ein Schiff. Es musste von den Göttern gesandt worden sein, denn es war niemand an Bord. Aus seinem Inneren rief eine merkwürdige Stimme: „Wie konntest du deine griechischen Freunde im Stich lassen, Adeimantos? Sie gewinnen gerade die Schlacht. Kehre um, und hilf ihnen!" Der Korinther glaubte der Stimme nicht. „Du bekommst dieses Schiff und kannst es zerstören, falls ich die Unwahrheit spreche", erwiderte die Stimme. „Kehre um, kehre um!" Also segelten Adeimantos und die Korinther zurück und halfen den Griechen, die Schlacht zu gewinnen. Niemand aber konnte jemals erklären, woher dieses seltsame Schiff gekommen war …

Es wird auch erzählt, dass die Korinther nur so taten, als ob sie flohen. Sie wollten die Perser in eine Falle locken. Nach einer Weile kehrten sie um und griffen an, als die persische Flotte nicht mehr mit ihnen rechnete. In dieser Geschichte kommt natürlich kein von den Göttern gesandtes Schiff vor.

Wie wird es wohl gewesen sein? Fest steht, dass viele Seeleute bei dieser Schlacht ihr Leben ließen. Auf zwei alten Grabinschriften steht zu lesen:

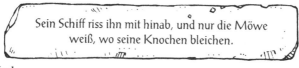

Sein Schiff riss ihn mit hinab, und nur die Möwe weiß, wo seine Knochen bleichen.

Und ...

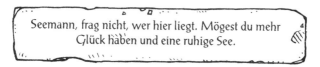

Seemann, frag nicht, wer hier liegt. Mögest du mehr Glück haben und eine ruhige See.

Die Peloponnesischen Kriege

Nach der verlorenen Seeschlacht vor Salamis kehrte König Xerxes wieder nach Persien zurück. Sein Stiefsohn Mardonius wollte noch eine Weile in Griechenland bleiben, um noch gegen ein paar Griechen zu kämpfen, also ließ Xerxes ihn allein. Doch Mardonius wurde getötet und seine Armee besiegt.

Die Athener waren natürlich recht zufrieden mit sich. Und sie fanden, dass alle griechischen Völker sich zusammenschließen sollten. Gemeinsam konnte man die Perser noch leichter in die Flucht schlagen, falls sie je wagen sollten zurückzukommen. Das Problem war nur, dass Athen der Anführer dieses griechischen Bundes sein wollte.

Aber da spielten die Spartaner nicht mit. Es kam zum Streit, und es dauerte nicht lange, bis Sparta und Athen um die Vorherrschaft in Griechenland kämpften. So begann der Peloponnesische Krieg.

Göttliche Nasen

Alkibiades war ein bedeutender Feldherr in Athen – aber er war auch ein furchtbarer Angeber. Er trug die ausgeflipptesten Klamotten und tat wirklich alles, um die Aufmerksamkeit auf sich zu lenken. Einmal schnitt er seinem Lieblingshund den Schwanz ab, bloß damit die Leute hinter ihm herstarrten.

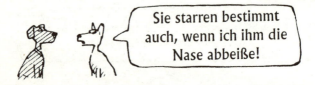

Sie starren bestimmt auch, wenn ich ihm die Nase abbeiße!

Halb Athen (besonders die Frauen) war verliebt in Alkibiades, aber die mächtigen Männer der Stadt hassten ihn und wollten seinen Tod. Sie schickten ihn nach Sparta in den Krieg, um in Ruhe eine Verschwörung gegen ihn auszuhecken.

Zwischen 415 und 413 v. Chr. führte Alkibiades die Armee in eine Schlacht gegen spartanische Verbündeten bei Syrakus (auf Sizilien). Aber man rief ihn nach Athen zurück, um ihn wegen Gotteslästerung vor Gericht zu stellen. Er wurde verdächtigt, einigen männlichen Götterstatuen ihre Nasen abgeschlagen zu haben – außerdem auch die kleinen Pimmel (griechische Götter waren nämlich grundsätzlich splitternackt).

Alkibiades war nicht dumm – er wusste, dass ihn die Todesstrafe erwartete. Also kehrte er nicht nach Athen zurück, sondern lief zum Feind über – zu den Spartanern. Er lieferte ihnen alle geheimen Informationen über die Armee der Athener. Und die Spartaner kamen, um ihren Bündnispartnern in Syrakus im Kampf beizustehen.

Natürlich nahm es mit Alkibiades ein schlimmes Ende – so wie mit dem Schwanz seines Hundes. Die Spartaner ermordeten ihn, bevor er es sich wieder anders überlegen und zu den Athenern wechseln konnte.

Ein Mordkommando erschien vor seinem Haus, aber niemand hatte den Mumm, von Angesicht zu Angesicht gegen ihn zu kämpfen. Dabei waren sie in der Überzahl! Also steckten sie sein Haus in Brand. Als Alkibiades mit dem Schwert in der Hand herauskam, durchsiebten sie ihn aus sicherer Entfernung mit ihren Pfeilen.

Wunderwaffen

Während der Peloponnesischen Kriege kämpften Griechen gegen Griechen. Wenn jeder weiß, wie die Gegenseite arbeitet, kann man sie leicht besiegen – und umgekehrt genauso. So geht jede Schlacht unentschieden aus. Da helfen nur Geheimwaffen, die den Feind völlig überraschen und zu Tode erschrecken.

Also machten sich die verrückten Griechen aus Boiotien (in Mittelgriechenland) daran, eine Geheimwaffe zu erfinden:

Es funktionierte tatsächlich! Mit ihrer Geheimwaffe gelang es den Boiotiern, die Stadt Delium einzunehmen. Sie hatten den ersten Flammenwerfer der Welt erfunden!

Alexander der Größte

Kaum war die Bedrohung durch die Perser abgeflaut, gab es schon wieder eine neue – diesmal ging sie von einem kleinen Königreich im Norden Griechenlands aus: Makedonien. Manche Geschichtsforscher sind allerdings der Meinung, dass die Makedonier überhaupt keine Griechen waren.

Philipp, der König von Makedonien, griff die Athener an, besiegte sie und verlangte von ihnen, einen alten Feind anzugreifen ... nämlich die Perser!

Doch dann geschah etwas, womit Philipp nicht gerechnet hatte: Er starb. Für seinen Plan allerdings spielte das keine so große Rolle. (Für ihn jedoch schon.) Philipps Sohn, Alexander der Große, war nämlich noch viel schlimmer und verrückter als er – und er hielt sich für den Größten ...

Alexander – Geschichte deines Lebens!

Der knifflige Knoten

Alexander zog in die Stadt Gordion ein und hörte, dass der Streitwagen von König Gordios an seinen Deichseln mit einem Knoten festgebunden war, den niemand lösen konnte. Derjenige, der ihn aufbekäme, würde einer Überlieferung nach eines Tages Herrscher über ganz Asien sein …

Wie, glaubt ihr, schaffte Alexander es, den Knoten aufzubekommen?

Lösung:
Er zog sein Schwert und hieb den Knoten mittendurch.

Denken wie ein Grieche

Die Griechen waren ziemlich abergläubisch. Sie glaubten an Horoskope und an Geister und waren fest davon überzeugt, dass ihr Schicksal von den Göttern gelenkt wurde. Durch ein „Orakel" sprachen die Götter zu den Menschen, und man konnte von ihnen etwas über die Zukunft erfahren ... vorausgesetzt, man konnte das Orakel richtig deuten.

Weise Orakel

Die Wahrsagerei war bei den Griechen sehr beliebt. Aber damals gab es keine magischen Kristallkugeln, und man las auch nicht aus der Hand. Stattdessen befragte man halt das „Orakel". Man ging an einen heiligen Ort, brachte ein Opfer dar und bat einen der zahlreichen Götter, etwas über die Zukunft zu verraten.

Natürlich sprach ein Gott nicht direkt zu den Menschen. Es gab verschiedene Möglichkeiten, an die göttlichen Botschaften zu kommen. In Delphi zum Beispiel sprach der Gott Apollon durch eine Priesterin. Sie versetzte sich in Trance (so wie das „Medium" bei einer spiritistischen Sitzung) und begann, in merkwürdigen, schwer verständlichen Sätzen zu sprechen.

Diese rätselhaften Botschaften wurden dann von den Orakel-Priestern gedeutet, damit ihre Kunden wussten, was los war.

Das Orakel von Delphi konnte tatsächlich gute Ratschläge geben, denn die vielen Ratsuchenden erzählten ihm eine ganze Menge. Daher wussten die Priester oft besser als so mancher andere, was in den griechischen Staaten vor sich ging.

Kroisos der Clevere

Es gab mehrere Orakel in Griechenland. Der schlaue König Kroisos von Lydien beschloss zu testen, welches von ihnen die genauesten Antworten gab.

Er schickte sieben Boten zu sieben Orakeln. Sie alle sollten gleichzeitig dieselbe Frage stellen, nämlich: Was tut König Kroisos genau in diesem Moment?

Die Boten brachten dem König die Antworten. Die des Orakels von Delphi klang merkwürdig – sie lautete:

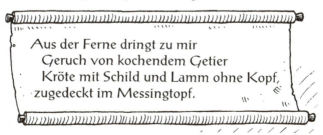

Aus der Ferne dringt zu mir
  Geruch von kochendem Getier
    Kröte mit Schild und Lamm ohne Kopf,
     zugedeckt im Messingtopf.

Kroisos war beeindruckt. Er hatte sich für diesen Tag absichtlich eine etwas ungewöhnliche Tätigkeit ausgesucht und kochte in einem Messingtopf mit Deckel ein Gericht aus Lammfleisch und einer Schildkröte.

Kroisos entschied, dass man dem Orakel von Delphi wohl am besten vertrauen könne. Ganz schön clever, dieser Kroisos. Aber ...

Kroisos der Betrogene

Die Orakel-Priester schummelten oft ein bisschen. Sie gaben Antworten, die nicht eindeutig waren. Vor seinem Persien-Feldzug befragte König Kroisos das Orakel:

„Was wird geschehen, wenn ich Persien angreife?"

Und das Orakel antwortete:

„Durch diese Schlacht wird ein großes Weltreich untergehen!"

Kroisos zog freudig in die Schlacht – und verlor! Lydien wurde zerstört. Und Kroisos hatte natürlich angenommen, dass das Orakel vom Untergang Persiens gesprochen hatte.

Geschichten über Orakel waren in Griechenland sehr beliebt. Viele handelten von einer uralten Frage der Menschheit ...

Wie entgeht man seinem Schicksal?

Die Familie der Bacchiaden regierte in Korinth. Sie waren reich und mächtig ... und sie hatten Sorgen. Der große Bacchant war gerade mit einer schrecklichen Botschaft vom Orakel zurückgekehrt.

„Das Orakel hat gesagt, dass Labda einen Felsen zur Welt bringen wird, und dieser Felsen wird die Mächtigen überrollen und in ganz Korinth Ordnung schaffen."

„In Korinth Ordnung schaffen?", schnaufte Frau Bacchant. „In Korinth ist alles in Ordnung ... jedenfalls, solange wir an der Macht sind."

„Darum geht es doch nicht", bemerkte der kleine Bacchant.

„Wenn die Götter sagen, mit uns ist Schluss, Aus, Ende, dann ist mit uns Schluss, Aus, Ende!"

„Pah! Typisch Mann, immer gleich den Kopf einzuziehen ... Hört zu, wenn das Orakel sagt, sie bringt ein Kind zur Welt, das uns absetzen wird, dann bringen wir das Kind eben um!"

Der große Bacchant legte die Stirn in Falten. „Das wäre aber Mord", sagte er. „Damit kommen wir nicht durch!"

Frau Bacchant grinste böse. „Es sei denn, das Baby hätte einen kleinen Unfall", erwiderte sie.

„Das ist aber sehr unwahrscheinlich", seufzte der kleine Bacchant.

„Nicht, wenn wir ein wenig nachhelfen", erklärte Frau Bacchant. „Sobald das Baby da ist, schauen wir mal vorbei, um uns das Kleine anzusehen!"

„Wie nett", sagte der große Bacchant.

„Überhaupt nicht nett", erwiderte Frau Bacchant und schüttelte langsam den Kopf. „Wer von uns das Baby in den Arm gelegt bekommt, der lässt es fallen!"

„Fallen!", kreischte der kleine Bacchant.

„Mit dem Kopf auf den Steinfußboden", sagte Frau Bacchant grimmig. „Problem gelöst!"

So einfach war es natürlich nicht – mit Orakelsprüchen hat man immer großen Ärger. Das Baby kam zur Welt, und die

Bacchants statteten Labda einen Besuch ab. Zehn Minuten später verließ Frau Bacchant das Haus, blass vor Wut und mit hektischen Flecken auf ihren Pausbacken.

„Das darf doch nicht wahr sein! Du hättest das Baby doch nur fallen lassen müssen! Fallen lassen! Das hatten wir vereinbart! Warum hast du's nicht getan?"

Der große Bacchant lächelte ein wenig verlegen. „Es hat mich angelacht. Wie soll ich den Kleinen denn fallen lassen, wenn er mich anlacht? Es ging mir so zu Herzen!"

„Zu Herzen? Du brauchst kein Herz – du brauchst ein Hirn!", zischte Frau Bacchant wütend und drehte sich nach dem kleinen Bacchant um. „Du gehst heute Nacht mit einer Keule zurück, schleichst dich rein und erschlägst das Kind! Kapiert?"

Der kleine Bacchant nickte. „Ich werde dich nicht enttäuschen", versprach er.

Aber Labda hatte Frau Bacchants wütendes Gesicht gesehen, als der Mann ihr das Baby wiedergegeben hatte. Sie spürte, dass die Frau das Kind umbringen wollte. Also versteckte sie den Knaben in dieser Nacht in einer Holztruhe, wo er ruhig und sicher schlief und am nächsten Morgen mit einem Lachen wieder erwachte.

Labda nannte das Kind Kypselos – was Truhe bedeutete. Kypselos wuchs heran und wurde zu einem der beliebtesten Anführer. Die Familie Bacchant hasste man in Korinth hingegen immer mehr. Schließlich krönten die Korinther den jungen Mann zum König – er wurde ein mächtiger, aber auch gutmütiger Herrscher. Nur bei den Bacchiaden, da kannte er keine Gnade.

Kypselos war der Felsen, der die Mächtigen in Korinth überrollen sollte ... Und er überrollte sie gründlich und vernichtete sie. So, wie das Orakel es geweissagt hatte.

Wusstet ihr schon ...?
Die Seherin des berühmten Orakels von Delphi hieß Pythia. Um in die Zukunft zu sehen, verbrannte sie eine bestimmte Sorte Blätter und atmete den Rauch ein. Die brennenden Blätter sonderten eine Art Droge ab, durch die sich Pythia in Trance versetzte.

Und beim Orakel von Korinth? Hier konnten die Ratsuchenden angeblich direkt mit den Göttern sprechen! Man sprach mit dem Altar ... und eine göttlich dröhnende Stimme ertönte aus dem Boden direkt unter den Füßen des Kunden.

Ein Wunder? Die Besucher des Orakels glaubten es jedenfalls. Aber die Archäologen von heute wissen es besser: Es gab einen Geheimgang, der direkt unter den Altar führte. In diesen Gang konnte ein Priester hineinkriechen, bis er direkt unter den Füßen des Besuchers lag. Er hörte sich die Frage an und sprach durch einen Trichter in ein Rohr.

Antiker Aberglaube

Einige Griechen waren die größten Denker der damaligen Zeit. Trotzdem gab es im antiken Griechenland auch eine ganze Menge an merkwürdigem Aberglauben.

Heutzutage gehen viele Leute nicht gern unter einer Leiter durch, weil sie meinen, es könnte Unglück bringen. Auf Holz zu klopfen bedeutet dagegen Glück. Die verrückten Griechen hatten andere Ideen. Zum Beispiel: ...

1 Vögel waren Boten zwischen Himmel und Erde, und der Mond eine Raststätte für Seelen, die sich auf der Reise zum Himmel befanden.

2 Die Griechen glaubten an Hekate, eine Spuk- und Zaubergöttin, die für die Hexenkunst zuständig war und außerdem als

Beschützerin der Wege galt. In sternklaren Nächten erschien sie mit Geistern und heulenden Phantomhunden an Weggabelungen. Als Geschenk an die Göttin legten die Griechen Speisen an den Straßenrand. (Hekate war außerdem zuständig für die Heilung von Geisteskrankheiten. Die Griechen glaubten, dass Wahnsinn durch die Geister der Toten verursacht wurde.)

3 Manche Griechen versuchten, in den Eingeweiden toter Vögel zu „lesen" – sie glaubten, mit dieser Methode etwas über die Zukunft zu erfahren.

4 Viele glaubten damals auch daran, dass sie von Geistern umgeben waren, so genannten „Dämonen". Manche waren gut und beschützten einen. Andere dagegen waren gefährlich und konnten den Menschen dazu verführen, Böses zu tun. Auch Gelehrte wie Sokrates glaubten an Dämonen. Sein eigener Dämon warnte ihn, wenn Gefahr im Verzug war ... und er erwies sich stets als zuverlässig.

5 Die Griechen legten ihre Toten in Tongefäße, die sie Pithos nannten. Manchmal aber, so glaubten sie, entwichen die Seelen aus dem Pithos, suchten die Lebenden heim und quälten sie mit Krankheiten. Diese bösen Geister nannte man Keren. Die beste Methode, sich die Keren vom Leib zu halten, war das Abdichten der Türrahmen mit Teer. Dann konnten die Geister nicht ins Haus, weil sie am Teer kleben blieben.

6 Die Griechen glaubten, dass sie bald sterben mussten, wenn sie im Traum ihr eigenes Spiegelbild sahen. Aber das war auch kein Beinbruch, denn man wurde ja sowieso wieder geboren. Nach damaliger Auffassung bestand der Mensch aus drei Teilen …

- Körper
- Seele
- Geist

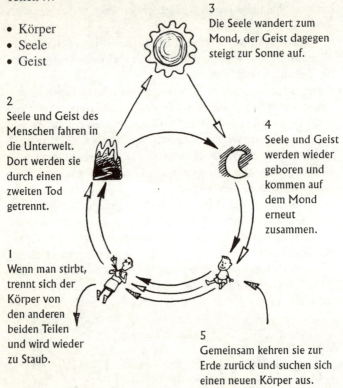

3 Die Seele wandert zum Mond, der Geist dagegen steigt zur Sonne auf.

2 Seele und Geist des Menschen fahren in die Unterwelt. Dort werden sie durch einen zweiten Tod getrennt.

4 Seele und Geist werden wieder geboren und kommen auf dem Mond erneut zusammen.

1 Wenn man stirbt, trennt sich der Körper von den anderen beiden Teilen und wird wieder zu Staub.

5 Gemeinsam kehren sie zur Erde zurück und suchen sich einen neuen Körper aus.

7 Man war auch der Meinung, die rechte Körperhälfte sei besser als die linke. (Manche Leute glauben das bis heute und versuchen zum Beispiel, Linkshänder dazu zu zwingen, mit der rechten Hand zu schreiben.)

Pythagoras

Der berühmte Mathematiker und Philosoph Pythagoras entwickelte seine Religion. Die Anhänger seiner Lehre (die „Pythagoräer") glaubten, dass die Seele nach dem Tode weiterlebt und in einen anderen Körper fährt. Eines Tages sah Pythagoras, wie ein Mann seinen Hund schlug. Der Hund jaulte, und Pythagoras rief:

Halt! Das ist mein alter Freund, ich erkenne seine Stimme!

Nach Pythagoras war es also ein gefährlicher Beruf, Metzger oder Jäger zu werden – wenn man ein Rind schlachtete oder einen Hirsch schoss, war es nicht ausgeschlossen, dass man die eigene verstorbene Großmutter umbrachte!

Die Pythagoräer glaubten, dass man als wichtige Persönlichkeit wieder geboren wurde, wenn man sich anständig benahm. Wer keine Manieren hatte, konnte Pech haben und als Schwein oder Hund wieder geboren werden – sogar als Baum! Und wer richtig boshaft und durchtrieben war, der kehrte als das bedauernswerteste aller Geschöpfe zurück ... als Frau!

Die Anhänger des Pythagoras lebten zurückgezogen – und hatten einige merkwürdige Regeln und Vorschriften. Fragt doch mal euren Geschichtslehrer, welche es waren ...

Wahr oder falsch?
1 Iss keine Bohnen.
2 Lauf nicht die Hauptstraße entlang.
3 Berühr das Feuer nicht mit einem eisernen Schürhaken.
4 Berühr keine weißen Hühner.
5 Verspeis keine Tierherzen.

6 Tritt nicht auf deine abgeschnittenen Fingernägel.
7 Hinterlasse nicht den Abdruck deines Körpers auf dem Bett, wenn du aufstehst.
8 Schau nicht in einen Spiegel, der neben einer Lampe steht.
9 Hilf beim Beladen eines Wagens – aber nie beim Ausladen.
10 Bohre nicht mit den Fingern deiner linken Hand in der Nase.

Lösung:

10 ist falsch, alle anderen sind wahr. Manche Griechen glaubten, dass in Bohnen die Seelen der Toten enthalten seien; deswegen rührten sie keine Bohnen an.

Griechische Gespenster

Die Griechen waren es, die die ersten Gespenstergeschichten erfanden. Aber ein Römer namens Plinius hat die folgende Geschichte als Erster aufgeschrieben.

Lieber Lucias,

gerade habe ich eine merkwürdige Geschichte gehört, die dich vielleicht interessiert:

In Athen stand früher ein großes schönes Haus, in dem es angeblich grauenvoll spukte. Die Leute berichteten von lautem Kettengerassel mitten in der Nacht, bis schließlich der Geist eines Mannes erschien, scheußlich anzusehen: Mit langem, verfilztem Bart und wirren weißen Haaren – ein Bild des Jammers! An seinen dünnen Beinen zog er stöhnend ein Gewicht an einer Kette hinter sich her, und seine Handgelenke waren in schwere Eisen eingeschlossen. Immer wieder hob er hilflos und wütend die Arme und rasselte mit seinen Ketten.

Einige mutige Männer, die eine Nacht in dem Haus verbrachten, verloren beim Anblick des Gespenstes vor Angst fast den Verstand; sie alle wurden bald von Krankheit und Tod heimgesucht. Die Leute begannen, das Haus zu meiden. Es fand keinen Käufer und verfiel immer mehr.

Schließlich mietete es ein armer junger Mann namens Athenodoros, obwohl er von dem Gespenst gehört hatte. In der ersten Nacht saß er über seiner Arbeit, als das Rasseln der Ketten ertönten und der Geist des Alten erschien. Das Gespenst winkte ihn zu sich heran. Der junge Mann sagte, er habe keine Zeit. Aber als das Gespenst einen rasselnden Wutanfall bekam, stand er doch auf und ging mit.

Als sie im Garten standen, zeigte der Geist auf eine bestimmte Stelle – und verschwand. Athenodoros markierte die Stelle, ging zu Bett und schlief ruhig bis zum nächsten Morgen. Dann ging er zur Wache und erzählte alles. Die Wachmänner gruben an der Stelle und fanden ein Skelett in Ketten. Es wurde ordentlich begraben, und fortan herrschte wieder Friede in dem Haus.

Plinius

Denken wie ein Grieche

Im Sommer des Jahres 413 v. Chr. gerieten die Athener bei der Belagerung der Stadt Syrakus in Schwierigkeiten. Einer ihrer Anführer war getötet worden, und der andere, Nikias, hatte hohes Fieber.

Die Athener beschlossen, die Belagerung aufzugeben und nach Hause zu segeln. Alle fanden die Idee gut und packten ihre Sachen zusammen. Aber in dieser Nacht gab es eine totale Mondfinsternis. Die Soldaten hielten sie für ein Zeichen der Götter.

Eine Katastrophe steht bevor, sagten die einen. Es sei vielleicht ein Zeichen, dass sie noch bleiben sollten, meinten die anderen. Sie konnten sich nicht einig werden. Also fragten sie ihren Anführer, Nikias.

„Wir fahren nicht nach Hause, sondern warten den nächsten Vollmond ab", bestimmte er.

Er wartete ganze 27 Tage lang. Und was geschah dann?

1 Nikias starb, und die Soldaten kehrten nach Athen zurück.
2 Sie gerieten in eine Katastrophe.
3 Die Armee von Syrakus ergab sich.

Lösung:

2 Die Armee von Syrakus nutzte die 27 Tage, um den Fluss mit aneinander geketteten Schiffen abzusperren, sodass die Athener mit ihrer Flotte nicht mehr herauskamen. Die Soldaten mussten nun den Landweg nehmen. Sie liefen den Feinden in die Arme und wurden vernichtet. Wer nicht starb, wurde zum Sklaven gemacht. Diese Katastrophe führte zum Untergang des mächtigen Staates Athen ... und alles nur wegen einer Mondfinsternis und des Aberglaubens eines griechischen Feldherrn.

Leben wie ein Grieche

Das Schachbrett des Polybios
Die alten Griechen waren ganz verrückt nach Zahlen. Zum Beispiel auch der griechische Geschichtsschreiber Polybios. Er war mit etwa 1000 Geiseln im Jahre 168 v. Chr. nach Rom verschleppt worden. Sein geschichtliches Hauptwerk umfasst 40 Bände, aber nebenbei hatte er auch noch Zeit, sich den folgenden Geheimcode auszudenken, den man heute noch „Das Schachbrett des Polybios" nennt:

Jedem Buchstaben wird ein Zahlenpaar zugeordnet – die Nummer der vertikalen (senkrechten) Leiste steht an erster Stelle, die Nummer der horizontalen (waagerechten) an zweiter Stelle. Daraus folgt: B = 1-2, F genau umgekehrt, nämlich 2-1. Das Wort „hallo" wäre also 23 11 31 31 34. Kapiert?

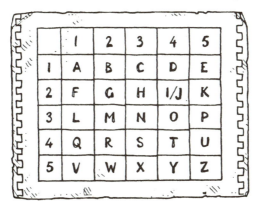

Dann versucht mal rauszukriegen, was hier steht ...
14 15 42 21 34 42 43 13 23 15 42 11 33 11 53 24 32 11 33 14
15 42 12 42 11 13 23 44 15 14 24 15 15 42 43 44 15 43 34 33
33 15 33 45 23 42 33 11 13 23 22 42 24 15 13 23 15 33 31 11
33 14

Lösung:
Der Forscher Anaximander brachte die erste Sonnenuhr nach Griechenland.

Haarsträubende Nachrichten

Das Schachbrett des Polybios war sicher eine ganz gute Methode, um geheime Botschaften zu übermitteln. Aber ein anderer Grieche namens Histaios erfand eine noch viel bessere!

Histaios war in persischer Gefangenschaft, erhielt aber die Erlaubnis, einen Brief an seinen Cousin Aristagoras zu schreiben. Die Perser prüften die Nachricht sorgfältig, aber sie konnten nichts Verdächtiges feststellen – der Inhalt war absolut harmlos. Sie erlaubten, dass ein Sklave den Brief Aristagoras überbrachte.

Als der Sklave bei Aristagoras ankam, sagte er zu ihm: „Schert mir den Kopf!" Aristagoras tat es und förderte so die geheime Botschaft seines Cousins zu Tage – eintätowiert in die Kopfhaut des Sklaven stand nämlich zu lesen: „Erhebt euch gegen die Perser!" Cool, was?

Camera obscura zum Selberbauen

Die Griechen erfanden einige geniale Geräte, die bis in unsere heutigen Tage wichtig sind. Eine der tollsten Erfindungen war die Camera obscura – oder Gucklochkamera.

Ein griechischer Künstler deckte hierzu ein Fenster mit dunklem Stoff zu und bohrte dann ein kleines Loch hinein. Auf der gegenüberliegenden Wand erschien eine Projektion, die auf dem Kopf stand – nämlich das Bild der Straßenszene vor dem Fenster, das der Künstler somit einfach nur abzupausen brauchte.

Baut euch eure eigene Mini-Gucklochkamera:

1 Bastelt einen offenen Kasten aus schwarzer Pappe, 20 x 10 x 10 Zentimeter.
2 Deckt die eine Seite mit schwarzem Papier ab und bohrt ein kleines Loch hinein.
3 Klebt über die andere offene Seite Butterbrotpapier.
4 Haltet die Kamera mit der schwarzen Seite ins Licht.
5 Alles, was vor der Kamera passiert, wird auf dem Butterbrotpapier zu sehen sein.

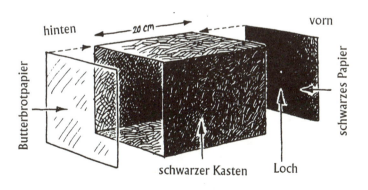

Achtung! Das Abbild steht auf dem Kopf – um alles genau zu erkennen, müsst ihr also einen Kopfstand machen!

Schnelles Geld auf hoher See

Die alten Griechen kannten auch schon das Geschäft mit Geld. Banküberfälle sind zwar nicht überliefert, aber es gab eine Menge Leute, die ihre Bank um riesige Summen betrogen, z.B. so:

1 Sie gingen zur Bank und sagten: „Ich möchte 10 000 Drachmen, um ein Schiff zu kaufen. Das Schiff belade ich mit Getreide, fahre damit übers Mittelmeer und verkaufe das Korn im Ausland. Wenn ich wieder zurück bin, habe ich einen Haufen Geld und kann den geliehenen Betrag zurückzahlen."

2 Die griechische Bank war einverstanden und bot einen Kredit an, den man im Falle einer Katastrophe nicht zurückzahlen musste, zum Beispiel, wenn das Schiff sank.

3 Sie behielten 5 000 Drachmen, kauften von der 2. Hälfte ein billiges Schiff und beluden es mit billigem Getreide.

4 Auf hoher See sägten sie unten im Rumpf des Schiffes den Kiel durch ... was dazu führte, dass das Schiff sank.

5 Wenn das Schiff zu sinken begann, sprangen sie schnell ins Rettungsboot, paddelten zurück nach Hause und sagten der Bank: „Tut mir Leid, eure 10 000 Drachmen sind baden gegangen!" Und dann konnten sie sich ins Fäustchen lachen, weil sie um 5 000 Drachmen reicher waren!

Toller Plan, was? Und fast hätte er bei den beiden schurkigen Schiffsbesitzern Hegestratos und seinem Partner Sinothemis auch funktioniert – doch ab Phase 4 ging alles schief.

Sinothemis verwickelte die Passagiere oben an Deck in ein

Gespräch, während sich Hegestratos im schützenden Dunkel der Nacht nach unten schlich, um den Kiel durchzusägen. Aber einer der Passagiere hörte das Geräusch und stieg hinunter, um nach dem Rechten zu sehen. Hegestratos wurde ertappt und musste fliehen. Er rannte über das Deck und sprang in das wartende Rettungsboot – das heißt: Er wollte in das Rettungsboot springen. Aber da es dunkel war, verfehlte er es, landete im Wasser und ertrank. Selber schuld.

Das Schiff erreichte den sicheren Hafen, und die Bank verlangte ihr Geld von Sinothemis zurück. Hegestratos machte also keinen Gewinn, sondern verlor sein Leben …

Schuld und Sühne

Die Stadt Alexandria lag zwar in Ägypten, aber sie wurde von den Griechen regiert. Um 250 v. Chr. galten dort griechische Strafgesetze. Sie zeigen deutlich, was die alten Griechen für Recht und für Unrecht hielten.

Könnt ihr den einzelnen Vergehen die richtigen Strafen zuordnen? Bedenkt, dass die Rechtsprechung nicht unbedingt gerecht war – schon gar nicht die für Sklaven!

Vergehen	Strafe
1 Ein freier Mann schlägt einen anderen freien Mann oder eine freie Frau.	a Hundert Peitschenhiebe
2 Ein Sklave schlägt einen freien Mann oder eine freie Frau.	b Hundert Drachmen
3 Ein Betrunkener verletzt jemanden.	c Hundert Peitschenhiebe
4 Ein freier Mann bedroht einen anderen mit Waffen aus Holz, Eisen oder Bronze.	d Hundert Drachmen
5 Ein Sklave bedroht einen anderen mit Waffen aus Holz, Eisen oder Bronze.	e Zweihundert Drachmen

Lösung: 1d, 2c, 3e, 4b, 5a

Wenn ein Herr nicht wollte, dass sein Sklave die hundert Peitschenhiebe erhielt, musste er 200 Drachmen bezahlen – oder zwei Drachmen pro Peitschenhieb.

Wer mit seiner Geldstrafe nicht einverstanden war, konnte vor Gericht gehen und Widerspruch einlegen. Aber Vorsicht! Wenn man abgewiesen wurde, musste man das Doppelte bezahlen (bei Vergehen Nummer 1) oder sogar das Dreifache (bei Vergehen Nummer 4).

Frust der Frauen
Das Leben der Sklaven im alten Griechenland war bestimmt kein Zuckerschlecken – aber das der Frauen war auch nicht gerade angenehm. In Sparta lebten sie wie Männer – in Athen wie Sklavinnen. Freiheit, wie die Männer sie hatten, kannten sie nicht. Sie bekamen vorgeschrieben, was sie zu tun und zu lassen hatten.

In- und- Out-Liste

Frauen sollen	Frauen sollen nicht
– zu Hause bleiben – bei den Sklaven lernen, wie man den Haushalt führt – spinnen, weben, kochen und Sklaven Befehle erteilen können – mit 15 vom Vater verheiratet werden – die Göttin Hestia ehren (Göttin des Herdes)	– wählen – kaufen oder verkaufen, wenn die Ware wertvoller ist als ein kleiner Becher Gerste – mehr besitzen als Kleider, Sklaven und ihren Schmuck – ausgehen, außer zu anderen Frauen, zu religiösen Festen oder zu Beerdigungen

Tempelmädchen

Die Frauen von Attika waren anders als die Athenerinnen. Sie halfen ihren Männern bei der Feldarbeit. Und sie hatten eine ungewöhnliche Art, ihre Töchter auf die Hochzeit vorzubereiten.

Im Alter von 13 wurden die Mädchen zum Tempel der Göttin Artemis nach Brauron geschickt, um sich auf ihre Rolle als Mütter und gute Ehefrauen vorzubereiten. Wie machten sie das?

1 Sie lernten Bogenschießen und Speerwerfen, Rüstungen flicken und Schwerter schleifen.
2 Sie beteten zur Göttin der Weisheit und lernten Zaubersprüche, die ihre Ehemänner zufrieden und gesund machen sollten.
3 Sie rannten nackt durch die Wälder und taten so, als seien sie Bärinnen.

Lösung:

3 Der Grund für das Bärenrennen war, dass die Mädchen ihre Wildheit herauslassen sollten, bevor sie den Bund der Ehe eingingen. Der Artemis-Tempel in Brauron war dafür in der Zeit von 370 bis 380 v. Chr. bei jungen Mädchen sehr beliebt.

Aber Vorsicht, Mädchen! Probiert diesen Tempelkult lieber nicht in der nächsten Kirche aus! Entweder schleppt die Polizei euch weg, oder die Jungs aus eurer Klasse fotografieren euch, oder ihr holt euch eine Lungenentzündung ... oder alles zusammen.

Griechische Geschichte macht mir richtig Spaß!

Antike Mode

Ihr wollt wissen, wie die alten Griechen sich so gefühlt haben, aber nicht nackt durch Kirchen oder Wälder rennen? Dann zieht euch doch mal an wie die alten Griechen. Dieses Kostüm hier ist ganz einfach zu machen:

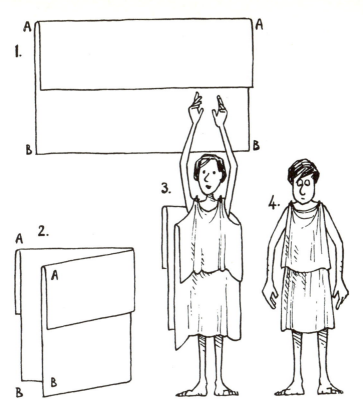

(Warnung: Nur für Sommerwetter geeignet!)
1 Faltet ein rechteckiges Stück Stoff wie oben gezeigt. Nehmt nicht Mamas bestes Bettlaken – lieber das von Papa.
2 Nochmal falten.
3 Jetzt das Laken um den Körper legen und den Stoff an den Schultern mit zwei Sicherheitsnadeln zusammenstecken – solche Nadeln gab es zwar damals noch nicht, aber ihr könnt ruhig ein bisschen mogeln.
4 Nun die offene Seite zusammenstecken. Dann kommt ein Gürtel um die Taille – man sieht ihn nicht, weil der Stoff drüberhängt.

5 Jetzt seid ihr ausgehfertig! Versucht doch mal einen kleinen Sprint – vielleicht findet ihr heraus, warum die Griechen ihre Kleider beim Sport ausgezogen haben?

Dieses Kleidungsstück nennt man Chiton. Frauen trugen genau dasselbe Gewand, allerdings knöchellang.

Testet euren Lehrer
Eure Lehrer wissen auch nicht alles – obwohl sie natürlich immer gern so tun. Stellt sie doch mal mit ein paar Fragen über die alten Griechen auf die Probe:

1 Der griechische Gelehrte Aristoteles liebte eine bestimmte Sorte Fleisch ganz besonders. Welche war es?
a Kamel
b Truthahn
c Pferdeleber

2 Der große Theaterdichter Aischylos soll gestorben sein, weil ein Adler etwas auf seinen Kopf fallen ließ. Was war es?
a eine Schildkröte
b ein Hase
c ein Stein

3 Neben den Olympischen Spielen gab es auch die Isthmischen Spiele. Dort bekamen die Sieger als Preis eine Krone. Woraus bestand sie? Aus ...
a Stangensellerie
b Rhabarber
c Gold

4 Bevor der clevere Aristoteles auftauchte, hatten die Griechen eine merkwürdige Theorie über Elefanten. Was besagte sie?
a Elefanten haben kein Kniegelenk, deswegen müssen sie sich zum Schlafen gegen einen Baum lehnen
b Elefanten vergessen niemals etwas
c Elefantenfleisch zu essen macht elefantenstark

5 Welchen Mannschaftssport, der auch heute noch gespielt wird, liebten die alten Griechen ganz besonders?
a Hockey
b Fußball
c Volleyball

6 Der große griechische Denker Gorgias behauptete, dass nichts wirklich existiere, nicht einmal er selbst. Fast hätte er tatsächlich nicht existiert, denn seine Geburt verlief etwas schwierig. Wo erblickte er das Licht der Welt?
a im Grab seiner toten Mutter
b auf einem Berg während eines Schneesturmes
c an Bord eines sinkenden Schiffes

7 Welche öffentlichen Aufgaben hatten die Jugendlichen von Sparta, um ihre militärischen Fähigkeiten zu erproben?
a Sie arbeiteten für die Geheimpolizei und brachten Unruhestifter um
b Sie fegten und reparierten Straßen
c Sie dienten bei alten Leuten und kochten für sie

8 Wie weit segelte der griechische Entdecker Pytheas?
a Bis nach England und in die Nordsee
b Bis nach Kreta im Mittelmeer
c Über den Atlantik bis nach Amerika

9 Im vierten Jahrhundert v. Chr. entwickelten die Griechen eine neue Waffe für den Krieg zur See. Sie entzündeten leicht entflammbare Flüssigkeiten und schleuderten sie auf feindliche Schiffe oder Städte. Wie wird diese Waffe genannt?

a Griechisches Feuer
b Zeus' Rache
c Fliegende Flammen

10 Auf Gräbern wuchs oft eine heilige Pflanze, die heute nicht mehr als heilig gilt. Welche war es?
a Petersilie
b Kohl
c Knoblauch

Lösung:
Die richtige Antwort ist jedes Mal a.
* Bei 0–5 Punkten sollte euer Lehrer noch mal die Schulbank drücken.
* 6–9 Punkte. Gar nicht übel!
* 10 Punkte: Prüft nach, ob euer Lehrer vorher heimlich das Buch gelesen hat.

Teste dich selbst!

Jetzt seid ihr an der Reihe! Versucht, die richtigen Antworten zu finden, indem ihr die Sätze richtig zusammenbaut …

A	B	C
Der Dichter Aischylos	erfand eine neue Waffe, nämlich	ein Kamel.
Eine trauernder Angehöriger	segelte bis nach	Hockey.
Aristoteles, ein großer Denker,	starb durch	Elefanten ohne Kniegelenke.
Ein griechischer Sportler	erblickte bei seiner Geburt	eine Schildkröte.
Ein griechischer Seemann	pflanzte damals	die Geheimpolizei.
Ein spartanischer Jugendlicher	spielte besonders gerne	Sellerie.
Der Entdecker Pytheas	gewann eine Krone aus	England.
Der griechische Denker Gorgias	glaubte an	das Griechische Feuer.
Der Sieger der Isthmischen Spiele	arbeitete für	Petersilie.
Ein Grieche vor Aristoteles	schlachtete fürs Abendessen	das Grab seiner seiner Mutter.

Sterben wie ein Grieche

Wie geht's uns denn heute?

Der Name des frühesten uns bekannten griechischen Arztes soll Asklepios gewesen sein. Er war ein bekannter Mensch seiner Zeit und gewann viele Anhänger, die Asklepiaden. Sie gründeten kein Krankenhaus, sondern einen Tempel. Die meisten ihrer Patienten wurden durch Ruhe, viel Schlaf und gute Ernährung gesund. Aber die Asklepiaden wollten bei den Leuten den Eindruck erwecken, dass sie Götter waren. Deswegen mussten ihre Patienten Opfer darbringen und Gebete sprechen.

Der Asklepios-Tempel war berühmt, weil den Priester-Ärzten kein einziger Patient starb. Wie sie das schafften?

Ganz einfach: durch Betrug! Wenn jemand schon halb tot im Tempel ankam, durfte er nicht rein. Und wenn jemand während der Behandlung zu sterben drohte, wurde er im nächsten Wald ausgesetzt.

Die scheinheiligen Heiler waren auf Geld aus. Sie setzten ihre Kranken unter Druck und drohten, die Götter würden sie noch kränker machen, wenn sie nicht zahlten. Außerdem machten die Tempel-Ärzte auch Werbung: Noch heute kann man in den eingravierten Inschriften der Ruinen lesen, welche Wunder sie versprachen …

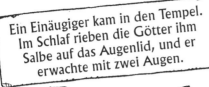

Ein Einäugiger kam in den Tempel. Im Schlaf rieben die Götter ihm Salbe auf das Augenlid, und er erwachte mit zwei Augen.

Sonderangebot im Tempel: Zwei Augen zum Preis von einem!

Das Mädchen Areta aus Sparta hatte Wasser im Gehirn. Asklepios schnitt ihr einfach den Kopf ab, ließ das Wasser herauslaufen und nähte den Kopf wieder an!

Wirklich genial ... leider hat er die Köpfe verwechselt!

Heramos von Mytilini war kahl und wurde von allen verspottet. Im Schlaf rieb Asklepios ihm den Kopf mit Salbe ein. Heramos erwachte mit dichtem schwarzem Haar.

schnarch /zzz/

Dein Haar braucht jeden Tag ein Schälchen Milch – und geh Hunden aus dem Weg!

Mit der Zeit wurden die Tempel zu richtigen medizinischen Schulen. Später verkündete der große Hippokrates (460–357 v. Chr.), dass alle magischen Heilungen durch die Götter blanker Unsinn seien. Er glaubte an das gründliche Studium des menschlichen Körpers und war für wissenschaftliche Experimente.

Hippokrates wurde so berühmt, dass auch unsere Ärzte heutzutage noch den Eid des Hippokrates ablegen müssen (obwohl er im Laufe des 20. Jahrhunderts etwas abgeändert wurde); sie müssen schwören, niemandem tödliche Drogen zu verabreichen – selbst wenn man sie darum bittet – und ihre Heilkunst immer nur einzusetzen, um Kranken zu helfen.

(Stellt euch mal vor, ihr müsstet einen Eid ablegen, wenn ihr an eine neue Schule kommt …)

Auch Hippokrates hatte natürlich seine kleinen Schwächen. Er dachte zum Beispiel, der menschliche Körper habe 91 Knochen – heute wissen wir, dass es 206 sind!

Er glaubte auch an die heilende Wirkung des Aderlasses. Einem jungen Mann mit Magenproblemen ließ er so kräftig zur Ader, dass er kaum noch Blut in seinem Körper hatte ... und der Mann überlebte!

Bei Lungenkrankheiten schüttelte man den Patienten und testete, ob es plätschernde Geräusche gab.

Der alte Hippokrates war ein bisschen nörgelig – er beschwerte sich darüber, dass die Leute immer den Arzt für den Schuldigen halten, wenn ein Patient stirbt.

Ihr würdet euch allerdings auch aufregen, wenn ihr tun müsstet, was der alte Hippo so tat. Um eine Diagnose zu stellen, untersuchte er alles – sogar ...

- Kotze
- Rotze
- Ohrenschmalz
- eitrige Wunden

Nicht so schlimm, findet ihr? Tja, damals gab es aber noch keine Labore mit chemischen Testverfahren wie heutzutage! Was glaubt ihr, wie Hippokrates seine Proben testete?

1 Er untersuchte die Farbe
2 Er kochte sie mit Rhabarbersaft auf
3 Er kostete sie

Lösung:
3 Entweder Arzt oder Patient musste die Probe kosten.

Hippokrates und seine Anhänger bohrten bei ihren Patienten auch Löcher in die Schädeldecke, um Gehirnflüssigkeit abfließen zu lassen. Allerdings waren sie nicht die Ersten, die Operationen am Kopf vornahmen. Es ist erwiesen, dass solche Eingriffe auch schon in der Steinzeit gemacht wurden. (Keine angenehme Vorstellung, mit einer Axt aus Feuerstein operiert zu werden.)

Die abergläubischen Griechen hoben das Knochenstück aus der Schädeldecke als Glücksbringer auf – es sollte vor Krankheit schützen.

Hippokrates sagte ein paar Dinge, die auch heute manchmal noch behauptet werden:

Dicke Leute sterben früher als dünne!

Und er stellte auch einige Benimmregeln für Ärzte auf:

Ein guter Arzt achtet auf seine Figur. Jemand, der nicht für seine eigene Gesundheit sorgen kann, sollte sich auch nicht um die der anderen kümmern.
Des Weiteren muss er sauber sein, gute Kleidung tragen und ein süßes (jedoch nicht zu schweres) Parfum benutzen, das für den Patienten angenehm ist.
Sein Gesichtsausdruck sollte weder zu ernst noch zu lustig sein. Ein grimmig dreinblickender Arzt macht dem Patienten Angst, ein Witzbold dagegen wird nicht ernst genommen.

Hippokrates selbst muss wohl ein vorbildlicher Arzt gewesen sein, denn er wurde 99 Jahre alt.

Miese Methoden

Nicht jeder Doktor war so selbstlos wie Hippokrates. Menekrates von Syrakus zum Beispiel war ein habgieriger Schuft. Er suchte sich besonders gerne schwer kranke Patienten, die er erpressen konnte:

Wenn man sich einen fiesen Arzt wie Menekrates ersparen wollte, konnte man natürlich auch versuchen, sich selbst zu heilen – so wie der große Denker Heraklit es tat.

Heraklit litt an Wassersucht – eine Krankheit, bei der der Körper anschwillt, weil sich zu viel Wasser in ihm ansammelt. Um die Heilkünste seiner Ärzte auf die Probe zu stellen, gab Heraklit ihnen folgendes Rätsel auf: „Wie lässt sich Regenwetter in eine Dürre verwandeln?" Den Ärzten fiel dazu nichts ein. (Mir ehrlich gesagt auch nicht – euch vielleicht?)

Also beschloss Heraklit, sich selbst zu helfen. Er nahm an, dass Wärme das beste Mittel sei, um überschüssige Flüssigkeit loszuwerden. Auf seinem Bauernhof gab es einen großen Misthaufen, in dessen Mitte es ziemlich warm war.

Heraklit packte sich bis zum Hals mit Mist ein ... und starb.

Warnung: Probiert die Mistkur nicht in eurer Wohnung! Entweder der Mist bringt euch um oder eure Mutter. Außerdem können dich deine Freunde hinterher mit Sicherheit nicht mehr riechen – jedenfalls nicht, bevor ihr mindestens hundertmal geduscht habt!

Schlimme Seuche

Etwas, wogegen kein griechischer Arzt etwas tun konnte, war eine große Seuche, die 430 v. Chr. in Athen ausbrach. Über diese Krankheit, der hunderte von Menschen zum Opfer fielen, weiß man, dass ...

- sie wahrscheinlich aus Ägypten kam
- sie so plötzlich auftrat, dass das Gerücht entstand, Feinde hätten das Wasser in den Zisternen vergiftet
- man zuerst Kopfschmerzen und brennende Augen bekam
- man anfing zu niesen
- einem übel wurde, wenn die Krankheit den Magen angriff
- die Patienten so hohes Fieber bekamen, dass sie keine Kleider am Leib ertragen konnten
- einige Patienten so sehr unter Durst litten, dass sie sich in Brunnen stürzten
- man Ausschlag bekam
- die Patienten fast alle starben
- diejenigen, die wieder gesund wurden, oft ihr Gedächtnis verloren

Aas fressende Raubvögel trauten sich meist nicht an die aufgebahrten Leichen heran. Wenn sie es taten, starben sie.

Der athenische Geschichtsschreiber Thukydides berichtet über die Seuche ...

Manche Familien verbrannten ihre Toten. Thukydides beschreibt auch, dass vorbeiziehende Trauernde ihre Leichen zuweilen einfach auf ein fremdes Feuer warfen ... dann rannten sie davon!

Mörderische Mediziner, Teil 1

Der griechische König Pyrrhos musste sich im Jahre 278 v. Chr. über einen Mörderdoktor ärgern. Sein Arzt sandte nämlich folgende Botschaft an die Römer:

> Verehrter Fabricius,
> ich bin der Arzt von König Pyrrhos. Wenn Ihr mich gut bezahlt, vergifte ich ihn gerne.

Doch Fabricius schickte den Brief postwendend an seinen Feind, König Pyrrhos, zurück und schrieb dazu;

> Mit besten Grüßen an König Pyrrhos,
>
> Ihr scheint Freund und Feind nicht gut zu unterscheiden. Ehrliche Leute bekriegt Ihr, schändliche dagegen habt Ihr um Euch! Wie Ihr aus diesem Brief ersehnt, trachtet Euch jemand in Eurer Nähe nach dem Leben. Wir teilen es Euch mit, weil wir solch verräterischer, unredlicher Taten nicht angeklagt werden wollen. Möge eine ehrliche Schlacht unseren Krieg entscheiden!
>
> Fabricius

König Pyrrhos überführte den Verräter und gab ihm seine eigene Medizin zu kosten: Er ließ den Giftmischer hinrichten. Sein Dank gegenüber seinen römischen Feinden war so groß, dass er alle römischen Gefangenen ohne Lösegeld freiließ.

Mörderische Mediziner, Teil 2

Wenn man den feindlichen König schon nicht vergiften kann, kann man ihn ja wenigstens davon abhalten, Medizin zu nehmen, die ihm hilft. Wie man das macht? Ganz einfach! Man behauptet einfach, dass sein Arzt ihn vergiften will ... auch wenn der Arzt das gar nicht vorhat!

Das versuchte man jedenfalls bei Alexander dem Großen. Er lag krank darnieder, als er von seinem verräterischen Freund Parmenion einen Brief bekam – der Inhalt war derselbe wie im Brief des Römers Fabricius ...

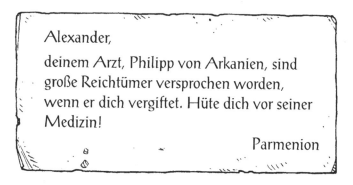

An diesem Abend brachte Doktor Philipp dem Kranken einen Becher Medizin. Alexander hatte den Brief an seinem Bett. Sollte er seinem Arzt trauen?

Er entschied sich zu einer mutigen Tat, gab dem Arzt den Brief und leerte den Becher im selben Moment mit einem Zug.

Philipp war beeindruckt. „Wie konntet Ihr sicher sein, dass es kein Gift war?", fragte er.

„Ich verstehe nichts von Gift", erwiderte Alexander. „Aber von Menschen verstehe ich etwas. Ich weiß, dass du mich nie hintergehen würdest, teurer Freund!"

Alexander wurde wieder gesund – die Ärzte waren damals also nicht allesamt verräterisch und habgierig!

Doktor auf Zeitreise

Welcher „Doktor" reiste durch die Zeit, um den Griechen bei der Schlacht von Troja beizustehen? (Kleiner Tipp: Von ihm stammt angeblich die tolle Idee mit dem Holzpferd!)

Lösung:

Doktor Who, der Star einer Fernsehserie aus den 80er-Jahren. (Übrigens ließ sich Käpten Kirk von Raumschiff Enterprise ebenfalls ins antike Troja beamen – er beschloss allerdings, sich nicht in die geschichtlichen Ereignisse einzumischen. Troja scheint also ein beliebtes Ziel für Zeitreise-Touristen zu sein. Wie merkwürdig, dass der alte Homer sie gar nicht erwähnt hat ...)

Ein Holzpferd? Genial! Nett, dass du vorbeischaust, sonst hätten wir einen Holzigel gebaut!

Sport und Spiele

Die verrückten Griechen liebten Wettkämpfe und erfanden auch die Olympischen Spiele. Die erste Olympiade dauerte nur einen Tag; sie bestand einfach nur aus einem Wettlauf über eine Strecke von 190 Metern, dem „Stadionlauf". (Stadion und Laufbahn waren damals nicht oval, sondern schnurgerade angelegt.)

Erst bei der 14. Olympiade kam als zweite Disziplin der Doppellauf (über eine Strecke von 384 Metern) dazu. Vier Jahre später schließlich, bei der 15. Olympiade, war die neueste Sportart der Langstreckenlauf (vermutlich über 4600 Meter), und später gab es auch noch weitere Disziplinen. Die Spiele zogen sich schließlich über sechs Tage hin. Unter anderem fanden nun auch Extra-Wettkämpfe für die 12- bis 18-jährige Jungen statt.

- Hinweis für Mädchen: Frauen und Mädchen durften bei den Spielen nicht zuschauen.
- Hinweis für Jungen: Die Athleten mussten nackt kämpfen.

Wer ist euer Champion?

Lust auf eine Mini-Olympiade gegen eure Nachbarklasse? Dazu müsstet ihr erst mal einen Wettkampf in eurer Klasse veranstalten und den Champion ermitteln, der euch vertreten wird. Dann kann's losgehen! Vergesst nicht, euren Champion kräftig anzufeuern, wenn er gegen den Kerl aus der Nachbarklasse antritt!

So wird's gemacht: Zuerst wählt ihr eure Schiedsrichter. Auch sie müssen vor der Olympiade trainieren, damit sie beim Wettkampf keine falsche Entscheidung fällen. Und sie müssen ehrlich und unparteiisch sein. Verabredet Ort und Zeit der Austragung, und lasst eure Champions gegeneinander antreten:
- 200-Meter-Lauf
- Langstrecke: 400-Meter-Lauf

- Weitsprung aus dem Stand: mit einem Kilogewicht in jeder Hand zum Schwungholen.
- Ringe werfen (verabredet einen Zielpunkt – wer am dichtesten dran ist, gewinnt)
- Speerweitwurf

Nach dem Wettkampf ...

1 Der Sieger erhält eine Krone aus Zweigen eines wilden Olivenbaumes, der in einem heiligen Hain wächst. (Wenn ihr keinen findet, dann bastelt eine Krone aus der wilden Pappe einer heiligen Cornflakes-Schachtel.)

2 Name und Herkunft des Siegers werden vor der tobenden, wogenden Menge öffentlich ausgerufen. (Oder druckt seinen Namen in der nächsten Ausgabe der Schülerzeitung.)

3 Wenn der Sieger siegreich nach Hause zurückkehrt, schlägt man ihm zu Ehren ein Extraloch in die Stadtmauer, durch das er eintritt. (Haut besser kein Loch in die Wand eures Klassenzimmers – sonst können eure Lehrer viel zu schnell vor euch fliehen!)

4 Der Sieger wird mit weiteren Ehrungen überhäuft – er zahlt keine Steuern mehr oder wird sein Leben lang kostenlos verpflegt. (Ihr könnt eurem siegreichen Champion ja mit vereinten Kräften etwas Leckeres kochen!)

5 Vergesst nicht, dem Verlierer herzlich zu gratulieren! Verlierer haben auch Gefühle. (Ein olympischer Ringer namens Teimanthes wurde mit zunehmendem Alter immer schwächer. Vor lauter Verzweiflung entzündete er ein riesiges Feuer und warf sich in die Flammen.)

Einige verrückte olympische Disziplinen
Maultierrennen – ein bisschen holperig
Staffellauf – heiße Sache! Der Gott Prometheus stahl das Feuer von den Göttern und brachte es zu den Menschen auf die Erde. Aber die Menschen mussten vor den wütenden Göttern fliehen und rannten mit brennenden Fackeln davon. Prometheus zu Ehren wurden bei den Olympischen Spielen brennende Fackeln als Staffelhölzer benutzt. Wenn das Feuer ausging, hatte die Mannschaft verloren. (Und wenn man das falsche Ende der Fackel erwischte ... aua!)

Die machen einem Feuer unterm Hintern!

Wagenrennen mit Vierergespann – gefährlich. Der Dichter Homer beschrieb einen Unfall ...

Eumelos wurde aus dem Wagen neben das Rad geschleudert. Die Haut riss ihm von Ellbogen, Nase und Mund, und der Schädel über den Augenbrauen war eingedrückt. Seine Augen füllten sich mit Tränen, und seine mächtige Stimme erstarb ...

Ein bisschen heftiger als Fußball im Pausenhof, was?

Hoplit-Lauf – anstrengend! Hopliten waren die spartanischen Fußsoldaten. Ein Wettlauf in voller Rüstung war ganz schön schweißtreibend. Versucht mal, mit ein paar Mülleimern auf dem Rücken zu rennen – so ähnlich muss es sich angefühlt haben.

Trompeter-Wettkampf – ohrenbetäubend!
Pankration … hä? Ein anderes Wort für diese Disziplin ist „Allkampf" – eine brutale Mischung aus Boxen und Ringen. Bis auf Beißen und Augenausstechen war alles erlaubt. Die Gegner machten sich gegenseitig fix und fertig. Sie durften …
- würgen
- treten
- Arme verdrehen
- und auf dem anderen herumtrampeln.

Nicht gerade angenehm, wenn man der Verlierer war.

Boxen – ein kleiner Kinnhaken, ein lächerliches blaues Auge? Von wegen! Die alten Griechen boxten ein bisschen anders. Schauen wir doch mal in einen antiken Sportbericht …

Olympia-Rundschau
Dauertiefpreis: nur 20 Obolen!

Damoxenos holt alles raus!

Beim olympischen Boxen der Schwergewichtsklasse schlug gestern Damoxenos der Dämon seinen Herausforderer Creugas ... und verlor trotzdem!

In einem sensationellen Kampf verteidigten die Gegner ihre bislang unangefochtenen Rekordtitel. 2 000 Zuschauer saßen gespannt im Gras und verfolgten in der Nachmittagssonne den Kampf bis zum Ende – ein Ende, mit dem niemand gerechnet hatte!

Buhrufe

Dämon Damoxenos wird schon ausgepfiffen, als er mit lederverstärkten Fäusten den Kampfplatz betritt. Jubel ertönt beim Erscheinen des schönen Creugas. Die Stimme des Schiedsrichters hallt über den Platz: „Denkt daran, Schläge mit der flachen Hand, Fausthiebe und Hiebe mit dem Handrücken sind erlaubt. Treten ist zulässig – aber keine Stöße mit dem Kopf. Verstanden?"

„Jawohl!", erwidert Creugas mit Stolz – von Damoxenos ist nur ein Grunzen zu hören.

„Der Kampf wird nicht unterbrochen, bis einer sich geschlagen gibt. Er zeigt es durch das Heben der rechten Hand. Verstanden?"

Ein dreckiges Lachen von Damoxenos. „Das muss ich nicht verstehen", sagt er. „Ich gebe niemals auf!"

Creugas kontert gekonnt

Wieder buht die Menge, als der Schiedsrichter zurücktritt. „Los!", ruft er, und Damoxenos wirft sich nach vorn. Wie eine harte Keule schwingt er seine Faust und versucht, Creugas am Kopf zu treffen, doch der junge Mann springt zurück und landet seinerseits einen Treffer am Kopf des Champions.

So geht es endlos weiter: Dämon Damoxenos, der umhertappt und wild die Fäuste schwingt, aber bei dem flinken Creugas keinen Treffer landen kann. Als die Menge langsam unruhig wird und die Sonne bereits untergeht, unterbricht der Schiedsrichter den Kampf. „Es wird kein Unentschieden geben!", ruft er. „Die Entscheidung fällt durch einen einzigen Hieb – jeder hat einen Schlag!"

Creugas hat den Vortritt

Gespannt rücken die Zuschauer näher heran.

„Du zuerst, Knirps", knurrt Damoxenos. Der Hüne lässt die Arme hängen, die Menge hält den Atem an.

Creugas landet einen hammerharten Schwinger – aber Dämon Damoxenos kann darüber nur lachen. „Jetzt ich", sagt er.

Der junge Mann schüttelt den Kopf und erwartet den Schlag, der ihn mit Sicherheit bewusstlos machen wird. Aber es kommt anders.

Damoxenos trifft ihn unterhalb der Rippen. Er hält die Finger nach vorn, und seine scharfen Nägel bohren sich durch die Bauchdecke des jungen Mannes. Der Hüne zieht die Hand zurück und stößt ein zweites Mal zu. Diesmal zieht er seinem Herausforderer die Eingeweide aus der Bauchhöhle.

Die Menge keucht, als Creugas leblos zu Boden sackt.

Regelverstoß

„Nur ein Hieb war erlaubt!", schreit der Schiedsrichter. „Das waren zwei, Damoxenos – du verstößt gegen die Regel! Du bist disqualifiziert! Hiermit erkläre ich Creugas zum Champion!"

Die Zuschauer jubeln. Der neue Champion ist sprachlos.

Sein Trainer: „Was für ein Goldjunge! Hat sich prima geschlagen! Er hat's wirklich verdient. Nachher stoßen wir auf ihn an – das muss gefeiert werden!"

Creugas, wir werden ihn nie vergessen! Er hat sein Letztes gegeben, ein Sportler, aus dem man alles herausholen kann …

Wusstet ihr schon …?

1 Wer bei den Olympischen Spielen schummelte, musste eine teure Zeus-Statue stiften. Und als die griechische Olympiade schließlich abgeschafft wurde, standen eine ganze Menge solcher Statuen am Olymp – es gab also offenbar ziemlich viele Betrüger.

2 Besonders häufig wurde beim Wagenrennen geschummelt: Man wettete, dass man das Rennen trotz eines wirklich guten Vierergespanns verlieren würde. Dann tat man während des Rennens so, als ob man wie wild auf die Pferde einschlug, um sie anzutreiben – in Wirklichkeit aber hielt man sie an den Zügeln zurück. Dieses „Ziehen" der Pferde, um Geld zu gewinnen, gibt es bis heute.

3 Die Olympischen Spiele wurden von den Römern verboten, nachdem sie Griechenland erobert hatten. Sie hielten nicht so viel von Sport, sondern liebten den Gladiatorenkampf, bei dem sich die Gegner gegenseitig umbrachten. Die Römer bauten große Kollosseen, wo ihre Spiele stattfinden konnten.
Eine Zeit lang durften die besiegten Griechen ihre Olympiade noch abhalten – dann wurden die Spiele im Jahre 394 n. Chr. durch den römischen Imperator Theodosius abgeschafft.

4 Bei der griechischen Olympiade gab es auch Wettkämpfe in Musik, Theater und öffentliche Rede (Rhetorik).

5 Nach ihrer Abschaffung fanden 1500 Jahre lang keine Olympischen Spiele mehr statt. Erst 1896 wurden sie durch einen jungen französischen Adeligen namens Pierre de Coubertin erneut ins Leben gerufen und fanden seither wieder im Vierjahresrhythmus statt. Im alten Griechenland waren die Spiele zu Ehren des Gottes Zeus abgehalten worden, und alle Kriege und Kämpfe mussten unterbrochen werden. In unserer Zeit sind Kriege traurigerweise wichtiger, weshalb die Olympiade während der beiden Weltkriege dreimal ausgesetzt wurde (1916, 1940 und 1944).

6 Der erste Olympiasieger, von dem wir etwas wissen, war ein Koch namens Koroibos von Elis.

7 Der junge Athlet Pisidoros wollte seine Mutter zu den Spielen mitnehmen. Weil Frauen aber keinen Zutritt hatten, musste sie sich als sein Trainer verkleiden.
8 Heutzutage tragen viele Sportler Nike-Schuhe – aber wusstest du eigentlich, dass Nike der Name der griechischen Siegesgöttin war? Sie wachte über alle sportlichen Wettkämpfe.
9 Das „Stadion" war damals ein Längenmaß, nämlich die Länge einer Sportarena (192,7 Meter) – deswegen heißen die Sportstätten bei uns bis heute Stadion. Die Bahnen verliefen nicht kreisförmig, sondern gerade – bei längeren Strecken mussten die Wettkampfteilnehmer also hin und her laufen.
10 Der Dichter Homer beschrieb einen Wettlauf zwischen Odysseus und Achilleus. Odysseus war am Verlieren und sandte ein Stoßgebet an die Göttin Athene. Die freundliche Göttin sorgte nicht nur dafür, dass Achilleus stolperte, sondern ließ ihn obendrein Hals über Kopf in einem Kuhfladen landen. Achilleus spuckte Kuhmist – und natürlich verlor er das Rennen.

Essen wie ein Grieche

Opfer-Schlemmereien

Eigentlich sollte ein Opfer ja ein Geschenk an die Götter sein. (Natürlich mit dem Hintergedanken: „Hier, liebe Götter! Ich bin nett zu euch – seid ihr dann auch nett zu mir?") Aber wenn die Griechen den Göttern ein Tier opferten, dann brieten sie es und aßen es auf. Das ist ein bisschen so, als wenn ihr eurer Mutter eine Schachtel Pralinen kauft und die Pralinen dann selber aufesst.

- Die größte Ehre war es, Herz, Lunge, Leber oder Nieren des geopferten Tieres zu verspeisen.
- Die besten Fleischstücke wurden geteilt.
- Der Rest wurde durch den Fleischwolf gedreht und für Suppen und Aufläufe verwendet – das durften dann die einfachen Leute essen.
- Für die Götter blieb von dem geopferten Tier nicht gerade viel übrig – nur der Schwanz, die Hüftknochen und die Galle.

Außerdem mischten die Griechen das Blut mit Fett und füllten es in die Blase des Tieres. Dann wurde das Ganze gebraten und als kleine Leckerei verzehrt. Vielleicht würdet ihr auch mal davon kosten? (Natürlich ohne den ganzen Aufwand, eine Kuh zu opfern – dabei kann man sich nämlich ganz schnell den Wohnzimmerteppich versauen!) Ihr kriegt diese antike Götterspeise in der Metzgerei um die Ecke! Und wonach müsst ihr fragen? Nach ...

1 Blutkuchen
2 Blutwurst
3 Bluthund

> *Lösung:*
>
> 2 Blutwurst natürlich. Die Griechen brieten sie meistens, genau wie die Bayern – in Süddeutschland gehört sie zu jeder „Schlachtplatte".

Pflanzliche Opfer
Auch im antiken Griechenland gab es natürlich Vegetarier. Sie opferten den Göttern Gemüse – auch ganz lecker!

Milon der Tolle
Milon war ein vielfacher Sieger im Ringkampf – und er fand sich ziemlich toll. Einmal lief er vor einer Olympiade mit einem lebendigen jungen Stier auf den Schultern durch das Stadion, damit jeder sah, wie stark er war. Nach all den Anstrengungen brauchte er einen kleinen Imbiss – also schlachtete er den Bullen und aß ihn auf. Bevor der Tag zu Ende ging, hatte er den ganzen Stier verspeist.

Offensichtlich aber gab es auf dem Olymp auch ein paar Götter mit Sinn für Gerechtigkeit, denn Milon bekam, was er verdiente – und zwar genau, was er verdiente.

Er wollte gerade mal wieder mit seinen Kräften angeben. Er spaltete mit bloßer Hand einen Baum… aber sie blieb in dem Spalt stecken. Sosehr er auch zog und zerrte, er konnte sich nicht befreien. Schließlich tauchte ein Rudel Wölfe auf. Sie leckten sich das Maul und kamen näher und näher …

Was sie mit ihm taten? Genau dasselbe, was er mit dem jungen Stier getan hatte – allerdings ohne ihn vorher zu kochen.

Schlechtes Essen
Die Griechen verzehrten zwar ihre geopferten Tiere, aber an gewöhnlichen Tagen aßen sie nicht sehr viel Fleisch. Ein Geschichtsforscher hat einmal gesagt: „Eine griechische Mahlzeit bestand damals aus zwei Gängen: Der erste war eine Art Brei – und der zweite war ebenfalls eine Art Brei."

Ganz so schlimm war es nicht. Der Brei war eine Paste aus Linsen, Bohnen und Getreide – alles wurde gestampft und mit Öl verrührt. (Pflanzliches Öl natürlich – kein Motor-Öl.)

Griechische Bauern aßen dazu Oliven, Feigen, Nüsse und Ziegenkäse. Getrunken wurde Wasser oder Ziegenmilch.

Nach 500 v. Chr. begannen reiche Leute, mehr Fleisch zu essen: Ziegen- oder Schweinefleisch, Hammel oder Wild, dazu tranken sie lieber Wein als Wasser. Und welche der folgenden Gerichte standen außerdem noch auf ihrem Speiseplan?

> *Lösung:*
> Alles außer 3 und 7

Spartanische Suppe

Vielleicht hättet ihr nicht so gern im antiken Athen gelebt und Grashüpfer und Drosseln gegessen. Aber es gab wirklich Schlimmeres. Ihr hättet auch in Sparta leben können!

Die Spartaner hatten ein scheußliches Gericht, das sie Schwarze Suppe nannten. Sie bestand aus Blut, Fleischbrühe, Salz und Essig!

In Athen gab es einige böse Sprüche über das spartanische Essen. Man sagte: „Die Spartaner wollen weltweit die Mutigsten sein – und das müssen sie auch. Bei dem Essen!"

Häufig war auch zu hören: „Kein Wunder, dass die Spartaner dem Tod auf dem Schlachtfeld so gelassen ins Auge sehen – für sie ist der Tod sicher angenehmer als ihre Mahlzeiten!"

Ein griechischer Gourmet

Der Grieche Archestratos verfasste im 4 Jh. v. Chr. das erste Kochbuch in ganz Europa. Er schrieb seine Rezepte in Versen – sie waren wohl eher zum Vortrag auf Festen gedacht als zum Kochen. Das Buch enthielt einige merkwürdige Ratschläge für Köche und ihre Kundschaft. Archestratos schien ein etwas brummiger Herr zu sein, der seine Meinung deutlich sagte:

Sie kommt zu uns vom Schwarzen Meer,
die salzige Sardelle.
Geschmacklos, und sie stinkt zu sehr –
fort mit ihr zur Hölle!

Archestratos hatte seine eigenen Vorlieben. Er zog deftige Hausmannskost vor ...

*Neuerdings soll Fleisch von Kühen
die edelste der Speisen sein.
Man spare sich die ganzen Mühen:
Das beste Fleisch ist das vom Schwein!*

Die boshaftesten Bemerkungen machte Archestratos über ausländische Köche, die mit ihren scheußlichen Rezepten die gute griechische Küche verdarben:

*Nach Rom fahre wohl besser nicht,
wer einen Barsch verspeisen will.
Dort gehört ein Fischgericht
samt den Köchen auf den Müll!*

*Barsch kriegt man in Syrakus
in süßlich saurem Gurkensaft.
Oder auch mit Überguss
aus Käsesoße – grauenhaft!*

Zum Glück hat Archestratos die moderne italienische Küche nicht gekannt. Was hätte er wohl über leckere Pizza und Pasta gesagt? Vielleicht ...

*Spagetti sind ein Gräuel, der Grund:
Sie passen schlecht in einen Mund!
Und an heißen Pizza-Fladen
nimmt ein Gaumen sicher Schaden!*

Kinder, Kinder

Babysorgen
Von 500–300 v. Chr. entschieden viele Fragen über Leben und Tod eines Babys. Hättet ihr überlebt?

Der Vater begutachtet das Neugeborene.
Ist es kräftig?
Ja Weiter bei 1
Nein Weiter bei 2
Unklar Weiter bei 5

1 Wenn du zu viele Söhne hast, werden sie dein Land in winzige Stücke teilen, wenn du stirbst. Zu viele Töchter kosten dich ein Vermögen. Willst du das Kind behalten?
Ja Weiter bei 6
Nein Weiter bei 2

2 Leg das Baby in ein irdenes Gefäß (einen Pithos) und setze es auf einem Berg aus. Hast du Mitleid?
Ja Weiter bei 4
Nein Weiter bei 3

3 Das Baby stirbt, bevor es eine Woche alt ist.

4 Verständige ein kinderloses Ehepaar. Sie holen sich das Kind, bevor es erfriert oder die Wölfe es finden. Das Baby bekommt neue Eltern.
Weiter bei 6

5 Der Vater prüft das Kind, indem er es mit Eiswasser, Wein oder Urin (uäh!) einreibt. Überlebt es?
Ja Weiter bei 6
Nein Weiter bei 3

6 Das Kind gehört nun zur Familie. Verkünde das freudige Ereignis mit dem passenden Schmuck an deiner Haustür: Einen Olivenzweig für einen Jungen, ein bisschen Wolle für ein Mädchen.
Weiter bei 7

7 Haltet die Amphidromia-Zeremonie ab: Wenn das Baby sieben Tage alt ist, wird das Haus gefegt und der Boden mit Wasser besprengt. Der Vater rennt mit dem Kind auf dem Arm um den Herd, und die Familie singt Hymnen.
Weiter bei 8

8 Im Alter von zehn Tagen bekommt das Baby einen Namen. (Ein Junge wird nach dem Großvater benannt.) Glückwunsch, du hast es geschafft – jetzt können dich nur noch Krankheiten, Seuchen, Unfälle oder Kriege dahinraffen!

Gute Nachricht: Jungen *mussten nicht* zur Schule.
Schlechte Nachricht: Mädchen *durften nicht* in die Schule gehen – sie sollten dumm bleiben.

Übrigens wurde im Matheunterricht nicht mit Zahlen, sondern mit Buchstaben gerechnet: a = 1, b = 2, c = 3 und so weiter.

Kriegt ihr heraus, was AFFE + BAD ergibt?

Lösung:
1665 + 214 = 1879

Ganz schlechte Nachricht: In der Schule hatte jeder Junge einen Sklaven dabei. Nein, nicht, damit der Sklave die Klassenarbeiten schrieb. Er sollte aufpassen, dass der Junge sich anständig benahm. Tat er es nicht, durfte der Sklave ihn schlagen.

Testet euren Lehrer

Die verrückten Griechen liebten es, über alles und jedes gründlich nachzudenken – so entstand die Wissenschaft der „Philosophie". Die verrücktesten Gedanken aber hatte ein italienischer Denker: Zenon von Elea. Die Griechen dachten mit Vorliebe über Zenons Fragen nach. Prüft euren Lehrer mal mit dieser hier ...

Paarhufer-Würfel

Vielleicht seid ihr ja an einer Schule, wo man zu Mittag essen kann? Dann hat das Essen bestimmt schon einmal so scheußlich geschmeckt, dass ihr überlegt habt, lieber zu hungern.

Bei den Lydier einmal war eine Hungersnot ausgebrochen. Sie beschlossen, etwas gegen ihr Problem zu tun, und stellten fest, dass sie immer hungriger wurden, je mehr sie an Essen dachten. Also erfanden sie Spiele, um sich abzulenken. Sie spielten Würfel und das Knöchelspiel. Als Würfel benutzten sie kleine würfelförmige Tierknochen.

Das Spielen beschäftigte sie so, dass sie den Hunger kaum mehr spürten. Am darauf folgenden Tag aßen sie alles, was sie finden konnten und spielten gar nicht. So ging das 18 Jahre lang! An einem Tag spielen, am nächsten Tag essen.

Also: Wenn ihr euer Essen mal nicht mögt, probiert es mit

dem Knöchelspiel! Alles, was ihr dazu braucht, sind fünf Knöchel eines Paarhufers (Paarhufer haben nämlich ganz wunderbar würfelförmige Fußgelenk-Knochen!). Zu den Paarhufern gehören zum Beispiel der Bison, Schweine, Ziegen, Antilopen und Schafe. Vielleicht hast du Glück, und in der Schule steht mal ein Paarhufer auf dem Speiseplan ...

Wenn euer Schulkoch also gerade am Schlachten ist, dann frag ihn doch einfach nach diesen kleinen würfelförmigen Knochen im Paarhufer-Fußgelenk. Wenn Paarhufer-Eintopf gerade nicht geplant ist, dann musst du eben gewöhnliche Spielwürfel nehmen.

Das Knöchelspiel: „Fünf im Stall"
Mitspieler: einer oder mehrere
Du brauchst: fünf Paarhufer-Knöchelchen (oder Würfel)
Regeln: Legt vier Knöchelwürfel nebeneinander auf den Boden. Jeder ist ein „Pferd".

Legt die linke Hand dahinter flach auf den Boden und spreize die Finger. Die Zwischenräume zwischen Fingern sind die einzelnen „Boxen" im Pferdestall.

Werft den fünften Würfel mit der rechten Hand in die Luft.

Bevor ihr ihn mit derselben Hand wieder auffangt, schiebt ihr eines der „Pferde" in eine Box – mit anderen Worten: Ihr versucht blitzschnell, einen der vier liegenden Würfel in einen Fingerzwischenraum eurer linken Hand zu schieben.

Ungefähr jetzt sollte der fliegende fünfte Würfel wieder elegant in eurer rechten Hand landen.

Wiederholt alles, bis alle vier Pferde im Stall sind – natürlich nur ein Pferd pro Box!

Nun zieht ihr die linke Hand weg, sodass die vier Pferde wieder im Freien stehen. Werft den fünften Würfel noch einmal mit der rechten Hand in die Luft, greift (immer noch mit rechts) gleichzeitig alle vier liegenden Würfel und lasst den fünften zu ihnen in die Hand fallen. Nun habt ihr „Fünf im Stall".

Wenn ihr einen Durchgang geschafft habt oder wenn ihr einen Fehler macht, müsst ihr die Würfel an den nächsten Spieler weitergeben.

Wer als Erster zehnmal „Fünf im Stall" hat, ist der Gewinner!

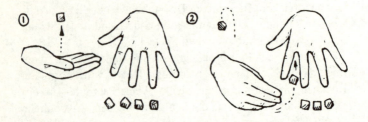

Spiele-Olympiade

Solche Spiele, die griechische Kinder damals erfanden, werden in manchen Ländern der Welt noch heute gespielt. Vielleicht kennt ihr das eine oder andere ja auch selber. Falls nicht und falls ihr gern mal ein paar antike Spiele ausprobieren wollt – hier werden sechs beschrieben:

Tag und Nacht

Ein Spiel für zwei Mannschaften, das immer noch in Italien, Frankreich und auch bei uns gespielt wird. Man braucht dazu eine Silbermünze. Malt die eine Seite mit Plakafarbe schwarz an – diese Seite ist die „Nacht". Die helle Seite ist der „Tag".

Regeln: 1 Teilt euch in zwei Mannschaften ein – in „Tag" und „Nacht".

2 Werft die Münze in die Luft.

3 Wenn sie mit der schwarzen Seite nach oben landet, jagt die „Nacht" den „Tag". Zeigt die silberne Seite nach oben, jagt der „Tag" die „Nacht".

Kochtopf

Regeln: 1 Einem Spieler werden die Augen verbunden.

2 Er setzt sich in die Mitte.

3 Die anderen versuchen, ihn zu berühren oder zu knuffen.

4 Der in der Mitte versucht, jemanden mit dem Fuß zu treffen.

5 Wer getroffen wird, muss in die Mitte.

Bronzefliege
Die antike Version von „Blindekuh". Ein Grieche beschrieb das Spiel so:

Sie banden dem Jungen ein Stirnband um die Augen. Er wurde im Kreis gedreht und rief dabei: „Ich fange die Bronzefliege!" Die anderen antworteten: „Du kriegst sie nicht, du kriegst sie nicht!"
Dann schlugen sie ihn mit Papierpeitschen, bis er einen seiner Peiniger erwischte.

Ist die aus Papier?

Ephedrismos
Regeln: **1** Einer der Spieler bekommt die Augen verbunden und nimmt einen anderen Huckepack.

2 Der Getragene dirigiert den Träger an ein bestimmtes Ziel, das im Boden abgesteckt wird.

3 Wenn der Träger das Ziel erreicht, werden die Rollen getauscht. Man kann auch einen Wettkampf veranstalten, bei dem mehrere Paare bis zum Ziel um die Wette laufen.

Keuch ... sind wir immer noch nicht am Ziel?

Wurfball

Die Griechen kannten auch Ballspiele, bei denen man mit einem Ball in ein schmales Tor treffen musste.

Wir wissen nur durch einige Vasenmalereien, wie es bei diesen Ballspielen zugegangen sein mag, aber die Regeln sind nie aufgeschrieben worden. Erfindet doch selbst welche! Vielleicht ging das Spiel so:

1 Einer steht an einem markierten Punkt in ausreichender Entfernung zum Tor.
2 Er hat zehn Versuche, mit dem Ball ins Tor zu treffen.
3 Der Gegner steht im Tor und wirft den Ball immer wieder zurück.
4 Wechsel: Nun darf der andere zehnmal werfen.
5 Wer bei zehn Würfen die meisten Treffer hat, ist der Sieger.
6 Beim nächsten Spiel wird der Wurfabstand vergrößert.

Auf den Vasenmalereien sieht es so aus, als ob der Verlierer den anderen eine Runde Huckepack tragen muss.

Kottabos

Regeln: 1 Steckt einen Holzstab in den Boden.

2 Balanciert eine kleine Metallscheibe auf der Spitze des Stockes.

3 Lasst beim Weintrinken einen kleinen Rest in eurem zweihenkeligen Becher (so machten es jedenfalls die alten Griechen).

4 Nehmt den Becher an einem Henkel und versucht, mit dem Rest Wein die kleine Scheibe auf dem Stock zu treffen, sodass sie herunterfällt.

(Könnt ihr euch vorstellen, dass erwachsene Griechen dieses alberne Spiel tatsächlich auf Festen spielten?)

Nehmt statt Wein und eines zweihenkeligen Bechers ruhig Wasser und eine normale Tasse. Als Stock geht auch ein Besenstiel und als Metallscheibe eine Münze ... Aber probiert das Spiel lieber nicht bei euch im Wohnzimmer aus!

Geschichtstest für Eltern

Falls eure Eltern sich für superschlau halten, dann stellt sie doch mal mit einem kleinen Test auf die Probe. Alles, was sie antworten müssen, ist „Im alten Griechenland", „In der Renaissance" oder „Im 19. Jahrhundert".

Eure Frage: In welcher Zeit gab es diese Spiele oder Spielsachen zuerst?

1 Marionetten
2 Dame
3 Tauziehen

4 Gliederpuppen
5 Kleine Modell-Streitwagen
6 Jo-Jo
7 Babyrasseln
8 Kreisel
9 Wippe
10 Ringe werfen

Lösung:

Die Kinder im alten Griechenland kannten alle diese Spiele bereits. Wer „Renaissance" oder „19. Jahrhundert" antwortet, liegt also falsch. Wie haben eure Eltern abgeschnitten?

10 Das kann nicht sein – geschummelt!
6–9 Gar nicht schlecht, eure Eltern!
3–5 Schickt sie noch mal zur Schule – oder gebt ihnen dieses Buch zu lesen.
0–2 Lasst euch von euren Eltern bloß nicht bei den Hausaufgaben in Geschichte helfen! Sogar euer Goldhamster könnte das besser. (Sogar ein toter Goldhamster könnte das besser!)

Das ist Hochverrat!

Die Römer kommen!

Große Pleite bei Beneventum

Mit der Zeit wurde die griechische Armee immer schwächer, und die Römer holten auf. Zuerst gewannen die Griechen noch jede Schlacht – obwohl sie jedes Mal viele Männer verloren. Die Römer aber lernten aus ihren Fehlern und wurden mit jeder Schlacht besser, bis schließlich im Jahre 275 v. Chr. ...

Es kommt noch schlimmer! Ein junger Elefant dreht durch, als die Römer ihn mit ihren Speeren piken. Er trampelt alles platt (auch die Griechen) und will zu seiner Mama.

Punktestand: Römer 1 – Griechen/Elefanten 0

Alles über griechische Elefanten

1 Der erste Grieche, der einer Elefantenarmee begegnete, war Alexander der Große auf seinem Indien-Feldzug.

2 Der Vorteil von kämpfenden Elefanten: Sie erschrecken den Feind und walzten alles nieder. Außerdem hatten Bogenschützen von einem Elefantenrücken aus eine gute Übersicht.

3 Die Griechen importierten ihre Elefanten aus Indien – und die Elefantentrainer gleich dazu. Ein Elefant musste schon von klein auf mit seinem Trainer arbeiten. Niemand anders konnte dem Elefanten Befehle geben, denn er verstand nur die Sprache seines Trainers.

4 Die indischen Elefantentrainer waren so wichtig, dass sie mehr verdienten als ein gewöhnlicher griechischer Soldat.

5 Ein Jahr nach dem Reinfall bei Beneventum stießen die Griechen nach Argos vor. Einer der Elefanten verlor in der Schlacht seinen Trainer. Das Tier rannte quer durch die Menge, bis es ihn schließlich, tot am Boden liegend, wieder fand. Es hob den Mann mit dem Rüssel auf, legte ihn sich über die Stoßzähne und trug ihn übers Schlachtfeld davon. Dabei trampelte es jeden zu Tode, der ihm in die Quere kam – Griechen sowie Römer.

Pyrrhos' tragisches Ende

König Pyrrhos kam im Kampf gegen die Römer auf ziemlich tragische Weise ums Leben. Im Jahre 274 v. Chr. verletzte ihn in der Schlacht bei Argos ein Bauer. Die Wunde war nicht sehr schlimm, aber Pyrrhos war wütend und wollte den Bauern mit seinem Schwert erschlagen.

Aber da hatte er die Rechnung ohne die Frauen von Argos gemacht. Sie waren auf die Dächer ihrer Häuser geklettert, um den Kampf mit zu verfolgen – wie stolze Mütter, die ihre Kinder beim Fußballspiel anfeuern. Die Sorte Mütter, die an der Außenlinie stehen und schreien: „Los, zeig's ihnen, Junge!", oder: „Dieser verdammte Schiedsrichter hat wohl Tomaten auf den Augen!"

Und wer musste genau in dem Moment hinsehen, als König Pyrrhos den bäuerlichen Kämpfer angreifen wollte? Ausgerechnet die Mutter des Bauern!

„Hey, lass gefälligst meinen Jungen in Ruhe, Mistkerl!", brüllte sie, riss eine Dachpfanne vom Giebel und warf damit nach dem König.

Tja ... Entweder die Frau trainierte heimlich für die Weltmeisterschaft im Diskuswerfen, oder sie hatte einfach unglaubliches Glück. Der Dachziegel traf Pyrrhos nämlich am Hinterkopf, genau unterhalb des Helmes, und brach ihm das Genick. Der König fiel tot vom Pferd.

Hätte es damals schon Boulevardzeitungen gegeben – die Geschichte wäre ganz groß rausgekommen. Wie hätte damals wohl die Schlagzeile der Argos-Morgenpost gelautet? Vielleicht ...

Mutter sah rot – Pyrrhos tot!

oder

Mama ist die beste!

Nachwort

Nach den sagenhaften Griechen kamen die Römer. Sie hielten sich für noch größer und toller als die Griechen. Und es dauerte nicht lange, da regierten sie die halbe Welt.

Im Vergleich zu den Griechen waren die Römer sehr viel blutrünstiger. Bei den römischen „Spielen" wurden keine sportlichen Wettkämpfe ausgetragen wie in Olympia, sondern hier ging es um Leben und Tod. Zur Unterhaltung des Publikums kämpften Menschen gegen Tiere, Tiere gegen Menschen, Tiere gegen Tiere und Menschen gegen Menschen – bis zum blutigen Ende. Die Griechen wickelten beim Boxkampf Lederbänder um ihre Hände – so ähnlich wie die heutigen Boxhandschuhe. Die Römer dagegen benutzten Lederbänder mit spitzen abstehenden Nägeln.

Die griechischen Theaterstücke waren mitreißend und spannend gewesen. Die Römer versuchten, sie nachzuahmen, aber sie wollten mehr Action und Gewalt sehen. Am Ende eines römischen Stückes gab es auf der Bühne echte Tote.

Die folgende Geschichte ist ein gutes Beispiel dafür, was der Welt verloren ging, als die Römer Griechenland besetzten:

Archimedes war ein schlauer griechischer Forscher und Erfinder. Als die Griechen 211 v. Chr. in Syrakus von den Römern angegriffen wurden, erfand Archimedes geniale neue Waffen, die die Römer ganze zwei Jahre lang auf Abstand hielten:

Er dachte sich angeblich die „Todesstrahlen" aus – riesige Spiegel vor der Stadt, die das Sonnenlicht reflektierten und die römischen Schiffe in Brand setzten – und große Katapulte, deren Geschosse jeden in die Flucht schlugen.

Doch schließlich durchbrachen die Römer die griechische Verteidigung und versetzten die Stadt Syrakus in Angst und Schrecken: Sie plünderten und mordeten.

Der römische Feldherr hatte allerdings befohlen: „Bringt mir den genialen Archimedes – ohne ihm ein Haar zu krümmen!"

Schließlich drang ein römischer Soldat in das Haus des Archimedes ein. Der Erfinder war gerade mitten in einem Experiment und hatte keine Zeit, sich mit so unwichtigen Dingen wie einer römischen Invasion zu beschäftigen.

Der Römer war fassungslos. Wieso beachtete der Alte ihn überhaupt nicht?

Der Römer wurde wütend. Wie konnte der Alte es bloß wagen, ihn nicht zu beachten?

Der Römer verlor die Beherrschung und tötete den wehrlosen Erfinder. Mit einem einzigen Schwerthieb löschte er das Leben eines der größten Genies aus, die je gelebt haben.

Der Soldat wurde dafür bestraft, dass er den Befehl des Feldherrn missachtet hatte – aber das machte den alten Archimedes auch nicht wieder lebendig.

Was die Römer auch taten, den Glanz der griechischen Kultur erreichten sie nie. Aber sie übernahmen die Macht, und den Griechen blieb nichts anderes übrig, als ihre Toten zu beklagen und zuzusehen, wie ihr Reich unterging ... Keine schöne Geschichte, leider ....

Die Römer

Das riesige römische Reich

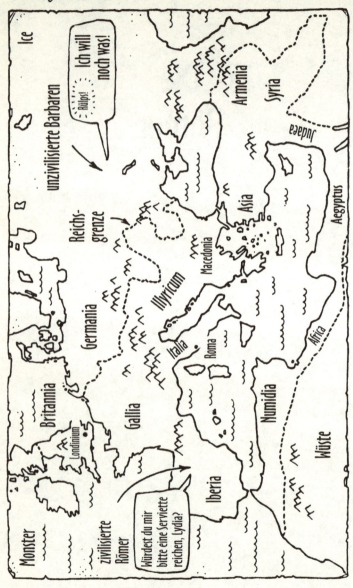

WILLKOMMEN BEI DEN RÖMERN!

Geschichte kann ganz schrecklich sein. Schrecklich schwer zu lernen. In Mathematik sind zwei und zwei in der Regel vier – und in Chemie besteht Wasser auch immer aus Wasserstoff und Sauerstoff.

Aber in Geschichte ist das nicht so einfach. In Geschichte ist manchmal eine Tatsache in Wirklichkeit gar keine Tatsache, sondern nur das, was jemand darüber denkt. Und nicht jeder denkt dasselbe.

Zum Beispiel ... du bist wahrscheinlich sicher, dass dein Lehrer schrecklicher ist als ein Teller Spinat. Aber die Mami von deinem Lehrer findet ihn süßer als eine Nussecke oder eine Tasse Tee mit sechs Stück Zucker drin.

Und ihr habt beide Recht – oder beide Unrecht.

Volle Kanne daneben! Oder auch nicht!

Klar, bei ehrlichen Antworten wie diesen wird dich dein Lehrer etwas merkwürdig anschauen. Er wird dir bestimmt erzählen, deine Antwort sei falsch.

Aber dann soll er halt nicht solche Fragen stellen!

Es gibt noch Schlimmeres als Geschichte! Lehrerwitze! Dagegen sind mittelalterliche Folterkammern nichts ...

Wirklich, Geschichte kann furchtbar nervig sein. Aber wenn du die wahnsinnigen Wahrheiten über die Geschichte erfährst, wirst du sie plötzlich kolossal spannend finden. Jeder liest gern etwas mordsmäßig Aufregendes – und die Geschichte ist voll davon. Denk nur an die Ermordung von Julius Cäsar. Eine wirklich blutige Angelegenheit ...

Und egal ob Kriegsromane, Krimis, Horrorgeschichten oder Sachen zum Lachen – in der Geschichte ist alles ist geboten. Lies dieses Buch und werde so mit ein bisschen Glück zum Horror deines Lehrers ...

WAS WANN WO GESCHAH

Römischer Kalender

Vor Christus
753 Nach der römischen Sage wird Rom in diesem Jahr von Romulus gegründet. In Wahrheit sind die frühen Römer Bauern in einer Gegend, die Latium hieß.

509 Die Römer haben die grausame Herrschaft ihres Königs Tarquinius satt, werfen ihn aus der Stadt und regieren sich selbst. Das nennen sie „Republik".
387 Die Gallier erobern Rom (bis auf das Kapitol). Die Römer müssen Lösegeld bezahlen und schwören sich, dass ihnen so etwas nie wieder passieren wird.

264 Erster Punischer Krieg gegen den großen Feind Karthago (in Nordafrika). Ergebnis: 1:0 für Rom.
218 Der Karthager Hannibal greift Rom mit Hilfe von Elefanten an. Er kann die Stadt nicht einnehmen, aber wütet in Italien und terrorisiert die Bevölkerung.

202 Scipio übernimmt das Kommando über die römische Armee und schlägt Hannibal. 2:0 für Rom. Die römischen Bauern besetzen immer mehr Land, bis sie ganz Italien in der Hand haben.

146 Dritter Krieg, um Karthago endgültig fertig zu machen. Spiel, Satz und Sieg für Rom. Die Römer finden Spaß an der Sache. Sie wollen jetzt den Rest der Welt erobern.
130 Die Römer haben inzwischen Griechenland und fast ganz Spanien erobert.
100 Julius Cäsar kommt zur Welt.
59 Julius Cäsar wird zum ersten Mal Konsul.
58 Julius Cäsar beginnt mit der Eroberung Galliens, um endlich Frieden zu schaffen zwischen den kriegerischen gallischen Stämmen – sagt er.
55 Julius Cäsar versucht, auch die Briten „friedlich zu machen", kehrt aber sehr schnell zurück nach Gallien …
51 Die Eroberung Galliens ist abgeschlossen. (Ganz Galliens? Ihr kennt doch die Geschichte von dem kleinen Dorf, das nicht aufhört, Widerstand zu leisten, oder?)
44 Julius Cäsar wird zum Diktator auf Lebenszeit ernannt – und dann umgebracht.
31 Marc Anton und seine Frau Kleopatra, die schöne Königin Ägyptens, verlieren gegen Octavian und bringen sich um. Octavian übernimmt als Kaiser „Augustus" die Macht im ganzen Römischen Reich. Seitdem herrschen im Römischen Reich „Kaiser".

Nach Christus

9 Die Germanen vernichten drei römische Legionen im „Teutoburger Wald".

43 Kaiser Claudius lässt Britannien erobern.

50 Die Stadt der Ubier am Rhein wird römische Kolonie (Köln).

84 Kaiser Domitian lässt in Süddeutschland die Grenzbefestigungen (Limes) ausbauen, um die Germanen aus dem Römischen Reich herauszuhalten.

122 Kaiser Hadrian errichtet einen Wall in Nordengland, damit die kriegerischen Bewohner Schottlands mit dem Kopf gegen die Wand laufen.

235–285 Fünfzig Jahre – mehr als zwanzig Kaiser. Das Buch „100 Methoden, um einen Kaiser zu ermorden" wird zum Bestseller.

313 Kaiser Konstantin erlaubt christliche Gottesdienste.

380 Das Christentum wird offizielle Religion im Römischen Reich.

410 Germanische Stämme greifen das Römische Reich und Rom selbst an.

476 Der letzte Kaiser des Römischen Reiches im Westen muss abdanken.

1453 Konstantinopel wird von den Türken erobert. Damit endet das Römische Reich auch im Osten.

KALENDER DER GERMANEN UND KELTEN

Vor Christus

6500 Am Ende der Eiszeit steigt der Meeresspiegel an. Britannien wird zur Insel.

3600 In Britannien spricht man von Stonehenge. Von Germanen und Römern spricht noch keiner.

2000 Aus Zinn und Kupfer wird Bronze für Werkzeuge hergestellt.

600 Statt Bronze beginnt man, Eisen zu benutzen (Eisenzeit).

350 Ein Grieche berichtet von Völkern in Dänemark und Norwegen. Das ist das Erste, was wir von den Germanen hören.

113 Die germanischen Kimbern und Teutonen schlagen ein römisches Heer nach dem anderen.

101 Marius macht's möglich. Er besiegt die Eindringlinge und versetzt dem germanischen Tourismus nach Italien einen schweren Schlag. 1:0 für die Römer.

58 Cäsar treibt die Sueben (Schwaben) zurück auf die rechte Rheinseite. 2:0 für die Römer.

55 Cäsar lässt eine Brücke über den Rhein bauen, reißt diese aber schnell wieder ab, damit die Germanen nicht nachkommen.

16 Die Sugambrer dringen über den Rhein vor und erbeuten einen römischen Legionsadler. Das schreit nach Rache! 2:1 für die Römer.

9 Der römische Feldherr Drusus hat das ganze Germanenland zwischen Rhein und Elbe erobert. 3:1 für die Römer. Da droht ihm vom anderen Elbufer her eine riesenhafte Germanin.

6 Kelten und Germanen in Südfrankreich, der Schweiz, Österreich und Teilen Süddeutschlands leben in römischen Provinzen. 4:1 für die Römer.

Nach Christus

4-6 Der Cherusker Arminius dient im römischen Heer und wird für seine Verdienste zum römischen Bürger und sogar Adligen ernannt.

7 Arminius verabredet mit anderen Germanenführern, die Römer und ihren Feldherren Varus zu vertreiben. Sie vernichten **drei** römische Legionen im „Teutoburger Wald".

15 Die Römer nehmen Arminius' Frau Thusnelda, die schwanger ist, gefangen. So wird Thumelicus, Arminius' Sohn, in Rom geboren und in Ravenna als Römer erzogen.

21 Arminius wird in eine Falle gelockt und kommt um. Tacitus sagt von ihm: Er war der „Befreier Germaniens".

150 Wo nicht Rhein, Main und Donau die Grenze bilden, schützen sich die Römer durch den „Limes", einen Wall aus Erde, Stein oder Holz. Die Germanen kommen gern zum Einkaufen, sind aber nicht immer bereit zu zahlen.
180 Nach zwei Kriegen schließen die Römer mit den Germanen Frieden.
212 Alle freien Bewohner des Römischen Reiches in den Provinzen werden römische Bürger – und müssen römische Steuern zahlen.
259 Die germanischen Alemannen sehen sich im Römischen Reich um. 271 werden sie allerdings in Italien geschlagen.
Um 375 Die Hunnen zerstören das Reich der germanischen Ostgoten in Südrussland. Das löst die „Völkerwanderung" aus.
410 Die Westgoten erobern Rom, werden dann aber Verbündete des Römischen Reiches.
449 Die Germanen erobern das keltische Britannien, aus dem die Römer 405 abgezogen sind.
476 Der germanische Heerführer Odoaker setzt den letzten weströmischen Kaiser ab. Die Germanen haben endgültig gewonnen.
800 Der Franke Karl der Große wird in Rom zum Kaiser des Römischen Reiches gekrönt. Ob die Römer vielleicht doch gewonnen haben? Na, sagen wir: unentschieden!

Hier lebten die alten Germanen

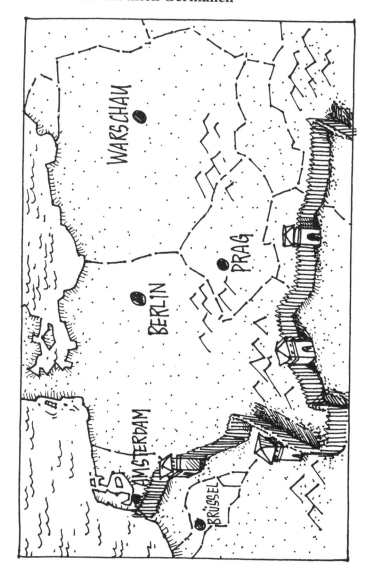

LEGIONÄRE UND KÄMPFE: DIE RÖMISCHE ARMEE

Wenn ein Land erobert war, blieb das römische Heer nicht auf ewig dort. Weil die unterworfene Bevölkerung sich mit Schrecken an die Kämpfe erinnerte, war sie meist auch ohne Bewachung „friedlich". (So nannten die Römer das, wenn ein Volk besiegt war.)

In den eroberten Gebieten wurden Städte angelegt. Hier hatten hohe römische Herren das Sagen. Das Land um diese Städte wurde an ehemalige römische Soldaten (Veteranen) verteilt. Die warnten die Stadtoberen, wenn die einheimische Bevölkerung unruhig wurde. Dann konnte man die nächstgelegene Legion verständigen, die im Handumdrehen zur Stelle war. Denn auf den römischen Straßen konnte man schnell marschieren.

In der Schule wird man dir viel von den Legionen erzählen. Aber wetten, dass deine Lehrer auch nicht alles wissen …

Teste deine Lehrer
Erschrecke mal deine Lehrerin oder deinen Lehrer mit diesen Fragen. Haben sie mehr als fünf Richtige? Und du?

Stell dir vor, du bist ein römischer Soldat …

1. Was trägst du unter deinem ledernen Rock?
a) Nichts
b) Unterhosen
c) Feigenblätter

2. Wo fährst du auf einer römischen Straße?
a) Rechts
b) In der Mitte
c) Links

3. Wie lange dauert deine Dienstzeit?
a) 25 Jahre
b) 5 Jahre
c) lebenslang

4. Wen kannst du heiraten?
a) Jede beliebige Frau
b) Keine
c) Eine Römerin

5. Wer bezahlt für Uniform, Waffen, Nahrung und Beerdigung?
a) Der Kaiser
b) Die Bewohner der Provinz, in der sich deine Einheit aufhält
c) Du selbst aus deinem Sold

6. Wie groß musst du sein?
a) Über 1,80 m
b) Zwischen 1,60 m und 1,80 m
c) Unter 1,60 m

7. Was benutzt du anstelle von Toilettenpapier?
a) Einen nassen Schwamm an einem Stock
b) Deine Tunika
c) Die Tageszeitung

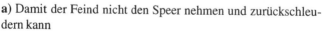

8. Dein Speer (pilum) hat einen 60 cm langen Kopf aus Metall. Dieser löst sich vom Schaft, wenn er etwas getroffen hat. Warum?

a) Damit der Feind nicht den Speer nehmen und zurückschleudern kann
b) Damit du den Speerkopf auf dem Marsch bequem in der Tasche verstauen kannst
c) Weil die römischen Waffenschmiede den Kopf einfach nicht zum Halten bringen

9. Ein römischer Hauptmann (Zenturio) trägt den Spitznamen „Noch einen". Warum?

a) Weil er darauf besteht, dass seine Soldaten auf dem Marsch Schlager singen. Wenn sie einen beendet haben, befiehlt er immer: „Noch einen!"

b) Weil er ein echter Vielfraß ist. Wenn er gerade einen Schweinskopf verschlungen hat, ruft er immer: „Noch einen!"

c) Weil er seine Soldaten so grausam verprügelt, dass ihm dabei regelmäßig der Stock zerbricht und er seinem Adjutanten befiehlt: „Noch einen!"

10. Warum nimmt der Heeresarzt bei der Behandlung deiner Verwundung keinerlei Rücksicht auf deine Schmerzensschreie?
a) Weil es ihm Spaß macht, dich zu quälen
b) Weil man ihm beigebracht hat, seine Arbeit zu tun, ohne die Schreie eines Soldaten zu beachten
c) Weil die Römer nur taube Männer als Ärzte beschäftigen

Antworten: 1b. 2c (Aber wer sich für besonders vornehm oder mächtig hielt, beanspruchte die Straßenmitte für sich. Das gemeine Volk sollte schon sehen, was passierte, wenn es nicht auswich!). *3a. 4b* (Aber häufig hatten sie in der Siedlung vor dem Lager eine Frau – die sie nach dem Ende der Dienstzeit heirateten – und Kinder.). *5c. 6b* (Aber wenn man dringend Männer brauchte, machte man auch schon einmal eine Ausnahme.). *7a* (Dieses Instrument ging in den öffentlichen Toiletten von Hand zu Hand und von Hand … Manchmal benutzte man auch eine Hand voll Moos. Das ging dann aber nicht von Hand zu Hand). *8a. 9c. 10b.*

Ganz schön clever, die Armee!

Die Römer hatten die beste Armee in der alten Welt. Warum? Sie gebrauchten etwas, das ihre Feinde nicht nutzten: Ihren Verstand. Und wie sieht es da mit dir aus?

Hier sind einige Probleme, mit denen die Römer fertig wurden. Was hättest du an ihrer Stelle getan?

1. Julius Cäsar hatte ein Landheer in Gallien (Nordfrankreich). Als der Stamm der Veneter dort rebellierte, nahmen sie zwei römische Boten gefangen und segelten mit ihnen davon. Sofort ließ Cäsar Schiffe bauen und verfolgte sie. Die Veneter waren ausgezeichnete Seeleute, aber im Kampf Mann gegen Mann recht mäßig. Cäsar brauchte eine Waffe, mit der er das Schiff der Veneter stoppen konnte, während römische Soldaten an Bord klettern konnten. Es gab aber noch kein Schießpulver für Kanonen oder Pistolen. Welche einfache (aber sehr erfolgreiche) Waffe erfanden die Römer?

2. Bei der Eroberung Britanniens mussten die Römer ein Moorgebiet durchqueren. Aber jedes Mal, wenn sie versuchten, durch die Sümpfe zu waten, lauerte man ihnen auf. Da übernahm ein General aus den Pontinischen Sümpfen in Italien die Führung. Er zeigte den Soldaten, wie man Sümpfe durchquert, ohne bis zur Hüfte einzusinken. Was brachte er ihnen bei?

3. In den frühen Tagen der Römischen Republik bekamen es die Römer mit dem griechischen König Pyrrhus zu tun. Der schickte an der Spitze seines Heeres Kampfelefanten in die Schlacht. Die Elefanten griffen die Römer an, trampelten sie nieder und verjagten sie. Aber die Römer lernten schnell. In der Schlacht von Benevent wussten sie, wie sie dem Elefantenangriff begegnen mussten ... und gewannen! Was hättest du getan?

4. Einige der jungen Männer in den eroberten Ländern hatten keine Lust, in der römischen Armee zu dienen. Sie wollten nicht Haus, Hof und Familie verlassen, um in irgendeiner gottverlassenen Gegend am Ende der Welt zu kämpfen (und vielleicht zu sterben). Daher schnitten sie sich den Daumen ihrer rechten Hand ab, sodass sie kein Schwert halten konnten. Wenn sie kein Schwert halten konnten, brauchten sie auch nicht in der römischen Armee zu kämpfen. Die römischen Generäle merkten, dass all diese daumenlosen jungen Männer sie austricksen wollten. Was für eine Lösung fanden sie?

5. Eines Tages besuchte Kaiser Hadrian eine öffentliche Badeanstalt, wo Sklaven ihm mit Schabeisen sorgfältig die Haut reinigten. Da sah er einen alten Mann, der seinen Rücken an einer Säule rieb. Der Mann war einer von Hadrians ehemaligen Soldaten. Hadrian fragte, warum er sich an dem Marmor reibe. Der alte Mann erwiderte, er könne sich keinen Sklaven mit Schabeisen leisten. Da schenkte Hadrian dem Mann Sklaven und Geld.

ABER ... am nächsten Tag war die Badeanstalt voller alter Männer, die ihren Rücken an den Marmorsäulen rieben! Ganz offensichtlich erwarteten sie von Hadrian eine ähnlich großzügige Gabe.
   Was hättest du an Hadrians Stelle getan?

Antworten:

1. Die Römer befestigten Sicheln an langen Stangen. Als sie nahe genug an die venetischen Schiffe herangekommen waren, zerschnitten sie damit die Taue und Segel der Feinde und hinderten sie so daran davonzusegeln. Dann kletterten sie an Bord der venetischen Schiffe und überwältigten die Seeleute. Die Anführer wurden hingerichtet, die Seeleute als Sklaven verkauft.

2. Er zeigte ihnen, wie man auf Stelzen ging. Das war zunächst ein Riesenerfolg. Aber dann fanden die Einheimischen heraus, wie man die Römer aus dem Gleichgewicht brachte und sie im Fallen erstechen konnte. Tja, man muss auch mal Pech haben.

3. Die römische Schlachtreihe öffnete sich in der Mitte. Die Elefanten rasten hindurch, ohne jemanden zu verletzen. Die Elefantenführer konnten nichts tun. Hinter den römischen Reihen warteten Spezialtruppen mit langen, scharfen Speeren. Sie stachen so lange auf die Elefanten ein, bis diese kehrtmachten und zurücktrampelten. Sie walzten die griechische Armee, die sie nicht zurückerwartet hatte, nieder.

4. Sie ließen sie köpfen! Jeder, der sich vor dem Militärdienst drücken wollte, wurde zum Tode verurteilt. Die jungen Männer begriffen das neue Gesetz schnell und entschlossen sich zum Militärdienst – ein möglicher Tod in der Schlacht war besser, als mit Sicherheit hingerichtet zu werden. Die Römer ließen Soldaten, die nur widerwillig Dienst taten, auch mit einem Brandeisen tätowieren. So waren sie, wenn sie desertierten, jederzeit als Soldat zu erkennen.

5. Hadrian forderte die Männer auf, sich gegenseitig den Rücken abzuschaben.

Strafe, wem Strafe gebührt

Findest du Strafen in der Schule, zu Hause oder vor Gericht hart? Ja? Wie hätte es dir dann wohl in der römischen Armee gefallen? Die Horden der Barbaren gingen auf die Römer meist los wie die Stiere auf einen Torero. Und wir wissen ja, wie dieser Kampf gewöhnlich ausgeht. Die römische Armee hingegen hielt „Disziplin". Die Soldaten taten, was man ihnen befohlen hatte – immer! Und wenn sie das nicht taten, wurden sie – egal wie klein das Vergehen war – bestraft. Rate mal, welche Strafe bei welchem Vergehen folgte:

VERGEHEN	STRAFE
I Faulheit	A. Verkleinerung der Einheit: Jeder Zehnte wird exekutiert
II Einschlafen während der Wache	B. Schlafen außerhalb der schützenden Lagermauern
III Flucht in der Schlacht	C. Schlechtes Essen – grobe Gerste anstelle von gutem Weizen
IV Gefährdung der eigenen Einheit	D. Tod durch Verprügeln
V Flucht mit der ganzen Einheit	E. Tod durch Steinigung

Antworten: 1C, 2B, 3D, 4E (Die Steine mussten die Kameraden der eigenen Einheit werfen.), 5A (Die unglücklichen Opfer wurden durch das Los bestimmt.)

Auf guter Tat ertappt

Natürlich gab es auch Gutes am römischen Soldatenleben – sonst wäre ja auch niemand freiwillig in die Armee eingetreten! Und dies waren die Schokoladenseiten ...

1. Die Armee behielt zwei Siebtel des Soldes ein und legte das Geld zurück. Bei der Entlassung bekamst du als Soldat diese Summe und ein Stück Land, sodass du eine sorgenfreie Rente verbringen konntest ... wenn du so lange lebtest.

2. Extra Einnahmen gab es, wenn das eroberte Land zur Plünderung freigegeben war. Dann durftest du dir von Geld, Vieh oder sogar von Menschen, die du als Sklaven verkaufen durftest, nehmen, was du kriegen und tragen konntest. Gute Sache für dich!

3. Für Tapferkeit und militärische Erfolge bekamst du keine Orden, sondern Kränze oder Kronen:

a) einen Kranz aus Eichenlaub – wenn du das Leben eines Mitbürgers gerettet hattest (Cäsar gewann einen solchen Kranz bei Mytilene, als er gerade einmal 20 Jahre alt war)

b) einen Kranz aus geflochtenem Gras, wenn es dir gelungen war, eine vom Feind eingeschlossene Armee zu befreien

c) eine Metallkrone, auf der eine Mauer dargestellt war – wenn du als erster Soldat die Mauer einer erstürmten Stadt erstiegen hattest.

Besser nicht krank werden
Römische Ärzte konnten …

ABER – römische Ärzte kannten keine Anästhesie (du warst also bei Bewusstsein, während sie an dir herumschnitten!).

Römische Ärzte konnten Arzneimittel zubereiten, um Krankheiten zu heilen.

ABER – sie mussten diese mit Honig vermischen, um den scheußlichen Geschmack zu übertönen.

Schon gewusst?
Ein römischer Legionär hatte immer ein Erste-Hilfe-Paket mit Verbandszeug und Heilkräutern bei sich, wenn er in die Schlacht zog.

KÄMPFERISCHE KELTEN

Bevor die Römer Germanien eroberten, bekamen sie es mit den Kelten zu tun. Diese harten Burschen lebten unter anderem im heutigen Frankreich, im linksrheinischen Deutschland und in Britannien. Wie die Germanen eroberten auch sie sich gern von Zeit zu Zeit neue Wohnsitze. Dem setzte ein Römer ein Ende: Julius Cäsar.

Die Kelten kämpften mit größter Tapferkeit für ihre Stammeshäuptlinge. Aber die Stämme bekämpften sich dummerweise oft gegenseitig, anstatt gemeinsam gegen Julius Cäsar zu kämpfen. Was ihnen fehlte, war ein Anführer, auf den alle hörten. Doch als der endlich kam, war es zu spät.

Vercingetorix, der Kelten-Chef, war ebenso clever wie Cäsar. Hier sind einige der Probleme, mit denen er sich herumschlagen musste. Hättest du sie lösen können?

Vercingetorix gegen Cäsar

1. Du triffst dich jeden Tag mit den Häuptlingen der anderen Stämme, um den Krieg gegen Cäsar zu planen. Einer ist nicht deiner Meinung. Was tust du?

a) Du sagst: „Also, mein Freund, wir müssen alle zusammenhalten, wenn wir die dummen Römer schlagen wollen. Also vertrau mir bitte. Denk dran, vereint werden wir siegen, jeder für sich werden wir untergehen!"
b) Du zeigst ihm die Zähne: „Wenn du dich mit mir anlegen willst, such dir einen anderen Anführer. Ich kämpfe gern ohne dich gegen Cäsar. Wenn ich mit ihm fertig bin, kommst du an die Reihe. Das wird dir noch Leid tun!"
c) Du regst dich nicht auf. Du lässt ihm nur einfach die Ohren abschneiden und ein Auge ausstechen. Dann schickst du ihn zu seinem Stamm zurück mit der Botschaft: „Das kommt davon, wenn man sich mit Vercingetorix anlegt."

2. Cäsar und seine Jungs sind weit weg von allen Versorgungslagern. Die Römer brauchen Verpflegung für sich und ihre Pferde. Die wollen sie sich in den keltischen Städten in der Umgebung, die von den Biturigern bewohnt werden, besorgen. Was tust du, um das zu verhindern?

a) Du forderst den Häuptling der Bituriger auf, die Städte niederzubrennen und seine Leute zu anderen Stämmen zu schicken.
b) Du weist ihn an, alle Nahrungsmittel zu vernichten, aber die Leute in den Städten zu lassen.
c) Du zwingst ihn, seine Städte niederzubrennen und seine Leute alle nach Avaricum, der größten Stadt weit und breit, zu bringen.

3. Deine Taktik ist erfolgreich. Cäsar ist am Verhungern. Er bricht mit seinen Soldaten nach Avaricum auf, wo das Getreidelager für die ganze Gegend ist. Wie verteidigst du Avaricum gegen Cäsars Armee?
a) Du baust eine Befestigung aus Holz.
b) Du baust eine Mauer aus Stein mit einem Graben davor.
c) Du baust eine Mauer aus Ziegeln.

4. Cäsar baut fahrbare Türme, die an die Stadtbefestigung herangerollt werden. Wenn sie nahe genug sind, werden die Römer oben eine Zugbrücke hinablassen und darüber in die Stadt eindringen. Was kannst du tun?
a) Du baust in der Stadt einen noch größeren Turm und lässt von dort Brandbomben auf die römischen Türme schleudern.
b) Du verlässt die Stadt und greifst Cäsars Türme an.
c) Du fliehst.

5. Cäsar kriegt die Türme nicht nahe genug an die Mauern heran, weil ein Graben davor ist. Er schickt Soldaten in den Wald zum Bäumefällen. Dann lässt er die Stämme in den Graben rollen und beginnt so, ihn aufzufüllen. Was tust du, um ihn daran zu hindern?

a) Du lässt einen Tunnel unter der Mauer graben, um die Holzstämme in Brand zu setzen.
b) Du ergibst dich.
c) Du schickst einen Reitertrupp aus, der den Römern die Äxte wegnimmt, sodass sie keine weiteren Bäume mehr fällen können.

6. Den Römern gelingt es, die Türme an die Mauern zu schieben. Du würdest diese gern in Brand setzen, aber die Römer haben sie mit Leder abgedeckt. So sind sie nicht so leicht brennbar. Was kannst du statt Brandbomben auf sie schleudern?

a) Tote Pferde
b) Siedendes Öl und kochend heißen Teer
c) Kaltes Wasser

7. Trotz aller Bemühungen erreichen die Römer die Mauern. Sie werfen Seile mit Enterhaken hinter die Mauerkrone und hangeln sich an den Seilen hinauf. Wie verteidigst du dich am besten?
a) Du wirfst die Enterhaken zurück.
b) Du ziehst die Enterhaken in die Stadt.
c) Du wartest, bis die Römer den Kopf über die Mauer stecken und bereitest ihnen einen unangenehmen Empfang.

8. Während des römischen Angriffs beginnt es heftig zu regnen. Was tun deine Verteidiger?

a) Sie laufen, um sich unterzustellen, und hoffen, dass die Römer genau das Gleiche tun.
b) Sie kämpfen weiter und werden nass.
c) Sie schlagen den Römern einen Waffenstillstand vor, bis das Wetter besser wird.

9. Die Römer erreichen die Straßen von Avaricum. Sie machen jeden nieder, der ihnen über den Weg läuft, ob Mann oder Frau oder Kind. Was sollte Vercingetorix tun?
a) Sich ergeben
b) Bis zum Tod kämpfen
c) Sicherstellen, dass seine besten Kämpfer durch ein Hintertor entkommen.

10. Du bringst dich in Alesia in Sicherheit. Die Römer folgen. Dein Heer ist groß. Was solltest du damit tun?

a) Den Großteil der Männer wegschicken, um Hilfe von anderen keltischen Stämmen zu holen. Nur ein paar zur Verteidigung von Alesia zurückbehalten.

b) Alle Soldaten in Alesia behalten und hoffen, dass Hilfe kommt.
c) Die Armee in Alesia lassen und selbst versuchen, Hilfe zu holen.

Vercingetorix' Weg nach Rom in 10 Schritten oder: Die Antworten

1. Vercingetorix konnte es sich nicht leisten, Schwäche zu zeigen. Dann hätten die anderen Stammesführer ihn umgebracht. Er konnte weder flehen *(1a)* noch schmollen *(1b)*. Er musste zeigen, dass er es ernst meinte und ohne Erbarmen gegen jeden durchgreifen würde, der sich ihm in den Weg stellte *(1c)*.

2. Vercingetorix machte nur einen Fehler. Er konnte die Vorräte nicht zerstören und gleichzeitig die Leute in den Städten lassen *(2b)* – seine Krieger wären ihm nicht in den Kampf gefolgt, wenn ihre Frauen und Kinder in der Hand der Römer gewesen wären. Er hätte die Vorräte UND die Städte zerstören müssen *(2a)*. Wenn du dich für 2a entschieden hast, wärst du grausamer, aber erfolgreicher als Vercingetorix gewesen! Aber die Bituriger waren stolz auf Avaricum. Sie flehten Vercingetorix an, diese Stadt nicht zu zerstören. Er gab nach *(2c)*. Dies war für ihn der Anfang vom Ende.

3. Vercingetorix hatte jahrelang gegen die Römer gekämpft und kannte ihre Taktik. Eine hölzerne Befestigung hätten sie einfach niedergebrannt *(3a)*, eine Ziegelmauer hätten sie eingerammt *(3c)*. Das Beste war eine Mauer aus soliden Steinen mit einem Graben davor *(3b)*.

4. Die soliden Mauern von Avaricum brachten Cäsar nicht aus der Fassung. Er begann, Belagerungstürme zu bauen. Vercingetorix hatte das erwartet, und das war für ihn kein Grund aufzugeben *(4c)*. Natürlich verließ er nicht die schützenden Mauern, um die Römer in offener Schlacht anzugreifen (4b), weil dies genau das war, worauf sie warteten. Er gab einfach Befehl, auf seiner Seite der Mauer noch höhere Türme zu bauen *(4a)*.

5. Cäsar konnte den Graben überwinden, indem er ihn mit Baumstämmen auffüllte. Das konnte Vercingetorix nicht verhindern *(5c)*, aber er gab sich nicht geschlagen *(5b)*. Die

Bituriger waren erfahren im Eisenerzbergbau. Sie wussten, wie man Stollen baut. Also trieben sie einen Stollen unter die römischen Baumstämme und setzten sie in Brand *(5a)*. Dies hielt den römischen Angriff auf ... aber nicht auf Dauer.

6. Die keltischen Soldaten wussten, dass die römischen Türme durch nichts Festes behindert werden konnten *(6a)*, sondern nur durch eine Flüssigkeit, die durch die Fugen in dem römischen Schutzdach rinnen würde. Aus kaltem Wasser hätten die Römer sich nichts gemacht *(6c)*, siedend heißes Öl und Pech war wirkungsvoller. Also nahmen sie dies *(6b)*.

7. Die Römer waren zu allem entschlossen – und wurden immer hungriger. Sie warfen Eisenanker über die Mauern, um hinaufzuklettern. Es hatte keinen Zweck, diese zurückzuwerfen *(7a)*. Die Römer hätten es einfach an einer anderen Stelle erneut versucht. Auch hätte man sie beim Übersteigen der Mauern nicht aufhalten können. Es waren einfach zu viele, um mit allen fertig zu werden. Da kam Vercingetorix auf die kluge Idee, die Haken einfach wegzuschleppen und so den Römern ihr Kriegsmaterial wegzunehmen *(7b)*!

8. Als ein Unwetter über Avaricum niederging, nutzten Vercingetorix seine ganzen militärischen Fähigkeiten nichts mehr, da sich seine Männer zu dumm anstellten. Sie hätten weiterkämpfen sollen *(8b)*. Die Römer ließen sich vom Regen nicht aufhalten *(8c)*, und es hatte keinen Sinn, darauf zu warten, dass das Wetter besser würde. Die Verteidiger rannten, um sich unterzustellen *(8a)*. Die Römer sprangen über die Mauer.

9. Vercingetorix wusste, dass der Kampf um Avaricum verloren war, aber der Krieg war es noch nicht. Er hatte keineswegs die Absicht aufzugeben *(9a)*. Es machte auch keinen Sinn, auf den sicheren Tod zu warten, solange noch neue keltische Armeen kampfbereit waren. Alles was er tun musste, war, mit seinen Soldaten zu fliehen und den Kampf wieder aufzunehmen *(9c)*. Unglücklicherweise gefiel den Frauen, die man ihrem Schicksal überlassen wollte, diese Idee gar nicht. Eigentlich nicht überraschend! Sie begannen zu schreien und zu jammern.

Dadurch wurden die Römer aufmerksam. Sofort bemühten sie sich, den Fluchtweg abzuschneiden. Die Römer schlachteten 40.000 Einwohner von Avaricum ab. Mit

Vercingetorix entkamen nur 800 Männer, um den Kampf fortzusetzen.

10. Vercingetorix sammelte neue Truppen und brachte sich mit einem großen Heer in Alesia in Sicherheit. Wenn er das Heer bei sich behalten hätte *(10b),* wären die Vorräte im Handumdrehen verbraucht gewesen, ehe Hilfe eingetroffen wäre. Er konnte auch nicht selbst bei Dutzenden von Stämmen Unterstützung einfordern *(10c).* Also schickte er seine Truppen jeweils zu einem anderen keltischen Stamm und behielt nur gerade genug Soldaten bei sich, um die Stadt verteidigen zu können *(10a).*

Das hätte fast geklappt. Eine riesige keltische Armee rückte an. Aber die Römer hatten einen Festungsring um die Stadt gebaut. Die Soldaten in Alesia konnten nicht aus der Stadt heraus, die neuen keltischen Verbände nicht hinein. Da gaben sie auf und zogen ab.

Vercingetorix saß in der Falle. Er gab sich in die Hände seiner eigenen Leute und sagte, sie könnten mit ihm machen, was notwendig sei. Die Römer wollten Vercingetorix lebend – also lieferten ihn die Kelten lebend aus. Im Jahr 45 v. Chr. wurde er im Triumph durch die Straßen Roms geführt... und dann hingerichtet. Die Kelten auf dem Kontinent waren endgültig besiegt. Ohne diesen Sieg Cäsars in Gallien wären die Römer vielleicht nie bis zum Rhein und ins keltische Britannien vorgestoßen. Die Stadt Köln hätte keine römische Vergangenheit und sicherlich einen anderen Namen und der Hadrianswall wäre nie gebaut worden.

Was, wenn Vercingetorix Avaricum zerstört hätte und Cäsar dort keine Vorräte vorgefunden hätte (2a)? Die Gedanken sind frei ...

Keiner verliert gern den Kopf

... aber die kolossalen Römer, Kelten und Germanen ließen sich bei Köpfen allerhand einfallen. Hier sind neun grässliche Fakten für Leute mit Köpfchen:

1 Die Kelten glaubten, abgeschnittene Köpfe, besonders in Dreiergruppen, könnten etwas über die Zukunft aussagen. Wie sie das wohl gemacht haben ...

2 Bisweilen nagelten sie die Köpfe ihrer erschlagenen Feinde an die Wände ihrer Häuser.

3 Oder sie konservierten sie in Zedernöl und präsentierten sie stolz allen Besuchern. Selbst wenn man ihnen angeboten hätte, die Köpfe in Gold aufzuwiegen, hätten sie sich nicht von diesen Glücksbringern getrennt, berichtet ein römischer Beamter.

4 Andere Kelten hatten die Angewohnheit, Totenschädel zu vergolden und sie als Trinkgefäße zu benutzen.

5 Die Römer waren auch nicht besser. Weil der berühmte Redner Cicero sich mit beißendem Spott über Antonius lustig gemacht hatte, ließ dieser ihn umbringen und stellte den abgeschlagenen Kopf an der Rednertribüne in Rom zur Schau. Eine sehr geschmackvolle Idee.

6 Man kann den Kopf auch gegen die Wand schlagen. Das soll Kaiser Augustus getan haben, als er von der Niederlage seines Feldherrn Varus gegen die Germanen hörte.

7 Dessen Kopf ließen die Germanen mit freundlichem Gruß an Augustus zustellen.

8 Der war zwar sauer, dass er keinen besseren Kopf nach Germanien geschickt hatte, ließ den Kopf des Varus aber ehrenvoll in der Gruft seiner Ahnen bestatten.

9 Den ausgefallensten Kopf hatte der römische Kriegsgott Janus. Er hatte zwei Gesichter und konnte nach vorne und nach hinten zugleich schauen.

Auch heute noch scheinen die Köpfe der alten Kelten und Römer für manche Leute interessant zu sein. Lies diese unglaubliche Zeitungsnachricht ...

Die Hauptsache

Hirnausgeber:
M. Schädelbruch

Kopf ab Hand weg

Dreister Diebstahl – Cleverer Kopf

Gestern verschwand aus dem Magazin des Museums in Köln der Kopf der Statue des römischen Veteranen Poblicius. Auf die Wiederbeschaffung wurde ein Kopfgeld von 10.000 DM ausgesetzt.

Untergrund beteiligt

Wie unseren Lesern bekannt ist, wurde die Statue auf abenteuerliche Weise unter einem Haus in der Kölner Südstadt ausgegraben und von der Stadt angekauft. Der Museumsneubau wurde für die Aufstellung völlig umgeplant. Aus Kreisen des Untergrunds kamen wertvolle Hinweise auf zwei Verdächtige.

Danke für den Tipp
Ohne den Hinweis eines cleveren Kopfes würde die Polizei nach wie vor im Dunkeln tappen. Aber sie bekam den Tipp, die römische Polizei um Amtshilfe zu ersuchen und die Verdächtigen am Mund der Wahrheit zu vernehmen.

Mund der Wahrheit schnappt zu
Wie allgemein bekannt, schnappt der Mund zu, wenn jemand die Unwahrheit sagt. Die Verdächtigen hielten dies für ein Märchen und den Mund der Wahrheit für den Schlussstein der altrömischen Kanalisation.

Unser Reporter war vor Ort. Nachdem der erste Verdächtige eine Tatbeteiligung abgestritten hatte, gestand der zweite ohne Zögern.

Der Kopf in der Zementtüte
Der Kopf des Veteranen wurde in einer Zementtüte bei einem „Sammler" entdeckt, der vorgab, nicht zu wissen, was er für 350 DM eingekauft hatte. Die Polizei hat auch in seinem Fall sofort einen Flug nach Rom gebucht.

Schon gewusst?

Die Römer behandelten ihre Sklaven manchmal äußerst grausam. Im Jahre 157 n. Chr. beschrieb der römische Schriftsteller das Leben in einer römischen Mühle so ...

> Die Sklaven waren bis auf die Knochen abgemagert. Sie waren am ganzen Körper grün und blau geschlagen, auf dem Rücken sah man tiefe Striemen von der Peitsche. Sie trugen keine Kleider, sondern Lumpen, die kaum ihre Schamteile bedeckten. Auf die Stirn hatte man ein Brandmal eingebrannt, und sie waren zur Hälfte kahl geschoren. An den Knöcheln waren sie mit Ketten gefesselt.

Manchmal machten die Sklaven da nicht mehr mit. Der größte Sklavenaufstand brach in einer Gladiatorenschule bei Neapel aus. Sein Anführer war Spartacus. Ein riesiges Sklavenheer versetzte die Gegend einige Jahre in Angst und Schrecken, bis es von einer römischen Armee geschlagen wurde. Über 6000 Sklaven wurden an der Straße von Capua nach Rom gekreuzigt.

WILDE BARBAREN

Die Römer nannten Leute, die keine Römer waren, Barbaren. Das kam daher, dass sie deren Sprache nicht verstanden. Die klang für sie wie das Blöken von Schafen – „bah-bah-bah"-Leute... bah-bah-ren ... Barbaren. Alles klar?

Als also die Römer in die Länder der Kelten und Germanen kamen, trafen sie auf „Barbaren". Aber die Leute waren gar nicht so „barbarisch", wie es klingt, nicht grob, roh und einfach. Sie waren nur „anders". Obwohl – sie hatten durchaus eine oder zwei Angewohnheiten, die vielleicht auch dir etwas merkwürdig vorkommen würden...

Was du noch nie über Germanen und Kelten wissen wolltest

1. Die Priester der Kelten nannte man Druiden. Sie waren dafür zuständig, dass die Götter die Tage im Frühling länger machten als im Winter. Dafür brachten sie den Göttern einen abgeschlagenen Menschenkopf als Opfer. Menschenopfer gab es auch bei den Germanen.

2. Die Germanen lebten nicht in Städten. „Jedes Haus im Dorf liegt einzeln", staunt der Römer Tacitus, „vielleicht als Schutz vor Feuer", meint er, „vielleicht aber auch, weil sie nicht wissen, wie man Reihenhäuser baut."

3. Die Kelten in Britannien lebten in Befestigungen hinter hohen Erdwällen. Ihre Leib- und Magenspeise waren Schweinshaxen. Die abgenagten Knochen warfen sie einfach über die Schulter hinter sich. Wenn die Haxenhalden zu hoch wurden, wurde alles glatt geharkt und mit einer neuen Schicht von Erde und Kalk geglättet. Kannst du dir vorstellen, wie viel Freude die Archäologen bei der Ausgrabung haben?

4. Bei den Germanen und Kelten gab es wilde Saufgelage, die oft tage- und nächtelang dauerten. Dabei trank man zum Abscheu der Römer nicht etwa ein gepflegtes Glas Wein, sondern Met oder Bier.

5. Die Germanen schliefen gern lang und wuschen sich dann mit warmem Wasser – „weil es bei ihnen im Norden so kalt ist", meint Tacitus um 100 n. Chr. Cäsar berichtet 150 Jahre vorher allerdings, dass sie sich in den Flüssen wuschen. Und überhaupt: Die Kelten benutzten sogar schon lange vor den Römern Seife.

6. Die Germanen kleideten sich in Felle, die große Teile des Körpers frei ließen, Männer genauso wie Frauen. Unmoralisch, findest du? Ganz im Gegenteil – vor dem 20. Lebensjahr durfte sich kein Junge mit einem Mädchen einlassen.

7. Bei den Kelten wie bei den Germanen waren auch Frauen im Krieg aktiv. Tacitus erzählt, dass die germanischen Frauen bisweilen den Kampfesmut ihrer Männer, die schon aufgeben wollten, anstachelten, indem sie sich ihnen mit entblößtem Busen zeigten und auf die drohende Gefangenschaft hinwiesen. Denn für die Männer war die Vorstellung noch schlimmer, dass ihre Frauen in Gefangenschaft gerieten, als sie selbst.

8. Über die keltischen Frauen sagt der Römer Marcellinus:

> Nicht einmal ein ganzer Trupp von Männern kann sich gegen einen Gallier behaupten, wenn der seine Frau zur Hilfe ruft. Mit dickem Hals, die Zähne gefletscht, schlägt sie mit ihren enorm langen, weißen Armen um sich und beginnt, Schläge und Tritte auszuteilen, als wären es Geschosse aus einem Katapult.

Hilfe

9. Die Kelten waren die ersten Punker. Sie bleichten ihr Haar mit einer Kalklösung. Die Haarwurzeln blieben schwarz, der Rest wurde weiß. Außerdem standen die Haare durch den Kalk wie Stacheln von ihrem Kopf ab. Ein Schriftsteller erzählt, dass die Stacheln so steif waren, dass man auf jede Spitze einen Apfel hätte stecken können.

Und die Kelten trugen natürlich auch keine Helme, denn das hätte ja ihre hübsche Frisur ruiniert.

10. Tacitus behauptet, die Germanen hätten keinen Humor gehabt. Aber vielleicht hat er es nur nicht gemerkt. Cäsar banden sie jedenfalls den Bären auf, in Germanien gäbe es Einhörner, und Elche jage man, indem man ihre Schlafbäume ansäge. Wenn sich die Tiere daran lehnten, fielen sie um und könnten nicht mehr aufstehen.

Aus dem Tagebuch des Arminius

Die Römer und die Germanen, das ist ein Kapitel für sich. Irgendwie zeigten die Germanen nicht den Respekt vor den römischen Legionen, den diese gewohnt waren. Das sahen auch die Römer. Darum kamen sie auf einen Trick: Sie nahmen Germanen in ihr Heer auf. Das hatte zwei Vorzüge. Zum einen konnten die Germanen kämpfen. Und außerdem, so dachte man, lernten sie bei den Römern die feinere Lebensart und würden nur noch für und nicht gegen die Römer kämpfen. Fein ausgedacht! Oder auch nicht!

Im Teutoburger Wald steht seit 1875 das Hermannsdenkmal, wegen der „Schlacht im Teutoburger Wald". Richtig? Voll daneben! Der „Teutoburger Wald" der Römer lag woanders, in der Nähe von Osnabrück. Da hat man vor einigen Jahren den Ort der Schlacht entdeckt. Jedenfalls sprechen viele Funde dafür.

Auch „Hermann" stimmt vermutlich nicht. Wir kennen nur den Namen sicher, den die Römer dem Mann gegeben haben: Arminius. Wie ihn seine eigenen Leute nannten, wissen wir nicht. Ist aber auch egal. Vielleicht ist er zusammen mit seinem Bruder Flavus als germanische Geisel in Rom erzogen worden. Aber wir können uns seine Jugend auch anders ausmalen, weil kein Geschichtsschreiber darüber berichtet.

Nehmen wir einmal an, Arminius hätte ein Tagebuch geschrieben, von dem wir einige Seiten finden. Wir müssten es natürlich ins heutige Deutsch übersetzen. Dann hätte das ungefähr so aussehen können:

Im Jahr 4 n. Chr.
Gestern bin ich 21 geworden. Zeit, dass ich ihm nicht mehr auf der Tasche liege, hat mein Vater gesagt. Er will mich also loswerden!!!

Und dann kommt da auch noch so ein oller Römer und herrscht mich an, ich sollte ihn zu meinem Vater führen. Sage ich: „Quaere eum ipse! Mihi est lis cum eo!" (Such meinen Vater selbst, ich habe im Moment Krach mit ihm.) Sagt er: „Das trifft sich gut, ich suche einen kräftigen jungen Mann von Adel wie dich, der Latein kann und sich in Germanien auskennt. Hast du nicht Lust, römischer Offizier zu werden? Bei uns kannst du was lernen."
Und heute war ich schon bei Tiberius. Imponierender Mann! Könnte mal Nachfolger von Kaiser Augustus werden, sagt man. Hat mir angeboten, ich brauchte nicht als Rekrut anzufangen, sondern könnte gleich das Kommando über seine germanischen Soldaten übernehmen. Er braucht dazu jemanden, der ihre Sprache spricht. Er will mir persönlich beibringen, was

man als Offizier im römischen Heer wissen muss. Ich denke, die Sache reizt mich. Diese Römer haben gewisse Qualitäten.

Im Jahr 6 n. Chr.

Jetzt bin ich selbst ein Römer, sogar ein römischer Ritter. War ganz schön feierlich, als man mich für meine Verdienste zum Ritter schlug. Aber ich weiß nicht, was ich eigentlich davon halten soll. Ich gebe zu, wo die Römer sind, schlagen sich die Germanen nicht mehr die Köpfe ein, aber darf man als Germane deswegen gegen seine eigenen Landsleute ins Feld ziehen?

Im Jahr 7 n. Chr.

Jetzt haben wir einen neuen römischen Statthalter in Germanien, Quinctilius Varus. Mein Kriegskamerad Velleius Paterculus hat mir erzählt, dass er aus einer vornehmen Familie stammt. „Ein geborener Soldat ist er nicht", meint Velleius, „weder besonders stark noch besonders intelligent, und Feldzüge verabscheut er. Er liebt die Bequemlichkeit eines festen Lagers." Und dann hat er noch etwas gesagt, das mir schwer zu denken gibt. „Der Mann liebt das Geld. Als er Statthalter in Syrien wurde, war er arm und die Provinz reich, als er ging, war er reich und Syrien arm." Und was, wenn er hier in Germanien dasselbe vorhat? Ich werde ihn beobachten.

Im Jahr 9 n. Chr.

Varus denkt gar nicht daran, die Germanen zu respektieren. Er zieht kreuz und quer durch unser Land, hält Gericht ab und tut so, als hätte er den Germanen etwas zu sagen. Dabei ist er dumm. Er merkt gar nicht, dass die Germanen sich ihren Spaß mit ihm erlauben und sich extra für ihn Gerichtsfälle ausdenken. Jetzt denkt er daran, Steuern bei den

Germanen eintreiben zu lassen. Aber ich habe Verbündete bei den Marsern, Brukterern und Chatten gefunden. Zusammen mit meinen Cheruskern und unter meiner Führung werden wir es diesem Varus und den Römern zeigen. Wenn sie morgen zum Rhein zurückmarschieren, werden sie eine Überraschung erleben. Ich weiß, dass mein Schwiegervater Segestes dagegen ist und Varus gewarnt hat, aber der wird ihm nicht glauben, hoffe ich. Varus vertraut mir.

Einen Tag später

Varus hat sich durch die Warnungen nicht abhalten lassen. Die Überraschung ist voll gelungen. Mit seinen drei Legionen ist er uns in die Falle gegangen. In dem engen Tal zwischen Weser und Rhein können die Römer weder vor noch zurück, und für eine Aufstellung in Kampflinie ist auch kein Platz. Jetzt haben sie ein Lager gebaut. Heute Abend will ich nicht mehr angreifen lassen. Ich weiß, wie schwer es ist, ein römisches Militärlager zu erobern.

Am nächsten Tag, mittags
Ob die Götter doch mit den Römern sind? Heute sah es so aus. Wir konnten sie nicht daran hindern, offenes Gelände zu erreichen. Hier anzugreifen wäre Selbstmord. Wir müssen warten. Ich glaube nicht, dass die Römer wissen, dass sie gleich wieder in den Wald kommen, und da ist ihre Reiterei wirkungslos.

Zwei Tage später
Die Götter Germaniens waren mit uns. Wotan, der Weise, hat Regen geschickt. Regen? Nein, er hat alle Schleusen des Himmels geöffnet. Die Römer konnten ihre Bögen und Pfeile nicht mehr gebrauchen, ihre Lederschilde sogen sich voll Wasser und wurden schwer, zu schwer.

Und wir bekamen immer mehr Verstärkung, und wir haben gesiegt. Meine Männer ließen sich nicht zurückhalten. Fast alle Römer sind tot oder warten darauf, als Sklaven verkauft oder unseren Göttern geopfert zu werden. Die Beute ist unermesslich. Varus und die meisten seiner hohen Offiziere sind tot. Sie haben sich in ihr Schwert gestürzt. Alle feiern mich. Man wird mir ein Denkmal setzen und man wird mich, ich bin sicher, ermorden, weil die Germanen untereinander keinen Frieden halten können. Ob ich Recht getan habe, wird die Geschichte zeigen. Ich weiß es nicht.

Was soll man davon halten?

Große germanische Götter

Ein bisschen spinnert waren die Germanen schon! Hier ein Ausschnitt aus einem Buch mit germanischen Göttersagen:

Der erhabenste aller Götter ist Odin, auch Wotan genannt. Sein stolzes Haupt bedeckt gewöhnlich ein breiter, dunkler Hut; wie eine Wolke von Schneeflocken fällt der weiße Bart auf die Brust herab; der wallende Mantel trägt die Farbe des Himmels.

Noch herrlicher erscheint Odin, wenn er auf seinem achtbeinigen Hengst Sleipnir in die Schlacht reitet. Dann deckt ein geflügelter Goldhelm sein Haupt, die Brust schirmt ein strahlender Panzer, zur Linken hängen Schild und Schwert, und die Rechte hält den Spieß Gungnir siegesbewusst empor. Vor ihm her rennen seine beiden Kriegshunde, die Wölfe Geri und Freki, die Raben Hugin und Munin umflattern sein Haupt, und auf feurigen Graurossen umschwärmen ihren hohen Gebieter seine herrlichen Schildmädchen, die Walküren.

Die harren auch nach der Schlacht der heimkehrenden Helden. Das Mahl ist bereitet: duftender Schwarzwildbraten und schäumender Met. Frisch ist das Fleisch, denn während des Kampfes haben hurtige Jäger im Wald den prächtigen Wildeber Sährimnir erlegt, der nun verzehrt wird. Abends wird seine Haut mit Thors Hammer geweiht, dann steht der Eber wieder lebendig da und springt in den nahen Wald. Doch schon am nächsten Morgen wird er von einem Jagdspieß durchbohrt und in Walhallas Küche geschleppt. So geschieht es Tag für Tag.

Noch eine grässliche Schlacht

1 Auch andere Völker kämpften gegen die Römer an, hatten aber meist weniger Glück (oder Unglück?) als die Germanen. Die Briten zum Beispiel. Bei denen zog sogar eine Frau gegen die Römer in den Krieg, Königin Boudicca. Über sie berichtet später der römische Schriftsteller Cassius Dio:

Sie war sehr groß. Ihre Augen schienen dich zu durchbohren. Ihre Stimme war laut und schrill. Ihr dichtes, rotbraunes Haar reichte bis unter die Taille. Sie trug immer einen karierten Umhang, der mit einer Brosche festgesteckt war, und eine goldene Kette um den Hals.

2 Sie heiratete Prasutagus, den König des britischen Volks der Icener. Sie hatten zwei Töchter. Prasutagus zeigte wenig Neigung, mit den Römern zu kämpfen, als diese ins Land kamen. Stattdessen versuchte er, einen Vertrag mit dem Kaiser zu schließen: „Wenn ich sterbe, soll das Land der Icener zwischen Rom und meinen Töchtern aufgeteilt werden." Und dann erfüllte er seine Seite des Vertrags: Er starb.

3 Die römische Armee kümmerte sich um keine Abmachung. Römische Offiziere übernahmen die Regierung, ihre Sklaven plünderten die Häuser der Icener aus. Dann aber machten die Römer einen GROSSEN Fehler. Sie ließen Boudicca die Große auspeitschen. Hierüber war Boudicca wenig erfreut. Nein, überhaupt nicht erfreut.

4 Sie wurde rebellisch. Das, so dachte sie, konnten sich die Briten nicht gefallen lassen. Sie nahmen die römische Stadt Camulodunum (heute Colchester) ein.

5 Die Götter schienen auf Seiten Boudiccas. Sie gaben den Römern einige klare Zeichen, zu wem sie hielten (glaubte man wenigstens).

- In Rom fiel die Statue der Siegesgöttin Victoria ohne Grund mit dem Gesicht nach unten um, als habe sie versucht, zu fliehen.
- Frauen berichteten von geisterhaften, entsetzlichen Schreien, die immer wieder aus dem Senatsgebäude und dem Theater zu hören waren.
- In der Themsemündung sah man die Ruinen einer römischen Geisterstadt.
- Die See färbte sich blutrot.
- Bei Ebbe zeichneten sich im Sand Formen von Leichen ab.

6 Boudicca und ihre Armee marschierten plündernd und tötend nach Londinium (London) und Verulamium (St. Albans). Sie töteten ungefähr 70.000 Leute.

7 Ein einziger Römer lief nicht davon. Paulinus hatte nur 10.000 Soldaten, um gegen 100.000 Briten zu kämpfen.

8 Da fuhr Boudicca in ihrem Streitwagen um die britischen Stämme herum und hielt ihre berühmte Rede:

> Wir Briten sind an Frauen als Anführerinnen im Krieg gewohnt. Ich entstamme einer mächtigen Familie. Aber hier und heute kämpfe ich nicht um mein Königreich ... Ich kämpfe als Frau aus dem Volk, die ihre Freiheit verloren hat. Ich kämpfe für meinen misshandelten Körper. Die Götter werden uns erlauben, die Rache zu nehmen, die wir nehmen müssen. Denkt daran, wie viele auf unserer Seite kämpfen und wofür sie das tun. Dann werden wir gewinnen oder sterben. Das ist meine Absicht, die Absicht einer Frau. Lasst die Männer als Sklaven leben, wenn sie wollen. Ich will das nicht!

9 Die 10.000 Römer hielten sich diszipliniert an ihre Anweisungen. Die 100.000 Briten griffen so an wie stets: immer feste druff. Das Ergebnis war: Spiel, Satz und Sieg für die Römer.

10 Königin Boudicca stand kurz davor, erneut ausgepeitscht zu werden. Der römische Schriftsteller Tacitus erzählt, sie habe Gift genommen und sei dann gestorben. Sein Kollege Cassius Dio sagt, sie hatte eine tödliche Krankheit. Glaub, was du willst … vielleicht stimmt auch beides nicht, vielleicht starb sie an gebrochenem Herzen. Jedenfalls passierte es im Jahr 61 n. Chr.

Schon gewusst?

Der römische Geschichtsschreiber Tacitus behauptet, dass im letzten Kampf Boudiccas 80.000 britische Krieger gefallen seien. Das würde bedeuten, dass jeder der 10.000 römischen Soldaten (durchschnittlich) acht Briten getötet hätte! Er behauptet auch, nur 400 Römer seien gefallen. Also hätten 250 Briten zusammenkommen müssen, um einen Römer zu töten. Kein Wunder, dass die Briten verloren!

Ganz so war es natürlich nicht. Tacitus hat maßlos übertrieben. Er wollte der römischen Welt erzählen, was für eine großartige Armee die Römer besaßen und wie tüchtig ihre Anführer waren… schließlich war sein Schwiegervater an dieser Schlacht beteiligt.

Also: GLAUBT nicht alles, was ihr in den Quellen lest. Wenn die Briten damals ihre Geschichte aufgeschrieben hätten, wäre der Verlauf der Schlacht wohl etwas anders dargestellt worden. Die Römer waren nämlich auch sehr geschickt darin, anderen Leuten die Schuld in die Schuhe zu schieben. Die Wahrheit steckt bestimmt irgendwo dazwischen …

TOPSTARS DER RÖMER

Julius Cäsar war einer der größten römischen Anführer. Er war so erfolgreich, dass er umgebracht wurde ... von einem Freund! Rom war zuvor viele Jahre lang als eine „Republik" regiert worden. Das bedeutete, dass die wichtigen Männer in Rom entschieden, was zu tun war. Dann wurde Julius Cäsar so mächtig, dass man fürchtete, er würde die Sache alleine in die Hand nehmen. Man erzählte sich, er wolle „König der Römer" werden.

Der letzte König, den die Römer gehabt hatten, war eine Katastrophe gewesen. Sein Name: Tarquinius Superbus. Er lebte um 500 v. Chr. Er hatte den Römern viele Rechte genommen und war überhaupt der grässlichste Römer seiner Zeit gewesen.

Wollte Cäsar wirklich zum König gekrönt werden? Und würde er so schlimm werden wie Tarquinius? Wenn ja, schien es besser, ihn vorher umzubringen. Und so geschah es:

Cäsar – Ende seines Lebens

1. Cäsar wählte sich selbst zum „Diktator auf Lebenszeit" ... das klang anders, war aber nichts anderes als ein „König"!

2. Cäsar begann, rote Stiefel zu tragen! Und nur ein König trug rote Stiefel.

3. Bei einem Fest setzte Cäsars Freund, Mark Anton, ihm ein Diadem auf – eine kleine Krone. Cäsar setzte sie ab – vielleicht ein Zeichen, dass er nicht König werden wollte? Die Menge verstand es so und jubelte, als er es abnahm. Aber wollten Mark Anton und Cäsar auf diese Weise vielleicht nur herausfinden, was das Volk dachte? Was wäre wohl geschehen, wenn die Leute gejubelt hätten, als Cäsar die Krone aufgesetzt wurde?

4. Cäsar sollte am 15. März 44 v. Chr. vor dem Senat (dem römischen Parlament) eine Rede halten. Sofort danach war der Aufbruch zu einem Feldzug geplant. Während des Kampfes wäre er von seinen Soldaten umgeben gewesen. Unmöglich, ihn dann zu töten. Wenn er sterben sollte, dann musste es am 15. März geschehen.

5. Cäsar glaubte sehr stark an sein „Schicksal". Wenn sein Tod bevorstand, dann konnte er nichts tun, um sein Schicksal zu wenden. Ein Wahrsager riet Cäsar, am 15. März nicht in den Senat zu gehen. Cäsar ging trotzdem.

6. Auch Cäsars Frau bat ihn, an diesem Tag nicht in den Senat zu gehen. Sie hatte schreckliche Albträume gehabt und fühlte, dass etwas Schlimmes geschehen würde. Auch dies hielt ihn nicht auf.

7. Cäsar fühlte sich am Morgen des 15. März so schlecht, dass er fast nicht an der Senatssitzung hätte teilnehmen können ... und die Übelkeit wurde noch schlimmer, als er das Haus verließ.

8. Die Attentäter wählten Brutus zu ihrem Führer. Brutus war einer der populärsten Männer in Rom. Er war berühmt für seine Ehrenhaftigkeit. Wenn er sich an dem Mord beteiligte, dann würden die Menschen in Rom wissen, dass die Attentäter ehrenwerte Absichten hatten – dass sie es für das Wohl des Volkes taten.

9. Am Abend des 14. März wurde Cäsar gefragt: „Welche Art von Tod wünschst du dir?" Cäsar antwortete: „Einen plötzlichen." Sein Wunsch wurde erfüllt.

10. Plutarch erzählt die grausige, blutige Geschichte …

Als Cäsar den Senat betrat, erhoben sich alle Senatoren respektvoll. Einige Verschwörer platzierten sich hinter Cäsars Sessel, während andere zur Begrüßung auf ihn zugingen. Cimber griff mit beiden Händen nach Cäsars Toga und zog sie ihm von den Schultern. Dies war das Zeichen zum Angriff.

Casca stach als Erster zu. Sein Messer verwundete Cäsar im Nacken, aber nicht ernsthaft, sodass Cäsar sich umdrehen, das Messer packen und festhalten konnte.

Die Zuschauer waren entsetzt. Sie wagten weder wegzulaufen noch Cäsar zu helfen oder auch nur einen Ton von sich zu geben.

Alle Attentäter zogen ihre Dolche und umringten Cäsar. Sie stießen ihn hierhin und dorthin, wie ein wildes Tier, das von Jägern umringt ist.

Brutus stach Cäsar in den Bauch. Mehr als allen anderen hatte Cäsar Brutus vertraut.

Manche sagen, Cäsar verteidigte sich gegen alle anderen. Aber als er Brutus mit dem Dolch auf sich zukommen sah, verhüllte er sein Gesicht und sank zu Boden.

Die Angreifer drängten Cäsar gegen die Statue seines alten Feindes Pompejus. Die Statue triefte von Cäsars Blut.

Cäsar blutete aus 23 Wunden.

Viele von den Attentätern verwundeten sich gegenseitig, als sie auf Cäsar einstachen.

Die Mörder machten einen großen Fehler. Sie brachten Mark Anton nicht zur gleichen Zeit um. Der „ehrenwerte" Brutus sagte, das dürften sie nicht. Ihr einziges Ziel sei es, den verruchten Cäsar daran zu hindern, König zu werden. Aber Mark Anton war dann derjenige, der einen Rachefeldzug gegen die Mörder anführte. Es kam schließlich dazu, dass Brutus sich selbst tötete, als er im Jahr 42 v. Chr. bei Philippi von Mark Anton geschlagen wurde.

Cäsar hatte den größten Teil seines Vermögens seinem Großneffen Oktavian hinterlassen. Der junge Oktavian war ein Diktator, und zwar so einer, wie es Cäsar vorgeschwebt hatte. Das, was die Römer fürchteten – die Herrschaft eines allmächtigen Mannes – auf einmal war es Wirklichkeit. Und einige der Kaiser oder „Cäsaren", die folgten, waren hundertmal schlimmer als Julius „Cäsar".

Um ehrlich zu sein, einige römische Kaiser waren ziemlich irre Typen. Hier sind die schrillsten aller Römer:

Kaiser Tiberius

Regierte: 14 – 37 n. Chr.

Lieblingsspruch: „Es macht mir nichts, wenn sie mich hassen, solange sie mir gehorchen." (Schon mal von einem Lehrer gehört?)

Übelste Angewohnheit: Brach Leuten, die ihm nicht gehorchten, die Beine.

Grässlichste Tat: Tiberius brauchte Urlaub.

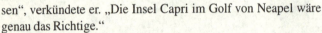

„Ich denke, ich werde verreisen", verkündete er. „Die Insel Capri im Golf von Neapel wäre genau das Richtige."

Er war ein paar Tage dort, als ein einfacher Fischer eine große Krabbe und einen riesigen Speisefisch aus dem Wasser zog. Der arme Mann meinte, das wäre doch ein wunderbares Geschenk für den hohen Urlaubsgast.

Mit größter Mühe kraxelte er die steile Klippe empor. Der Fisch war schwer. Eine Stunde lang mühte sich der Mann, dann war er oben.

„Bring mich zum Kaiser", sagte er zum Wachtposten.

„Der Kaiser will heute allein bleiben", sagte der Wachtposten abwehrend.

„Das ist der größte Fisch, den ich je gefangen habe!", verkündete der Fischer stolz. „Die Götter haben ihn für den Kaiser bestimmt. Darum muss ich zum Kaiser."

„Der Wachtposten zuckte mit den Achseln. Es war langweilig, die ganze Zeit oben auf den Klippen zu stehen und den Möwen nachzuschauen. Vielleicht würde ihm der Kaiser ja den Befehl geben, dem Fischer die Beine zu brechen. „Ich will sehen, was ich tun kann", sagte er böse grinsend.

Fünf Minuten später kehrte er zurück und sagte wiederum grinsend: „Der Kaiser will dich jetzt sehen."

Der arme kleine Mann schleppte den riesigen Fisch in den

Raum des Kaisers. „Das wird dir noch Leid tun", murmelte der Wachtposten.

Als der Fischer durch die Tür trat, griffen zwei kräftige Wachtposten nach seinen Armen. „Ich habe ein Geschenk für den Kaiser", quiekte der Mann.

Tiberius trat vor. „Du hast meine Ruhe gestört, du kleiner Stinker", fauchte er ihn an.

„Ich rieche nicht, Euer Majestät, es ist der Fisch!", rief der Fischer.

„Nein!", spottete der Kaiser. „Dieser Fisch duftet süßer als du. Wachen!"

„Majestät?"

„Wascht diesen kleinen Mann. Reibt ihm den Körper mit diesem Fisch ab!"

„Der sollte ein Geschenk sein ... Au!" Der Fisch hatte sehr scharfe Schuppen.

Der Wachtposten rieb mit der rauhen Fischhaut über das Gesicht des armen Mannes, bis die Haut vollkommen abgekratzt und das Gesicht roh und blutig war. Der Wachtposten lächelte spöttisch, als er auf gleiche Weise auch noch die Brust des armen Fischers traktierte.

„Aah! Oooh!", jammerte der Mann.

„Genug!", befahl der Kaiser. Die Wachtposten ließen den Fischer auf den Boden sinken, wo er ächzend und stöhnend dalag und etwas vor sich hin murmelte.

„Was sagst du?", fuhr ihn Tiberius an.

„Ich sagte nur den Göttern Dank, dass ich dir nicht die große Krabbe gebracht habe, die ich diesen Morgen gefangen habe", schluchzte der kleine Mann.

In die Augen des Kaisers trat ein böser Glanz. „Holt mir die Krabbe aus dem Haus dieses Mannes", sagte er höhnisch lachend.

Der Wachtposten nickte. Im Hinausgehen sagte er zu dem schluchzenden Fischer: „Ich habe dir ja gesagt, dass es dir Leid tun würde."

Und nachdem der kleine Mann mit der harten Schale der

Krabbe misshandelt worden war, tat es ihm so Leid, dass er wünschte, niemals geboren worden zu sein.

Sein Ende: Tiberius starb im Alter von 78 Jahren. Möglicherweise wurde er erstickt. Möglicherweise auch nicht. In Rom herrschte auf jeden Fall helle Freude!

Caligula

Regierte von 37–41 n. Chr.
Lieblingsspruch: Zu seinen Freunden bei einem Gelage: „Mir kommt gerade in den Sinn, dass es nur eines Winkes von mir bedarf, um euch allen die Kehle durchzuschneiden."
An das Volk von Rom: „Rom ist eine Stadt von Köpfen, die nur darauf warten, von mir abgeschlagen zu werden."
Zu jedem, der es nicht hören wollte: „Ich bin ein Gott."

Übelste Angewohnheit: Seine kleinen „Scherze". Bei einer Opferzeremonie reichte man ihm einen Hammer, mit dem man das Opfertier betäubte, bevor ihm der Priester die Kehle öffnete. Caligula schlug zu – aber sein Opfer war nicht das Tier, sondern der Priester.

Grässlichste Tat: Caligula liebte blutige Spiele in der Arena, wo sich Gladiatoren gegenseitig abmurksten oder gegen wilde, böse Tiere antraten. Bis zum Tag der Spiele mussten die wilden Tiere am Leben erhalten werden. Caligula war schockiert, als er hörte, wie viel er für ihre täglichen Fleischrationen ausgeben musste. Er fand eine sehr viel billigere Lösung: Er fütterte sie mit Straftätern.

Dämlichste Tat: Er machte seinen lieben Freund Incitatus zum Konsul. Incitatus wurde so zu einem sehr mächtigen Mann Roms. Na und? Tatsache war: Incitatus war Caligulas Lieblingspferd!

Sein Ende: Einer seiner Bodyguards, dem er vertraute, erdolchte ihn. Andere töteten im Palast seine Frau und sein Kind.

Claudius

Regierte: 41 – 54 n. Chr.
Lieblingsspruch: „T-t-t-t-t-t- ... öh ... erschlagt ihn!"
Übelste Angewohnheit: Zusehen, wie Verbrecher gefoltert und durch Auspeitschen hingerichtet wurden.
Grässlichste Schandtat: Claudius entdeckte, dass seine Frau ein lockeres Leben führte und mit ihren Freunden wilde Partys feierte. Claudius ließ nicht nur sie hinrichten, sondern auch für 300 Freunde waren es die letzten Partys gewesen.
Sein Ende: Seine Nichte (und Frau) Agrippina setzte ihm eine Mahlzeit mit giftigen Pilzen vor.

Nero

Regierte: 54 – 68 n. Chr.
Lieblingsspruch: Er spielte sehr schlecht Lyra, aber die Leute erzählten ihm, er sei brilliant. Besonders die Griechen schleimten sich bei ihm ein, indem sie ihm vorschwärmten, wie gut er sei. „Nur die Griechen sind meines Genies würdig", pflegte er daher zu sagen.

Als er wusste, dass sein Tod bevorstand, sagte er: „Was für ein Künstler geht mit mir verloren!"

Übelste Angewohnheit: Leute umbringen. Seinen Halbbruder Britannicus ließ er zum Beispiel vergiften. (Eigentlich hatte

Britannicus ja einen Vorkoster, der von allem probierte, was der junge Mann zu sich nehmen wollte. Wenn die Speise vergiftet war, fiel der Vorkoster tot um, und Britannicus war gewarnt. Auch dieses Mal probierte der Vorkoster den Glühwein und reichte dann den Pokal an seinen Herrn. Der Wein schien in Ordnung. Aber Britannicus fand den Wein zu heiß und verlangte Wasser, um ihn zu kühlen. Dann trank er ... und starb. Das kalte Wasser war vergiftet.)

Nero ließ auch seine erste Frau, Octavia, umbringen. Ihren Kopf ließ er seiner neuen Freundin, Poppaea, überbringen. Aber dann brachte er auch Poppaea um.

Nero ging auch mit den Christen grausam um:

- Er ließ sie an Pfähle binden, überschüttete sie mit Teer und zündete sie an.
- Er ließ sie in Tierhäute einnähen und warf sie hungrigen wilden Hunden vor.
- Er ließ sie in großer Zahl kreuzigen.

Grässlichste Tat: Agrippina hatte Claudius vergiftet, und jetzt war ihr Sohn, Nero, Kaiser. Sie hielt ihn für einen Schwächling und dachte, sie könnte für ihn das Regieren übernehmen.

Nero hatte etwas andere Vorstellungen. Seine Mutter mischte sich ihm zu viel ein. Zum Beispiel ließ sie ihn nicht zu seiner Freundin Acte, weil die nicht aus der richtigen Familie stammte. Also musste Agrippina verschwinden.

Erst tat Nero so, als gebe er wegen Acte nach. Dann lud er seine Mutter zu einer Party am Golf von Neapel ein. Agrippina sagte gerne zu, sie war froh, dass das Verhältnis zu ihrem Sohn wieder in Ordnung war.

Nero schickte ein Boot, um sie abzuholen. Ein ganz besonderes Boot, mit ganz besonderen Ruderern. Denn das Boot war so konstruiert, dass es auf See auseinander brechen sollte. Zudem hatten die Ruderer Anweisung, Agrippina nicht lebend zurückzubringen. Das Boot stach in einer schönen sternklaren Nacht in See.

Auf dem Baldachin über Agrippinas Sessel hatte man schwere Bleigewichte angebracht. Die sollten herunterfallen, Agrippina töten und dann den Boden des Bootes durchschlagen, um es zum Sinken zu bringen. Jeder würde glauben, das Boot hätte einen Felsen gerammt. Der arme Nero, die liebe Mutter tot!

Das war, wie gesagt, was sich ereignen sollte. Aber das Boot brach nicht auseinander. Und als die Gewichte herabdonnerten, töteten sie Agrippinas Freundin.

Agrippina selbst entkam mit ihrer anderen Freundin, Aceronnia. Und das Boot sank nicht.

Die Ruderer versuchten das Boot so zu schaukeln, dass es kenterte. Da tat Aceronnia etwas sehr Mutiges. Sie begann zu rufen: „Rettet mich! Ich bin Agrippina, die Mutter des Kaisers! Ich bin Agrippina!"

In der Dunkelheit gelang die Täuschung. Die Ruderer erschlugen sie mit ihren Rudern, während die wirkliche Agrippina über die Bordwand ins Wasser glitt und in ihren Palast entkam. Sie sandte einen Boten zu Nero, um über ihre glückliche Rettung zu berichten.

Nero war außer sich. Beim nächsten Mal durfte jetzt nichts mehr schief gehen! Er sandte zwei Mörder in Agrippinas Palast. Agrippina dachte, Nero hätte sie geschickt, um sicherzustellen, dass mit ihr alles in Ordnung sei.

Als der erste mit einer Keule auf sie einschlug, erkannte sie ihren Irrtum. Als der andere sein Schwert zog, entblößte sie den Unterleib und forderte ihn auf, dort zuzustoßen, woher der undankbare Nero gekommen war. Er tat es.

Nero ließ verkünden, seine Mutter habe sich selbst umgebracht.

Sein Ende: Als Nero wusste, dass die römische Armee von ihm abgefallen war und schon Soldaten auf dem Weg waren, um ihn festzunehmen, hielt er sich ein Schwert an die Kehle. Einer seiner Freunde stieß es hinein. Der Offizier, der ihn verhaften wollte, fand ihn in einer Blutlache.

Was du schon immer über die römischen Kaiser wissen wolltest (oder?)

1. Kaiser Caligula hieß eigentlich Gaius. „Caligula" bedeutet „Stiefelchen" und war sein Spitzname. Er bekam ihn von den Soldaten, weil er angeblich als kleiner Junge gern mit viel zu großen Stiefeln durch das Lager stolzierte, das sein Vater kommandierte.

2. Caligula wollte der Welt zeigen, was für ein großer Feldherr er war, und Britannien erobern. Im Jahre 40 n. Chr. machte er sich deshalb zum römischen Flottenstützpunkt in Boulogne (Nordfrankreich) auf. Hier befahl er, Segel zu setzen und die Invasion zu beginnen. Er kehrte allerdings zurück, als er sah, dass niemand ihm folgte.

3. Kaiser Augustus war einer der menschlicheren Kaiser. Aber auch er hatte seine Momente. So hatte ihn der Mord an Julius Cäsar wirklich mitgenommen. Wie Sueton sagte, „zeigte Augustus gegenüber den mörderischen Feinden keine Gnade. Er ließ Brutus' abgeschlagenen Kopf in Rom vor die Füße der Statue Cäsars werfen."

4. Julius Cäsar hat uns den modernen Kalender hinterlassen. Die frühen Römer hatten zwölf Monate und alle vier Jahre 13. Im Jahr 46 v. Chr. führte Cäsar (nach ägyptischem Vorbild) das Jahr mit 365 Tagen in zwölf Monaten ein, mit der Schaltjahrregelung am 29. Februar.

5. Kaiser Heliogabalus sammelte Spinnweben: tonnenweise!

Von all meinen belgischen Spinnweben gefällt mir die am besten.

6. Honorarius liebte Hühner. Sein Lieblingshuhn hieß „Rom". Als die Goten einmarschierten, versteckte er sich auf seinem Landgut. Hier erreichte ihn ein Bote mit der Nachricht: „Rom ist verloren!" Honorarius brach es das Herz ...

... bis er erfuhr, dass der Bote die Hauptstadt und nicht das Huhn gemeint hatte.

7. Nero war ein großer Fan von grausamen Zirkusspielen. Er nahm daran auch gern aktiv teil. Er ließ sich als wildes Tier verkleidet in einen Käfig sperren. Die menschlichen Opfer wurden an Pfähle in der Arena festgebunden. Dann wurde Neros „Käfig" geöffnet. Er sprang hinaus und machte sich wie ein Wilder über die Opfer her.

8. Als Kaiser Pertinax ermordet worden war, gab es gleich zwei Anwärter auf seinen Thron. Beide hielten es für hilfreich, sich das Wohlwollen der Prätorianer-Garde, der kaiserlichen Leibwache, zu erkaufen. Also versuchten sie, sich gegenseitig zu überbieten. Julianus gewann bei dieser „Auktion". Er bot 25.000 Sesterzen (das ist die römische Währung) für jeden Mann. Allerdings konnte er sein Angebot nicht auf die Männer in allen römischen Armeen rund um die Welt ausdehnen. Die leer Ausgegangenen griffen an, und nach 66 Tagen bezahlte Julianus seine Bestechung mit dem Leben.

9. In den 50 Jahren zwischen 235 und 285 gab es ungefähr 20 Kaiser. Die meisten regierten kurze Zeit, wurden dann ermordet und durch den Mörder ersetzt, der dann ermordet und von seinem

Mörder ersetzt wurde. Einige vornehme Römer weigerten sich in dieser Zeit, Kaiser zu werden – eigentlich kaum überraschend!

10. Septimius hatte besonders üble Familienprobleme. Er hatte zwei Söhne, Caracalla und Geta. Caracalla wurde schon im Alter von 13 Jahren zum Mitkaiser erhoben. Weil ihn sein Vater zu einer Heirat zwang, ließ er seinen ungeliebten Schwiegervater ermorden. Dann brach er mit seinem Vater und seinem Bruder auf, um Schottland zu erobern. Auf dem Feldzug wollte er seinen Vater umbringen – tat es dann aber doch nicht. Der alte Septimius starb in York. Seine letzten Worte an seine Söhne waren: „Streitet euch nicht!" Hoffnungsloser Optimist! Innerhalb eines Jahrs war Geta ermordet, Caracalla endlich allein Kaiser. Er hielt sich für fünf Jahre auf dem Thron, dann ... nein, du bekommst keinen Preis, wenn du errätst, was ihm passierte. Ja, er wurde ermordet.

Schon gewusst?

Julius Cäsar erließ Gesetze für Bestattungen in neu gegründeten Städten im Römischen Reich:

- „Niemand darf einen Toten in eine Stadt bringen. Kein Toter darf innerhalb der Stadt verbrannt oder bestattet werden."
- „Verbrennungsstätten müssen mehr als eine halbe Meile von der Stadt entfernt liegen."

(Friedhöfe lagen außerhalb der Stadt. In der Stadt wünschte Cäsar Prachtbauten und frische Luft für seine Anhänger.)

KINDHEITSGESCHICHTEN UND ANDERE ROM-ANE

Für Kinder war das Leben im Römischen Reich von Geburt an hart. Ein Schriftsteller, Soranus, beschrieb, dass jedes Neugeborene für eine Weile auf die Erde gelegt wurde und man sich um sein Schreien nicht kümmerte. Erst dann wurde es gewaschen und bekleidet. Das überlebten nur die Starken.

Einige Germanen im Römischen Reich setzten ihre Kinder einem noch härteren Test aus. Sie tauchten das Kind in kaltes Wasser. Wenn das Baby dann rot vor Kälte oder zitternd wieder auftauchte, war es ein Schwächling – nicht wert, aufgezogen zu werden. Also ließ man es sterben.

Schwimmt er oben?

Mädchen erhielten nach acht Tagen einen Namen – Jungen am neunten Tag. Die Mädchen bekamen gewöhnlich den Namen des Vaters – aber mit „a" statt mit „us" am Ende. Die Tochter von Julius hieß Julia, die von Claudius Claudia, Cornelius war der Vater von Cornelia usw. Die Jungen bekamen Vornamen wie Marcus, Caius oder Publius. (Übrigens: Vornamen wie Quintus, „der Fünfte", oder Sextus, „der Sechste", zeigen, dass die ollen Römer nicht viel Fantasie, dafür oft aber viele Kinder hatten.)

Wenn du in Rom deine Geburt überlebt und glücklich deinen Namen hattest, galt es, dem Schrecken der römischen Schule ins Auge zu sehen ...

Schule à la Rom: Gut, schlecht, scheußlich!

Gut: Schulen kosteten Schulgeld, also gingen nur Kinder von Eltern, die es sich leisten konnten, in die Schule. Wenn deine Familie arm war, brauchtest du vielleicht gar nicht hin.

Schlecht: Kinder von Sklaven durften nicht in die Schule. Sie wurden als Sklaven geboren und gehörten ihrem Herrn.

Scheußlich: Arme Kinder brauchten zwar nicht in die Schule, mussten dafür aber doppelt so hart für ihre Eltern arbeiten. Wenn sie das nicht taten, kam es vor, dass die Eltern sie einfach verkauften. Es war zwar illegal, freie Kinder als Sklaven zu verkaufen – aber das hielt arme Eltern nicht davon ab, es zu tun. Das Risiko, dabei erwischt zu werden, war gering.

Gut: Es gab Grundschulen, Mittelschulen und Höhere Schulen. Nach der Grundschule konnte man frei entscheiden, ob man weitermachen wollte.

Schlecht: Die meisten Kinder hatten trotzdem nur die Möglichkeit, zur Grundschule zu gehen. Sie lernten ganz elementare Dinge wie Schreiben, Lesen und Rechnen.

Scheußlich: Für Faulheit in der Grundschule bekam man den Stock zu spüren, oder die Faust des Lehrers, wenn gerade kein Stock zur Hand war. Ein Dichter beschrieb die Methoden seines Lehrers so:

Gut: Die Klassen in der Grundschule hatten in der Regel nur zehn bis zwölf Kinder.

Schlecht: Das Schulgeld von so wenigen Kindern reichte für das Gehalt des Lehrers nicht aus. Also brauchte er einen Zweitjob – vielleicht in einer Werkstatt.

Scheußlich: Die Römer kannten die Ziffer „0" nicht. Das machte das Rechnen grässlich schwer. Fragt mal eure Lehrer, ob sie LXXXVIII und XII zusammenzählen können. (Die Antwort ist „C".)

Gut: Wenigstens hatten die Schulkinder ihre eigene Göttin. Ihr Name war Minerva. Ihr Feiertag lag im März. Danach begann das Schuljahr.

Schlecht: Alle Materialien mussten die Schüler selbst kaufen. Sie brauchten: Wachstäfelchen, Stilus (ein Griffel, oben spitz und unten breit, um Buchstaben einzukratzen bzw. „auszuradieren"), Abakus (Rechenbrett) und Buchrollen (teuer!).

Scheußlich: Wer beim Grammatiker (in der Mittelschule) gegen die Schulordnung verstieß, wurde mit einer Lederknute ausgepeitscht, während ihn die Mitschüler festhalten mussten.

Gut: Alle neun Tage war schulfrei, weil Markt war. Wahrscheinlich war es an solchen Tagen einfach zu laut zum Unterrichten.

Schlecht: In der Grundschule war es ziemlich langweilig. Hier wurde fast nur Lesen, Schreiben und Rechnen auf eintönige Weise eingepaukt.

Scheußlich: In der Mittelschule musste man mega-langweilige Grammatik und Literatur durchackern, ein bisschen Erdkunde und natürlich grässliche Geschichte! In der Höheren Schule (oder auch Universität) lernte man, öffentlich zu reden – die Römer glaubten, dass gute Redner gute Anführer seien. (Meinst du das auch?)

So froh, dass ich ein Mädchen bin …?
Für die längste Zeit der Geschichte war es härter, eine Frau zu sein als ein Mann.
Bei den Römern war das nicht anders …

1. Römische Mädchen hatten Glück … wenn man sie am Leben ließ. „Wenn du einen Jungen zur Welt bringst, sorge für ihn – aber wenn es ein Mädchen ist, lass es sterben!" (Brief von Hilarion an seine Frau.)

2. Männer konnten sich mit der Vorstellung, dass Frauen gebildet sein können (am besten noch gebildeter als sie selbst!), nicht so recht anfreunden. „Ich hasse eine Frau, die liest", schrieb Juvenal im 1. Jahrhundert n. Chr.

3. Römische Frauen bekamen bei ihrer Geburt einen Glücksbringer zum Schutz umgehängt. Warum? Weil sie noch keinen Mann hatten, der sie beschützen konnte. Wenn ein kleines Mädchen acht Tage alt war, wurde ihr das Gold- oder Lederherz umgehängt, das es seine ganze Kindheit über trug.

4. Im Alter von gerade mal 14 Jahren war ein Mädchen heiratsfähig. Wer bestimmte das? Der Vater. Wer wählte den zukünftigen Ehemann aus? Der Vater. Und wenn sie den von ihm Ausgewählten nicht mochte? Pech gehabt. Sie musste ihn dann trotzdem heiraten.

5. Am Tag vor der Hochzeit legte das Mädchen alle Spielsachen, Puppen und Kinderkleider am Altar der Hausgötter, der Laren, nieder. Sie nahm auch ihren Glücksbringer ab. Sie brauchte ihn nicht mehr. Jetzt hatte sie ja einen Ehemann, der sie beschützen konnte.

6. Die Braut trug eine weiße Tunika aus Wolle. Diese wurde an der Taille durch einen Gürtel aus Wolle gehalten, der in einer besonderen Weise geknotet war. Sie trug einen hellgelben Umhang und Sandalen. Der Kopf war mit einem flammenfarbigen Schleier umhüllt.

7. Römische Frauen benutzten Make-up. Sie nahmen Kreide, um ihren Nacken zu weißen, da eine helle Haut als Zeichen von Schönheit galt. Bei dieser Mode könnten alle Solarien dicht machen …

8. Wenn ihre Lippen und Wangen nicht rot genug waren, benutzten sie dazu rote Erde, die „Ocker" genannt wurde.

9. Man erwartete von einer Frau, dass sie die Haare von den Beinen und in den Achselhöhlen entfernte. Sie rubbelte sie mit einem Stein ab oder benutzte eine scharfe Creme, um sie aufzulösen. Ein Wunder, dass sich dabei die Haut nicht auch auflöste! Ein Haarentfernungsmittel bestand aus dem Blut wilder Geißen, vermischt mit Seepalme und Vipernpulver. Hasenblut hinderte die einmal entfernten Haare daran, wieder zu wachsen – glaubte man.

10. Wenn die Augenbrauen nicht dunkel genug waren, benutzte man Antimon, ein Metall. Kein Antimon vorrätig? Asche tat es auch! Stell dir vor, du läufst mit Dreck im Gesicht, Kreide im Nacken und Asche auf den Augenbrauen rum. Fast mit einer Vogelscheuche zu verwechseln!

Römische Romane

Die Römer kannten einige ziemlich grässliche Geschichten von Göttern, Gräbern und Gedärmen. Ihre eigenen Götter waren ein bisschen langweilig. Aber die Storys von den griechischen Göttern gefielen ihnen. Darum klauten die Römer die griechischen Göttersagen und machten sie zu ihren eigenen. Zum Beispiel die Geschichte von Prometheus:

Der Adler ist gelandet ... wieder ... und wieder ... und wieder...

Der große gefiederte Teufel landete auf dem Felsen und schaute auf den Mann, der daran gekettet war. Der Hakenschnabel des Vogels war scharf wie ein Nagel. Seine großen goldenen Augen glitzerten in der gleißenden Sonne. „Krächz! Zum Teufel mit den Krähen! Was für einen köstlichen Anblick haben wir denn hier!" Hätte er Lippen gehabt, er hätte sie sich geleckt. Stattdessen leckte er sich den Schnabel.

Der junge Gefangene hob müde den Kopf. Er war ein hübscher junger Mann, mit nichts außer einem Lendenschurz bekleidet. Er blinzelte in die stechende Sonne und starrte den Vogel an. „Verzieh dich", zischte er.

Der Vogel hüpfte von einem Fuß auf den anderen. „He! So spricht man nicht mit mir! Damit du es weißt, ich bin ein Adler – der König der Vögel!"

„Tut mir Leid", höhnte der Mann, „ich hätte wohl sagen sollen: ‚Verziehen Sie sich, Majestät.'"

Der Adler zuckte die Schultern. „Kein Grund, aggressiv zu werden. Ich mache nur meinen Job. Und ein Vogel muss tun, was ein Vogel tun muss."

„Und ich bin es satt, dass jeder Spatz vom Olymp hier Halt macht, um mich anzuglotzen und anzustarren."

Der Vogel tat einen tiefen Atemzug und plusterte die Brustfedern auf. „Ich habe eine Mission zu erfüllen. Ein komischer alter Kauz oben auf dem Berg hat mich hierher geschickt."

„Da oben leben die *Götter*", sagte der Mann.

„Meinetwegen, dann hat mich also irgendein komischer Gott

hergeschickt. Großer Typ mit langem weißem Haar und buschigem Bart."

„Zeus!"

„Kann sein, er sagte: ‚Flieg runter, da ist der junge Prometheus an einen Felsen angekettet'", fuhr der Adler fort.

„Das bin ich! Bringst du mir Nachricht, dass Zeus mir vergeben hat? Bin ich wieder frei?"

„Nicht ganz! Der alte Bursche sagte, ich sollte hier hinunterfliegen und deine Leber fressen!"

„Meine Leber fressen?", stöhnte der junge Mann.

„Also, ich hatte nichts dagegen, warum auch? Ich liebe frische Leber. Am besten gebraten, mit ein paar Zwiebeln."

„Du bringst mich um!", rief Prometheus.

„Nein! Du bist doch unsterblich! Du wirst noch lange ‚lebern'! Hahaha!", machte der Vogel glucksend.

Der junge Gott blinzelte ihn an, und der Schweiß rann ihm in die Augen. „Du wirst mir weh tun", sagte er weinerlich.

„Kann ich nicht ändern!", krächzte der Vogel und tat einen Schritt auf sein Opfer zu. „Du musst etwas ziemlich Übles getan haben, um das zu verdienen."

Prometheus seufzte und schaute in die Sonne.

„Es gab eine Zeit, da konnte ich durch die Luft fliegen, genau wie du. Eines Tages flog ich zur Sonne und brachte ihr Feuer hinab zur Erde."

„Das war eine gute Idee – sonst müsste ich deine Leber roh fressen", gluckste der Adler.

Der junge Gott fuhr fort: „Ich gab es den Menschen."

„Scheint mir ganz in Ordnung", gab der Adler zu.

„Aber Zeus hatte es mir dringendst verboten. Er war außer sich. Zur Strafe hat er mich hier am Felsen angekettet."

„Und du musst dir deine Leber fressen lassen!", erinnerte ihn der Adler.

„Musst du das wirklich tun?", stöhnte Prometheus.

„Krächz! Zum Teufel mit den Krähen! Du bist doch ein Held, oder nicht? Also hör auf zu jammern und lass mich fressen."

Der Vogel stürzte sich auf ihn und Prometheus schrie.

Als es vorbei war, ergriff der Vogel die blutige Leber mit den Krallen und breitete seine Schwingen aus. Der Aufwind am Berg hob ihn sanft in die Höhe, und der Adler entschwebte.

„Bis morgen, Prommy!", rief er im Entschwinden.

„Morgen?", schrie Prometheus. „Was willst du denn noch?"

„Das Gleiche noch einmal!", krächzte der Adler. „Das ist der schlimmste Teil der Strafe. Deine Leber wächst nach. Ich werde morgen kommen und sie wieder fressen ... und übermorgen ... und den nächsten Tag ... und dann wieder ... bis in alle Ewigkeit! Auf Wiedersehen!"

Prometheus verdrehte den Kopf, um auf seinen Bauch zu schauen. Es war nicht mal mehr ein Kratzer zu sehen, der zeigte, was der Adler getan hatte.

Und jeden Tag kehrte der Adler zurück. Tag für Tag, Monat für Monat, Jahr für Jahr. Bis eines Tages ...

„Hallo, Prom!", rief der Adler fröhlich, als er sich auf den von der Sonne gewärmten Felsen hinabließ.

„Hallo, Addy", grinste Prometheus.

Der Adler trat einen Schritt zurück. „Eh ... du siehst fröhlich aus heute Morgen, Prom!"

Der junge Gott nickte glücklich. Er hatte einen Schimmer von böser Vorfreude in den Augen. Plötzlich schoss seine Hand nach vorne, und er umklammerte den feisten Nacken des Vogels.

„Ächz!", zeterte der, „Deine Ketten!"

„Ein Freund von mir hat sie für mich geknackt", lächelte Prometheus, und sein Griff wurde noch fester. Hinter dem Felsen trat ein großer Mann hervor. Er hatte Muskeln, die an die Wellen des Meeres erinnerten. „Darf ich vorstellen: Herkules. Der größte Held, der je auf Erden wandelte."

„Sehr erfreut, dich kennen zu lernen, Herk!", japste der Adler.

„Öh ... wenn du mich jetzt loslassen könntest, Prom, bin ich weg zu meinem Nest."

„Du fliegst nirgendwo hin", versprach Prometheus.

„Nein! Ich hatte die Leber ohnehin satt", sagte der große Vogel matt.

„Herkules wird dich umbringen", sagte Prometheus ruhig.

„Aber Prommy ... Kamerad ... alter Kumpel ... es war doch nie persönlich, das weißt du doch. Ich habe doch nur meinen Job getan. Zum Teufel mit den Krähen! Ein Vogel muss tun, was ein Vogel tun muss, was ein Vogel tun ..."

Seine Worte erstickten unter Prometheus' festem Griff. Er hörte einfach nicht auf das, was der Vogel sagte. „Aber bevor ich dich von Herkules töten lasse, rat mal, was ich mit dir anstellen werde?"

„Öh … meine Leber?", schwante dem Vogel.

Prometheus nickte.

„Aber nicht doch, Prommy. Die schmeckt wirklich scheußlich! Ehrlich! Ganz sauer!"

„Kann schon sein, aber du vergisst eines, Addy. Es gibt nichts auf der Welt, das so süß schmeckt wie … Rache!"

Noch mehr Wahnsinn

Aber die Römer brauchten für den Wahnsinn eigentlich nicht nur zu den Griechen zu schauen. In der eigenen Familiengeschichte hatten sie auch ein paar Leichen im Keller. Das fing schon bei der Gründung an.

Bruderliebe oder: Romulus und Remus

Es waren einmal die Brüder Numitor und Amulius. Sie lebten in Alba Longa in der Nähe von Rom. Rom gab es aber damals noch nicht.

„Numitor, mein Bruder!", sagte Amulius eines Tages, „Du bist zwar der Ältere von uns beiden, aber jetzt bist du lange genug König gewesen. Nun bin ich dran. Du solltest abdanken. Sonst muss ich dich leider umbringen."

„Meinetwegen", sagte Numitor, „das Landleben gefällt mir ohnehin besser. Ich ziehe mich auf das Gut unseres Vaters zurück."

Das tat er dann auch. Aber Amulius, der jetzt König war, hatte Angst, die Nachkommen seines Bruders könnten ihm gefährlich werden. Also ließ er den Sohn ermorden. Für die Tochter dachte er sich noch etwas Besseres aus. Er machte sie zur Priesterin der

Göttin Vesta. Als Vestalin musste sie Jungfrau bleiben und konnte keine Kinder bekommen – dachte Amulius.

Aber wurde sie Mutter von Zwillingen. Ihre Behauptung, der Vater sei der Kriegsgott Mars, machte auf Amulius wenig Eindruck. Er setzte durch, dass sie „wegen ihres Frevels gegen die Göttin Vesta" im Tiber ertränkt wurde. Das war das Glück der Frau, denn der Flussgott Tiber heiratete sie. So wurde sie unsterblich. (Na ja! Schon bessere Geschichten gehört!)

Blieben noch die Zwillinge Romulus und Remus als Problem. Amulius ließ die beiden in einem Körbchen auf dem Fluss aussetzen. Der Tiber aber – gut, wenn die Flüsse Götter sind – spülte das Körbchen sanft ans Ufer. Der König wusste davon nichts, aber wenn, hätte er gedacht: „Dann verhungern die Kleinen eben".

Wären sie auch, wenn nicht eine Wölfin gekommen wäre und sie gesäugt hätte. Später wurden Romulus und Remus dann von einem Hirten gefunden und aufgezogen. Viel später brachten sie ihren schurkischen Onkel Amulius um und machten Opa Numitor wieder zum König.

Bis hierhin zähle ich einmal „Erpressung", zweimal „Mord", einmal „Mord von Staats wegen", zweimal „versuchten Mord". Habe ich etwas vergessen? Es kommt noch mehr!

Romulus und Remus dachten nicht daran, friedlich in Alba Longa zu leben. Sie wollten auch Könige sein. Das war damals noch ziemlich einfach. Man gründete einfach eine neue Stadt. Das taten die beiden, und zwar am Tiber, wo man sie einst in ihrem Körbchen ausgesetzt hatte. Aber da gab es schon wieder ein Problem. Wer von den beiden Brüdern sollte König sein?

Mochte der Himmel entscheiden! Romulus und Remus beschlossen, auf ein Zeichen der Götter zu warten. Beide schauten nach oben. Da flogen plötzlich sechs Geier über Remus weg.

„Die Götter wollen mich als König", rief er zu Romulus hinüber.

„Denkste," sagte dieser, „guck mal nach oben."

Da flogen tatsächlich zwölf Geier über Romulus.

„Zum Geier, meine Geier waren zuerst da", rief Remus.

„Aber ein Dutzend Geier sind mehr als sechs", schrie Romulus zurück. „Ich bin König, und wenn du dich auf den Kopf stellst, und jetzt ziehe ich eine Mauer um die Stadt."

Und schon begab er sich ans Werk. Remus sah belustigt zu.

„Das nennst du eine Mauer", sagte er, „da springe ich doch mit links drüber."

Tat er auch. Danach machte er keine großen Sprünge mehr, weil Romulus ihn schon mit gezogenem Dolch und den Worten erwartete:

„So wird es jedem gehen, der versucht, über meine Mauer zu springen."

Natürlich wurde daraufhin Rom nach ihm benannt. Sonst hätte dieses Buch vielleicht den Titel „Kolossal, die Remer".

Blieb noch ein Problem. Romulus und seine Mannen hatten keine Frauen. Aber die in der Nachbarschaft lebenden Sabiner hatten reihenweise Töchter im heiratsfähigen Alter. Was taten die Römer?

a) Die Römer hielten um die Hand der Töchter an.

b) Die Römer luden die Sabiner zu einem Fest ein.

c) Die Römer entführten die Sabinerinnen.

d) Die Römer überzeugten die Mädchen, dass sie gute Ehemänner seien.

Antwort: Alles richtig, in genau dieser Reihenfolge.

ROM, WIE ES SPIELT UND KÄMPFT

Moderne römische Spiele

Welche dieser Spiele und Spielzeuge kannten schon die Römer?
Was glaubst du?

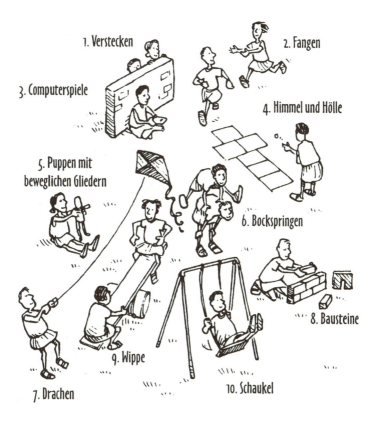

1. Verstecken
2. Fangen
3. Computerspiele
4. Himmel und Hölle
5. Puppen mit beweglichen Gliedern
6. Bockspringen
7. Drachen
8. Bausteine
9. Wippe
10. Schaukel

Antwort: Alle außer 3

Mach mit, die Römer spielen!
Die Spiele der römischen Kinder waren unseren Spielen oft ziemlich ähnlich ... mit kleinen Unterschieden ...

Trigon
- Das nächste Mal, wenn deine Eltern ein Schwein zum Essen schlachten, frage sie, ob du die Blase haben kannst – die esst ihr doch sowieso nicht.
- Mach die Schweinsblase sauber, blas sie wie einen Luftballon auf und binde sie zu.

- Zeichne ein Dreieck mit ungefähr zwei Meter langen Seiten auf den Boden. An jeder Ecke des Dreiecks steht ein Mitspieler.
- Der Schweinsblasenball wird von einem Mitspieler zum nächsten geworfen und darf dabei nicht den Boden berühren.
- Ziel des Spiels ist es, den Ball so lange wie möglich in der Luft zu halten.
- Einfach? Dann nimm noch zwei Bälle dazu, sodass jeder Mitspieler einen hat. Kann sein, dass du dann deinen Ball werfen und gleichzeitig zwei andere fangen musst. (Kleiner Tipp: Drei Hände sind dabei sehr hilfreich.)
- Wenn du einen Ball fallen lässt, bekommst du einen Minuspunkt. Gewinner ist, wer in der ausgemachten Zeit, sagen wir fünf Minuten, die wenigsten Minuspunkte macht. (Wenn du kein totes Schwein findest, probier es ausnahmsweise mal mit Tennisbällen.)

Knöchelbein

- Wenn deine Eltern zufällig den Göttern ein Schaf opfern, bitte sie um einen der Hufe.
- Koch ihn ab, bis sich Fleisch und Haut von den Knochen lösen.
- Nimm die würfelförmigen Knöchelchen und trockne sie. Du hast jetzt fünf „Wurfsteine". Nimm die Knöchelchen in eine Hand und wirf sie in die Luft. Ziel des Spiels ist es, möglichst viele davon auf dem Handrücken aufzufangen, wenn sie herunterkommen.

(Tipp: Wenn deine Eltern diese Woche kein Schaf opfern, kannst du auch Steine, Würfel oder Holzstückchen nehmen.)

Micare

- Dies ist ein Spiel für zwei.
- Beide Mitspieler halten die rechte Hand hinter dem Rücken. Macht ein Zeichen aus. Zum Beispiel, dass einer von euch nickt.
- Auf das Signal hin nehmen beide Mitspieler schnell die Hand nach vorn und zeigen dabei eine Anzahl von Fingern.
- Im selben Augenblick ruft jeder Mitspieler aus, wie viel Finger wohl insgesamt zu sehen sein werden.
- Wenn keiner Recht hat, beginnt ihr von vorn.
- Gewonnen hat, wer als Erster die richtige Anzahl erraten hat.

(Tipp: Das klingt einfach. Aber tatsächlich muss man es oft genug spielen, um sich eine gute Taktik zuzulegen. Probier es einmal aus.)

Das Topfspiel
- Ein Mitspieler ist der „Topf".
- Er sitzt auf dem Boden – sozusagen „im Topf". Die anderen versuchen, den Topf zu stoßen oder zu kneifen – die fiesen kleinen römischen Kinder konnten dabei ziemlich gemein sein. (Warnung! Überleg dir genau, was du tust, wenn dein Lehrer im Topf sitzt!)
- Der Spieler im Topf darf nicht aufstehen, aber er darf versuchen, einen der anderen festzuhalten.
- Der Festgehaltene ist dann der Topf.

Blinde Kuh
- Verbindet einem Mitspieler die Augen.
- Die anderen Mitspieler haben alle einen Stock, tanzen um die „Blinde Kuh" herum, berühren sie mit dem Stock und rufen: „Fang mich doch!"
- Wenn ein Mitspieler gefangen wird, muss die Blinde Kuh raten, wen sie da festhält.
- Rät sie richtig, bekommt der Gefangene die Augen verbunden.

Nuss-Spiel
- Jeder Spieler hat einen Vorrat an Hasel- oder Walnüssen.
- Daraus baut er eine Pyramide.
- Gewonnen hat derjenige, der die Pyramide mit den meisten Nüssen baut, bevor diese zusammenfällt.

(Tipp: Das ist ein Spiel für kleinere Kinder. Es gab noch zahlreiche andere Spiele mit Nüssen, und wenn man älter wurde, sagten die Römer deshalb, dass man „die Nüsse verlassen" habe. Hast du die Nüsse schon verlassen?)

Wortspiele

Magst du Kreuzworträtsel? Dann hast du vielleicht Lust, ein Wortquadrat herzustellen. In Wortquadraten kannst du die gleichen Wörter mehrfach aus verschiedenen Richtungen lesen.

Hier ist ein Beispiel aus römischer Zeit, das man in einen Ziegel eingekratzt fand.

Sator bedeutet „Sämann"
Arepo ist ein Männername.
Tenet bedeutet „er hält".
Opera bedeutet „mit Mühe, sorgfältig" oder „Taten".
Rotas bedeutet „Räder".
Das Wortquadrat hat man übersetzt als: „Der Sämann Arepo lenkt sorgfältig die Räder".

ABER ... ein heller Kopf hat herausgefunden, dass dies gar kein Wortspiel war, sondern ein geheimes christliches Gebet! Die in dem Quadrat vorkommenden Buchstaben ergeben das Wort PATERNOSTER. Das ist lateinisch für „Unser Vater", also der Anfang des Vaterunsers. Zwei „A"s und zwei „O"s bleiben übrig. Alpha und Omega sind der erste und letzte Buchstabe des griechischen Alphabets und für die frühen Christen das „A und O", also Anfang und Ende.

Zufall? Oder wirklich ein Gebet? Entscheide selbst.

Spiele für Erwachsene

Die Römer liebten den Zirkus. Aber das war kein Zirkus für die ganze Familie wie heute. Keine Clowns, Jongleure, Seiltänzer. Stattdessen Gewalt, Blut und Tod.

Augustinus von Hippo schrieb ein Buch, in dem er seine Abscheu vor diesem Blutvergießen deutlich machte. Sein Freund, Alypius, ein empfindsamer junger Mann, wurde von einigen Mitstudenten in den Zirkus mitgenommen. Die Trompeten schmetterten, man schloss Wetten ab, die Kämpfe begannen …

> Alypius schloss fest die Augen, entschlossen, nichts mit diesen Schrecken zu tun haben zu wollen. Hätte er doch nur auch seine Ohren verschließen können! Durch den Kampf begann die Menge zu brüllen. Da konnte er seine Neugier nicht mehr zügeln. Als er das Blut sah, da war es, als habe er einen vollen Becher voll Wildheit getrunken. Anstatt sich abzuwenden heftete er seine Augen auf die Szene und saugte sie mit all ihrem Wahnsinn ein. Er schwelgte in der Bösartigkeit des Kampfes und wurde trunken von der Faszination des Blutvergießens.

Julius Cäsar andererseits fand das Kämpfen und Töten auf die Dauer langweilig. Lange, bevor ein Kampf zu Ende war, begann er Akten zu lesen und Briefe zu schreiben. Das machte ihn bei den Zuschauern in der Menge nicht gerade beliebt …

Grausige Gladiatoren – Zehn schreckliche Wahrheiten

1. Die Römer liebten Gladiatoren-Mannschafts-Kämpfe. Hier mussten alle Kämpfer der unterlegenen und meist auch viele der siegreichen Mannschaft ins Gras beißen.

2. Die Idee, Kämpfen und Töten zum Sport zu machen, entwickelte sich wahrscheinlich ausgerechnet bei Beerdigungen. Der Römer Tertullian sagt:

Früher glaubten die Leute, dass die Seelen der Toten über menschliches Blut glücklich seien. So opferten sie bei Begräbnissen Kriegsgefangene oder Sklaven, die zu nichts mehr nütze waren.

Wird für meine Beerdigung auch jemand geopfert?

Diese Opferungen entwickelten sich zu Kämpfen auf Leben und Tod zwischen zwei Männern – bei der Beerdigung! Die Zuschauer waren davon so begeistert, dass der Kampfplatz vom Friedhof in eine große Arena verlegt wurde. Die Kämpfer wurden zu „Gladiatoren".

3. In Rom gab es Gladiatorenschulen, in denen der Leiter der Schule Sklaven zum Kampf ausbildete. Hatte ein Gladiator viele Kämpfe gewonnen – und viele Gegner abgemurkst – gewann er ein Vermögen und seine Freiheit. Der größte Preis war das hölzerne Schwert – ein Symbol der Freiheit.

4. Der irre Nero ordnete sogar einen Kampf zwischen einer Frau und einem Zwerg an, als besondere Attraktion.

5. Wenn ein Opfer im Kampf fiel, schlug ihm ein Arena-Ordner mit einem Hammer den Schädel ein, damit es auch richtig tot war.

6. Wenn ein Kämpfer zu erschöpft war, um weiterzukämpfen, konnte er sich ergeben. Dann entschied der Kaiser, ob er es verdiente weiterzuleben oder nicht. In der Regel hörte er dabei auf die Menge, die entweder rief: „Mitte! Lass ihn laufen!" oder „Jugula! Bring ihn um!" Der Kaiser gab seine Entscheidung mit dem Daumen bekannt. Daumen nach unten für Tod – Daumen nach oben für Leben. Diese Geste benutzen wir noch heute.

7. Einige der blutigsten Kämpfe fanden zwischen Verbrechern statt, die ohnehin zum Tode verurteilt waren. Sie kämpften, bis keiner übrig war. Erst stellte man einen unbewaffneten Mann gegen einen bewaffneten in den Ring. Dann entwaffnete man den Bewaffneten, und der Nächste tötete ihn. Und so ging es weiter – sobald einer tot war, kam der Nächste, und für den Letzten ließ man sich auch noch etwas einfallen.

8. In Rom gab es eine Arena, die man unter Wasser setzen und wo man regelrechte Seeschlachten veranstalten konnte.

9. Oft fanden in der Arena auch Tierhetzen statt, für die Tiere aus aller Welt nach Rom gebracht wurden. Solche „Belustigungen" gab es, wie Inschriften zeigen, auch in der Provinz.

10. Dem römischen Publikum wurde viel geboten. In der Arena sah man …
- Elefanten im Kampf gegen bewaffnete Männer. Leider durchbrachen eines Tages die Elefanten die Eisengitter und zertrampelten die Menge. Cäsar ließ daraufhin einen Wassergraben rund um die Arena ziehen, um die Menge zu schützen.
- Tiere, die gegeneinander auf Leben und Tod antraten – Bär gegen Büffel, Büffel gegen Elefant, Elefant gegen Nashorn.
- Krokodile, Giraffen, Flusspferde und Strauße. Mit den Krokodilen war es etwas schwierig, weil sie den Transport aus Afrika nur selten überlebten. Manchmal erwiesen sie sich auch als Spielverderber und weigerten sich zu fressen.

- Männer im Kampf gegen Panther, Löwen, Leoparden, Tiger – aber die Männer waren gewöhnlich schwer bewaffnet mit Spießen, brennenden Fackeln, Bögen, Lanzen und Dolchen. Einige kamen sogar mit Jagdhunden – für die Jäger bestand kaum mehr Gefahr als für das Publikum. Ein Zuschauer erlaubte sich einen Witz über Kaiser Domitian. Daraufhin ergriff man ihn mitten aus der Menge und warf ihn einer Meute scharfer Hunde vor.
- Männer mit Tüchern gegen Stiere – so wie man es heute noch in Spanien sieht.
- Männer, die mit bloßer Faust gegen Bären kämpften – manchmal begnügte man sich aber auch damit, den armen Bären an einen Pfahl anzubinden und zu quälen.
- 5000 wilde Tiere, die im Jahr 80 n. Chr. an einem einzigen Tag im Kolosseum in Rom getötet wurden.

Erstaunlich, aber wahr!

Aber es gab in der Arena auch friedlichere Schauspiele. Zum Beispiel Tierdressuren, so wie man sie auch heute im Zirkus sieht. Die Zuschauer ließen sich unterhalten von
- Panthergruppen, die Wagen zogen,
- einem Löwen, der einen Hasen losließ, nachdem er ihn gefangen hatte,
- einem Tiger, der die Hand seines Dompteurs leckte,
- Elefanten, die vor dem Kaiser im Sand niederknieten,
- Elefanten, die mit ihrem Rüssel lateinische Wörter in den Sand zeichneten.

Dramatische Dramen

Die Römer gingen gern ins Freilufttheater, um sich Schauspiele anzusehen. Solche Theater gab es in vielen römischen Städten. Die Stücke, die dort gespielt wurden, würde man allerdings heute wegen zu viel Gewalt verbieten.

Die Schauspieler lieferten sich auf der Bühne wirkliche Kämpfe. Kaiser Domitian erlaubte sogar einen echten Tod auf der Bühne! Am Ende des Stücks „Laureolis" wird der Schurke verurteilt, gekreuzigt, gefoltert und von einem Bären zerrissen. Der Schauspieler, der den Schurken spielte, ging für diese Szene von der Bühne und wurde durch einen zum Tode verurteilten Verbrecher ersetzt. Die wirklich grausamen Römer fanden es entspannend, sich dieses scheußliche Treiben anzusehen.

Überhaupt benutzten die Römer gern die Arena, um Leute umzubringen, die sie nicht mochten. Männer, Frauen und Kinder wurden wilden Tieren ausgesetzt. Ihr einziges Vergehen: Sie waren Christen.

Interessanterweise war es dann ausgerechnet die christliche Religion, die den Massakern ein Ende setzte. Als die Kaiser sich dem Christentum zuwandten, verboten sie die blutigen Shows. Am 1. Oktober 326 löste Kaiser Konstantin die Gladiatorenschulen auf. Es dauerte dann nur noch wenige Jahrzehnte, bis diese Art von „Spielen" im Römischen Reich endgültig nicht mehr stattfand – zum Bedauern mancher Zuschauer und Zuschauerinnen.

Schon gewusst?

Im Ringersport gibt es den griechisch-römischen Stil. Hier sind im Gegensatz zum Freistilringen nur Griffe oberhalb der Gürtellinie erlaubt. Diese „sanftere" Kampfmethode hat mit dem Ringkampf der Antike eigentlich nichts gemeinsam. Bei den Griechen war man besiegt, wenn man dreimal zu Boden gerungen worden war – egal wie. In Rom verrohten die Regeln noch mehr: Sklaven mussten vor ihren Herren bis zum Tod kämpfen. Das sportliche Ringen kam erst nach dem Mittelalter wieder auf – der Name „griechisch-römisch" kam mit.

LECKEREIEN AUS DEM RÖMERTOPF

Die Römer brachten neue Speisen und Rezepte mit in die Provinzen. Schwarzbrot und Bier waren nicht ihr Fall. Sie waren welterfahren und kannten alle Spezialitäten. Sie konnten sich auch erlesene Gewürze leisten, um den langweiligen Geschmack von geräuchertem oder gepökeltem Fleisch oder Fisch zu verbessern.

Blick in römische Küchen und Esszimmer

1. Die Reichen liebten große Gelage. Ein Römer namens Trimalchio schenkte bei einem solchen Fest 100 Jahre alten Wein aus. Er servierte bei diesem „Mahl" auch einen wilden Eber, aus dessen Bauch beim Aufschneiden Singdrosseln emporflogen.

2. Während solcher Gelage fraßen die Gäste so viel, dass ihnen übel wurde. Für diese Zwecke gab es einen extra Raum, Vomitorium genannt, wo man sich in Ruhe übergeben konnte, bevor man die Mahlzeit fortsetzte.

3. Kaiser Maximian soll 20 Kilogramm Fleisch pro Tag verzehrt haben … das ist ungefähr die Menge Fleisch, die ein kleines Schaf ergibt.

4. Maximian trank auch ungefähr 34 Liter Wein am Tag. Diese Maßlosigkeit brachte ihn natürlich am Ende um ... aber nicht, bevor er fast 20 Jahre lang regiert hatte.

5. In der Küche wurden in einem besonderen Käfig Haselmäuse gemästet. Sie bekamen nur das Beste: Walnüsse, Eicheln und Kastanien. Dann wurden sie geschlachtet und gefüllt. Sie galten als besondere Delikatesse. Die Füllung bestand aus Schweinswurst (oder auch Haselmauswurst), die mit Pfeffer und Nüssen gewürzt war.

6. Schnecken, in Milch gemästet, waren auch sehr beliebt. Mal probieren? Dann nimm lebenden Schnecken ihr Haus ab und setze sie für einen Tag in ein flaches Gefäß mit Milch und Salz. Sie lieben die Milch und schlürfen sie auf, aber das Salz macht die unwissenden Tiere nur noch durstiger! Dann setzt du sie für einige Tage in reine Milch. Sie trinken und trinken, bis sie zu fett sind, um in ihre Häuser zu passen. In Öl gebraten und mit einer Weinsoße übergossen, schmeckten sie den Römern köstlich! Dir auch?

7. Noch übler ... die Schnecken mit rohem Fleisch mästen, um sie geschmackvoller zu machen. (Da wird die Schnecke plötzlich zum Vampir!)

8. Die Römer liebten gefüllte Drosseln. Auch nichts anderes als unser Sonntagshuhn, denkst du. Oder? Falsch! Sie füllten die Drossel durch den Schnabel und nahmen die Eingeweide nicht aus! Baah! Die Römer aßen auch andere Vögel, die du vermutlich nicht anrühren würdest:

- Möwen
- Dohlen
- Krähen
- Raben
- Schwäne
- Teichhühner
- Pfauen

9. Die Römer verwerteten fast alles. Für ein Rezept bei Apicius soll man klein gehacktes Sau-Euter verwenden. Sie aßen auch Tierhirn … von Ziegen-, und Schaflunge ganz zu schweigen.

10. König Mithridates von Pontus in Asien hatte panische Angst davor, vergiftet zu werden, darum aß er … Gift! In kleinen Dosen natürlich. Auf diese Weise wurde er unempfindlich dagegen. Dann hörte er, dass die Römer hinter ihm her waren, und er hatte nicht das Herz, sich ihnen zu stellen. Also schluckte er Gift. Natürlich hatte es keine Wirkung. Er musste sich schließlich mit dem Schwert das Herz durchbohren. (Also hatte er noch weniger Herz, als die Römer ihn fanden!) (Scherz!)

Nicht mein Tag heute!

11. Die Römer kannten auch einige widerliche Getränke. Eines wurde aus Fischeingeweiden gemacht. Sie wurden gesalzen und dann einige Tage in die Sonne gestellt, bis sie verfaulten. Dann goss man die Flüssigkeit ab und hatte ein leckeres Getränk oder eine Soße – fast so wie Ketschup oder Majo.

12. Die Römer aßen Huhn, Ente und Gans, genau wie wir. Aber wahrscheinlich wurden diese zwar ohne Kopf, aber noch mit Füßen serviert.

13. Die Römer aßen auch Storch. (Meinst du, du könntest Storchfleisch von Hähnchen- oder Schweinefleisch unterscheiden?)

14. Knochenfunde von Pferden deuten darauf hin, dass es auch Pferdefleischwürstchen gab. (Wirklich wahr!)

15. Als Gemüse aßen die Römer einige recht merkwürdige Dinge. Was hältst du von Salat mit Löwenzahnblättern? Oder von einer Eierspeise mit Brennnesseln? Lust auf gedünsteten Seetang? Schrecklich? Nun, alles das isst man in verschiedenen Gegenden der Welt auch heute noch (und es schmeckt nicht einmal schlecht!).

16. Manchmal ließen römische Festgäste Rosenblätter in ihren Weinbecher fallen.

17. Bei einer Mahlzeit ließ Heliogabalus seinen Gästen 600 Straußenhirne servieren.

18. Auch servierte er Erbsen mit Goldkörnern vermischt, und Linsen mit Edelsteinen. Fürwahr eine reich-liche Mahlzeit!

19. Besonders beliebt war es, Nahrungsmittel so zu garnieren, dass sie wie etwas anderes aussahen. Bei einem Gelage stellten die Gäste fest, dass die gebratenen Tauben aus Pastetenteig waren. Bei einem anderen wurde ein Nest mit Eiern serviert – aber die Eier waren aus Teig und die „Eidotter" aus gewürztem Grasmückenfleisch.

20. Vielleicht isst du gern vor dem Fernseher. Würde es dir auch Spaß machen, bei einem römischen Festmahl zu speisen, während Tänzerinnen, Akrobaten, Jongleure und Clowns auftreten? Oder sogar zwei Gladiatoren, die versuchen, sich gegenseitig umzubringen?

Speiseplan Montag – Freitag

Spezialitäten gab es natürlich nicht alle Tage. Der durchschnittliche Speiseplan in einer bürgerlichen römischen Familie könnte so ausgesehen haben:

Tageskarte

Frühstück
Brot und Früchte

Mittagessen (Prandium)
Kalte Eier, Fisch oder Gemüse

Hauptmahlzeit (Cena)
Vorspeise (Gustatio): Schmackhaftes, wie Radieschen oder Spargel
Hauptgericht (Prima Mensa): Huhn oder Hase und Fisch und Gemüsegerichte
Nachtisch (Secunda Mensa): Süßspeisen und Früchte

Willkommen zum römischen Gelage

Warum nicht einmal deine Freunde zu einem Essen im römischen Stil einladen? Oder, sogar noch besser, lade deine Feinde ein.

Als Erstes lässt du von deinen Sklaven den Tisch decken. Jeder Gast bekommt eine Serviette, einen Löffel und ein Messer. Keine Gabel, wie du bemerken wirst. Bei einem römischen Festmahl isst du mit den Fingern und benutzt die Serviette, um diese damit abzuwischen. Für weiche Speisen und Soßen nimmst du den Löffel, mit dem Messer kannst du Fleisch schneiden oder auch aufspießen.

Bevor du zu essen beginnst, stellst du ein Schüsselchen mit Speisen vor die Statue eures Familiengottes. (Wenn der Gott es nicht essen will – die Sklaven werden es schon tun.)

Sprich ein paar Gebete. Die Römer würden sagen: „Augusto, patri patriae" – „Heil und Segen dem Kaiser, Vater des Landes."

Lass die Sklaven deinen Gästen die Füße waschen und abtrocknen. (Wenn du im Supermarkt oder im Laden an der Ecke keine Sklaven bekommst, kannst du immer noch deine Eltern oder deine Lehrer einsetzen.)

Achtung: Koch die folgenden Speisen nicht selbst! Überlass das bitte deinen Sklaven.

Vorspeise *(Gustatio)*
Wenn der Laden am Ort keine gefüllten Haselmäuse oder milchgemästete Schnecken führt, kannst du es mit Schellfisch, hartgekochten Eiern oder einem Olivengericht versuchen. Serviere deine Vorspeise mit Würzwein – oder in deinem Fall, Würz-Saft!

Würzwein

Zutaten:
1 Liter Traubensaft
3 Teelöffel Honig
Glühweingewürz
Zimt
Muskat
schwarzer Pfeffer
Wasser

Zubereitung:
Füll den Traubensaft in einen Zweiliterkrug.
Füg einen Liter Wasser hinzu – weniger, wenn du den Wein lieber stärker trinkst.
Füg den Honig hinzu und löse ihn durch Umrühren auf.
Füg je eine Prise Glühweingewürz, Muskat, Zimt und schwarzen Pfeffer hinzu.
Schmeck den Trank ab. Nimm mehr Honig, wenn er nicht süß, mehr Gewürze, wenn er noch nicht pikant genug ist.

Hauptgericht *(Prima Mensa)*

Numidisches Huhn

Zutaten:

Hühnerteile (1 für jeden Gast)
Kreuzkümmel gemahlen (1/4 Teelöffel)
Koriandersamen (1/4 Teelöffel)
4 Datteln (kleingehackt)
gehackte Nüsse (4 Teelöffel)
Honig (2 Teelöffel)
Weinessig (2 Esslöffel)
Hühnerbrühe (eine Tasse)
Pfeffer (eine Prise)
Speiseöl (1 Esslgöffel)
Brotkrumen (aus einer Scheibe trockenen Weißbrots)

Zubereitung:

Reib die Hühnerteile mit Speiseöl ein, lege sie in einen Brattopf, pfeffer sie, deck das Ganze mit Bratfolie ab, schieb es in den Backofen, und back es eine halbe Stunde lang bei 180°.
Gib währenddessen die anderen Zutaten in eine Pfanne, und koch das Gemisch 20 Minuten lang für die Numidische Soße.
Wenn die Hühnerteile fertig sind, garnier sie auf einer Servierplatte, und übergieß sie mit der Soße.
Servier das Huhn mit Gemüse:
Vor allem Kohl und Bohnen sind sehr römisch.

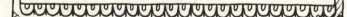

Nachspeise *(Secunda Mensa)*

Datteln in Honig

Zutaten:
12 frische Datteln*
12 Walnusshälften
4 Teelöffel Honig
Salz
Schwarzer Pfeffer

(*Wenn du keine frischen Datteln bekommst, kannst du auch abgepackte nehmen.)

Zubereitung:
Schäl die Datteln, und nimm die Kerne heraus.
Ersetz jeden Kern durch eine Walnusshälfte.
Salz jede Dattel leicht.
Lös den Honig in einer Pfanne auf, und lass die Datteln bei schwacher Hitze in dem Honig dünsten.
Nach fünf Minuten nimm die Datteln heraus, und richte sie auf einem Teller oder einer Platte an.
Gib mit einem Teelöffel noch etwas Honig über die heißen Datteln.
Streu ein wenig schwarzen Pfeffer darüber, und servier die Nachspeise.

Zum Schluss kannst du noch Früchte, Nüsse und süßen Wein (Traubensaft) anbieten. Vergiss nicht, während der Mahlzeit für Unterhaltung durch Jongleure, Tänzerinnen, Sänger oder Musiker zu sorgen.

Achtung! Es gilt als unhöflich, wenn man bei einem römischen Festmahl viel redet. Wenn du dir Reden nicht verkneifen kannst, sprich auf keinen Fall von alltäglichen Sachen – Fußball, Mode, dem neuen Auto der Nachbarn – sprich über wirklich wichtige Dinge wie Leben, Tod und die größten Lehrer der Zeit.

Bittere Pillen

In Rom wurde man besser nicht krank. Manchmal war die Medizin schlimmer als die Krankheit. Hier ein Brief des Römers Cassius an seine Schwester Julia. Würdest du seinen Ratschlägen folgen?

Liebste Julia,

ich mache mir große Sorgen, seitdem du mir geschrieben hast, dass du von einer Spinne gebissen worden bist, die sich in dem Gemüse aus dem Garten versteckt hatte. In Apulien gibt es eine Menge gefährliche Spinnen, die man „Taranteln" nennt. Die beste Arznei ist es, wie du weißt, den Körper der Spinne auf der Wunde zu zerdrücken. Wenn das nicht möglich ist, solltest du die Wunde mit einem Stück vom Netz der Spinne bedecken.

Obwohl du schreibst, es ginge dir schon besser, solltest du so bald wie möglich nach Rom kommen. Wir werden dann gemeinsam zum Tempel der Kybele gehen und ein Opfer bringen.

Es gibt auch einige hilfreiche Arzneien, die aus Fröschen hergestellt werden. Eine Brühe aus Garnelen, Mehl und Fröschen, in Wein gekocht, ist hervorragend für Leute, die abgemagert sind und an Erschöpfung leiden. Zerquetschte Frösche, in Wein getränkt, sind gut gegen Krötenvergiftung.

Schließlich solltest du, um das Fieber zu bekämpfen, in Olivenöl gebratenes Froschfleisch essen.

Grüße bitte deinen Mann. Meine besten Wünsche begleiten dich.

In Liebe

                              Dein Bruder Cassius

Schon gewusst?

Wo die Römer hinkamen, bauten sie neben Arenen auch Wasserleitungen und Badeanstalten. Auf diese Weise entstand zum Beispiel die Stadt Aachen, die ihren Namen von dem lateinischen Wort für „Wasser" (aqua) hat. Auch auf heiße, heilkräftige Quellen waren die Römer heiß. In Bath in Britannien machten die Römer aus einer solchen Quelle ein Thermalschwimmbad, das heute noch genutzt wird. Wie sie darauf kamen? Na, sie glaubten die Geschichte, die sich die Einheimischen erzählten:

Die Geschichte von Bladud

GÖTTLICHE RÖMISCHE RELIGION

Die Römer exportierten ihre Religion in die ganze Welt, importierten aber auch Götter aus anderen Gegenden. Für sie wimmelte es überall von Göttern, in den Bäumen wie im Haus, im Himmel genauso wie unter der Erde in den Vulkanen.

Glücksbringer und Verwünschungen

Auch im Wasser. Es gab Flussgötter und Quellnymphen, und die musste man gnädig stimmen.

In der Heilquelle in Bath, von der wir gerade gehört haben, hat man deshalb zum Beispiel nicht weniger als 12.000 römische Münzen gefunden. Die Sitte, den Göttern Münzen zuzuwerfen, hat sich an vielen Orten bis heute gehalten.

Man warf auch Schreibtäfelchen ins Wasser, auf denen man mit dem jeweiligen Gott handelte: „Du machst dieses oder jenes für mich, Gott, und ich baue dir dafür einen Altar, abgemacht?" Viele solcher Verträge waren Verfluchungen gegen andere Personen. Die waren angeblich noch wirkungsvoller, wenn man sie rückwärts schrieb.

Einem Mann hatte zum Beispiel ein anderer die Freundin, Vilbia, ausgespannt. Er ritzte seinen Fluch in ein Stück Metall ein, und zwar rückwärts. Dann warf er das Stück ins Wasser, wo man es später gefunden hat. Und das stand darauf.

.nlednawrev sesied eiw ressaW ni ,tah tnnapsegsua aibliV rim eid ,nosreP eid hcis egöM

(Kennst du auch jemanden, den du gern auflösen würdest?)

Richtig eklig war der folgende Fluch, der irgendwo, wahrscheinlich an einen Tierkadaver, angenagelt war:

Hierdurch ist Tacita verflucht. Möge sie verfaulen wie verwesendes Blut.

Die Hausgötter

In den römischen Haushalten waren die Laren sehr wichtig. Das waren die Haus- und Hofgötter. Sie beschützten das Haus vor bösen Geistern. In vielen Häusern gab es für sie eine kleine Kapelle. Andere beliebte Hausgötter waren zum Beispiel …

Vesta – die Göttin des Herdfeuers. Sie ist wahrscheinlich mit der griechischen Hestia verwandt. Am Fest der Vesta ließ man das Feuer am heimischen Herd ausgehen und holte neues im Vestatempel. Dazu liefen die Frauen barfuß zum Tempel. Die Priesterinnen der Vesta durften nicht heiraten.

Penaten – Sie wachten über die Vorräte und passten auf, dass niemand nachts an den Kühlschrank (Haha!) ging! Sie wurden am Herdfeuer verehrt.

Janus – der zweiköpfige Gott, der darüber wachte, wer im Haus ein- und ausging.

Götter im Staatsdienst

Wenn die Römer vor etwas Angst hatten, dann davor, dass sie einen Gott übersehen oder wieder vergessen könnten. Alle bekamen ihren eigenen Tempel. Das alte Rom war voll davon. Und um sicherzugehen, dass nicht noch irgendwo ein kleiner Gott steckte, für den man keinen Tempel hatte, baute man noch ein Pantheon – das ist griechisch und heißt „für alle Götter".

Für besonders wichtige Götter bauten die Römer einen Tempel auf dem Kapitol, dem steilsten der sieben Hügel, auf denen Rom erbaut worden war. Hier wurden zwei Göttinnen und ein Gott verehrt. Weil der Gott gegenüber den Frauen ja in der Minderheit war, war er wenigstens der Chef. (Typisch Mann!)

Jupiter. Höchster römischer Gott. Bei den Griechen entsprach ihm Zeus. Er war Gott des Blitzes, des Donners und des römischen Staates. Ohne ihn traf man keine wichtige politische Entscheidung. In seinem Teil des Tempels wurden Kriege erklärt und Staatsverträge ausgehängt. Der Triumphzug siegreicher Feldherrn endete in diesem Tempel. Hier wurde ein Teil der Kriegsbeute niedergelegt. Du siehst, Jupiter war der eigentliche Chef des ganzen Ladens.

Iuno. Gemahlin des Jupiter. Bei den Griechen hieß sie Hera. Beschützerin der Ehe und Helferin bei der Geburt.

Minerva. Bei den Griechen: Athene. Göttin des Handwerks, auch des Krieges. Minerva war auch die Lieblingsgöttin der Lehrer. An ihrem Fest am 19. März bekamen die nämlich das Minerval, das jährlich zu bezahlende Schulgeld. Lehrer sind halt irgendwie einfach strukturiert.

Schon gewusst?

Iuno hatte auch den Beinamen Moneta („Mahnerin"), und da im Tempel der Iuno Moneta das römische Geld geprägt wurde, nannte man dieses auch Moneta. Daher kommen englisch „money" und unser Wort „Münze". Und natürlich „Moneten".

Einfach göttlich!

Teste dich selbst: Hier sind die Namen von zehn römischen und zehn griechischen Göttern, die den römischen entsprechen. Jeder hat eine bestimmte Aufgabe. Weißt du, was zusammengehört?

1. Amor	A) Aphrodite	a) Göttin des Ackerbaus
2. Aurora	B) Ares	b) Gott des Feuers
3. Ceres	C) Artemis	c) Göttin der Jagd
4. Diana	D) Demeter	d) Gott des Krieges
5. Mars	E) Eos	e) Gott der Liebe
6. Neptun	F) Eros	f) Göttin der Liebe
7. Pluto	G) Hades	g) Gott des Meeres
8. Sol	H) Helios	h) Göttin der Morgenröte
9. Venus	I) Hephaistos	i) Gott der Sonne
10. Vulcanus	J) Poseidon	j) Gott der Unterwelt

Auflösung: 1Fe; 2Eh; 3Da; 4Cc; 5Dа; 6Jg; 7Gj; 8Hi; 9Af; 10Ib

Schon gewusst?

Auch die Kaiser wurden als Götter verehrt. Die ersten Kaiser erst nach ihrem Tod; spätere schon zu Lebzeiten.

Als Kaiser Vespasian seinen Tod näher kommen sah, soll er gespottet haben: „Ich glaube, ich werde zum Gott."

Auf Kaiser Claudius verfasste der Philosoph und Dichter Seneca nach dessen Tod sogar ein Spottgedicht, das die Himmelfahrt des Kaisers und seine Aufnahme unter die Kürbisköpfe beschrieb.

Ein grässliches Opfer

Die Römer machten nichts ohne die Götter. Dafür gab es genaue Vorschriften. Wenn man die beachtete, konnten die Götter gar nicht anders: Sie mussten den Römern helfen. Und wenn sie es nicht taten, hatte man eben beim Opfern etwas falsch gemacht. Diese Einstellung hatten die Römer wahrscheinlich schon von den Etruskern übernommen. Die hatten nämlich bei der Gründung der Stadt ihre Finger im Spiel. Und als die Römer um 500 ihren etruskischen König vertrieben, verstanden die Etrusker keinen Spaß. Der Etruskerkönig Porsenna belagerte die Stadt Rom.

Da beschloss ein mutiger junger Römer namens Gaius Mucius, Porsenna zu töten. Als Etrusker verkleidet, einen Dolch im Gewand, schaffte er es, heimlich in das Lager der Feinde einzudringen und bis zum König zu gelangen. Der zahlte gerade zusammen mit seinem Sekretär den Soldaten ihren Sold aus.

Klar, einer von beiden musste der König sein, aber welcher? Mucius entschied sich für den mit den besseren Klamotten – logisch! – und brachte ... den Sekretär um.

Überrascht es dich zu erfahren, dass der König sauer war, als man Mucius später in sein Feldherrnzelt schleppte? „Was hast du dir bloß dabei gedacht?", fragte er den jungen Mann.

„Ganz einfach", sagte der, „ich hab gedacht, wenn ich es nicht schaffe, dich umzubringen, dann schafft es einer der 300 anderen. Wir haben uns eine Menge Wege ausgedacht."

„Welche?", wollte der König wissen und drohte Gaius Mucius, ihn auf dem Scheiterhaufen zu verbrennen, wenn er nicht alles sage.

Da trat der junge Mann an den Opferaltar im Zelt des Königs, auf dem eine helle Flamme loderte, hielt die rechte Hand hinein und ließ sie, ohne mit der Wimper zu zucken, verbrennen.

Der König wusste, dass sich die Götter angesichts eines solchen Opfers auf die Seite der Römer stellen mussten, und zog mit seinem Heer ab.

Römische Kinder bekamen dieses Opfer immer wieder als Vorbild vorgehalten. Ganz schön link, oder?

Militärseelsorge auf römische Art
Hühnerschmeißen

Die römische Armee hatte ihre eigene Religion und eine besondere Art von Aberglauben. So schaute der Befehlshaber eines Heeres sich die Leber von Opfertieren an, um darin zu sehen, wie der Kampf wohl ausgehen würde. Manchmal beobachteten sie deshalb auch

- den Flug der Vögel. Zum Beispiel war es wichtig, in welche Richtung die Krähen flogen.
- das Fressverhalten der heiligen Hühner. Claudius Pulcher nahm zum Beispiel im Ersten Punischen Krieg einige Hühner mit sich auf sein Schiff. Die Hühner wurden vielleicht ein wenig seekrank, jedenfalls fraßen sie nichts – ein schlechtes Vorzeichen, so glaubte man. Da ließ Claudius sie mit den Worten über Bord schmeißen: „Wenn sie nicht fressen wollen, sollen sie trinken!" Er verlor die Schlacht, und man gab ihm die Schuld an der Niederlage, weil er die heiligen Hühner über Bord geworfen hatte.

Göttliche Magenschmerzen

Ein römischer Lehrer, Fronto, schrieb einem seiner Schüler, Marcus, er habe Magenschmerzen. Er glaubte, dass ihm die Götter damit ein Zeichen geben wollten, dass seiner Familie ein Unglück bevorstehe. (Wenn deine Lehrerin Magenschmerzen hat, wird sie wohl eher sagen, dass ihre ungezogenen Schüler schuld sind!)

Mächtiger Mithras
Der Glaube an den Stiergott Mithras hatte bei den römischen Soldaten viele Anhänger. Er war ursprünglich ein persischer Gott, aber die römischen Legionäre verbreiteten seinen Kult in allen Teilen des Reiches.

Mithras galt als der „Richter" in der Totenwelt. Er entschied, wer in den Himmel kommen und wer für immer zur Hölle fahren würde.

Die Mithras-Tempel waren düster und unheimlich – manchmal unter der Erde – und wer in die Religion eingeweiht wurde, kam sich bald vor wie das Mitglied eines Geheimbunds. Spannend ...

Man durfte die Mithras-Tempel nur dann betreten, wenn man bestimmte Mutproben gemacht und bestanden hatte. Man musste sich zum Beispiel für mehrere Stunden in einem richtigen Sarg einschließen lassen. Der Sarg stand auf einem kalten Steinboden, war aber an einer Seite ganz nah an einem Feuer. So wurde man gleichzeitig zum Eisblock und zur Bratwurst.

Stierblut
Eine andere „Mysterien"-Religion aus dem Osten kannte ähnlich grausige und unfreundliche Riten. Das wissen wir aus einer Beschreibung, die uns Prudentius im 4. Jahrhundert nach Christus gab:

> Die Gläubigen heben eine tiefe Grube aus, in die der Hohe Priester hinabgelassen wird. Dann wird die Grube mit Brettern abgedeckt. In jedes Brett sind kleine Löcher gebohrt. Nun wird ein riesiger Stier über die Grube geführt. Mit einem heiligen Spieß stößt man ihm ins Herz. Das heiße Blut schießt aus der tiefen Wunde und fließt durch die Löcher in den Brettern wie Regen auf den Priester hinunter. Über und über mit Blut bedeckt, klettert er aus der Grube. Es ist ein scheußlicher Anblick.

Isis und Osiris
Viele Anhänger hatte auch der Kult der ägyptischen Göttin Isis, die man mit farbenprächtigen Prozessionen feierte. Manche Leute munkeln, dass diese Prozessionen sogar der Ursprung der heutigen Karnevalsumzüge sind. Die Geschichte von Isis ist auch ziemlich grässlich. Isis' Gemahl und Bruder Osiris war nämlich von ihrem gemeinsamen Bruder Set ermordet, sein Leichnam zerstückelt und über alle Welt verstreut worden. Isis suchte die Teile zusammen und empfing von dem Toten einen Sohn, der später seinen Vater rächte. (Stephen King hätte seine Freude an so etwas!)

Das Christentum

Demgegenüber erscheint das Christentum fast ein wenig langweilig und öde. Ein christlicher Schriftsteller, Tertullian, war zum Beispiel gegen auffällige Kleidung. Sogar gegen das Färben von Kleidern wandte er sich. Er schrieb:

Tertullian lebte um das Jahr 200 n. Chr. Damals gab es schon viele Christen. Zu viele, meinten die Kaiser und brachten besonders ab 250 n. Chr. Tausende von ihnen um. Das hörte erst unter Kaiser Konstantin auf. Der hatte eigentlich auch mit dem Christentum nicht viel am Hut, aber er wollte alleiniger Kaiser des Römischen Reiches werden. Dazu musste er erst seinen Rivalen schlagen. Kaum zu machen, da der viel mehr Männer und eine bessere Position hatte. Da ließ Konstantin seinen Soldaten ein christliches Symbol auf ihre Schilde malen. Ihm sei jemand im Traum erschienen, sagte er, der gesagt habe: „In diesem Zeichen wirst du siegen." So kam es dann auch. Ab 313 war das Christentum nicht mehr verboten, 80 Jahre später waren dafür die anderen Religionen nicht mehr erlaubt.

GRÜSSE AUS DER MODESTADT

Für alle Tage: die Tunika

Bei den Römern hatten nicht einmal die Männer „die Hosen an". Hosen gab es nur bei den Germanen. Das Allzweck-Kleidungsstück der Römerinnen und Römer war die Tunika, in der Grundform ein Sack, in den für den Kopf und die Arme drei Löcher geschnitten waren, und der bei den Männern bis zum Knie, bei den Frauen bis zum Boden reichte. Man konnte auch Ärmel einsetzen und die Tunika am Hals rund ausschneiden. Mit einem oder mehreren Gürteln, Farben oder farbigen Streifen waren dem römischen Schick kaum Grenzen gesetzt.

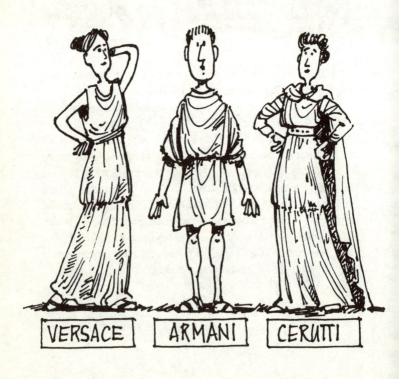

Für besondere Gelegenheiten: die Toga

Was ein freier Römer war, der war stolz auf seine Toga. Kein Nicht-Römer und kein Sklave durfte dieses Kleidungsstück tragen, aber es wäre auch keiner so verrückt gewesen. Gut 20 m² Stoff und eine Technik zum Anlegen, die so kompliziert war, dass man sich dafür extra Sklaven hielt. Und dann der Zwang, sich würdevoll zu benehmen, damit das Gebilde nicht von den Schultern rutschte, nein danke! Ein Wunder, dass die Römer mit diesem Kleidungsstück überhaupt ein Weltreich erobern konnten.

Was du außerdem nie über römische Kleidung wissen wolltest

1. Ein römischer Dichter hielt es für den „Inbegriff eines guten Lebens", wenn er nur selten die Toga anlegen musste.

2. Am 16. Geburtstag bekamen Knaben statt der Kinder- die Männertoga. Das war ein großes Fest.

3. Frauen trugen statt der Toga eine Stola. Das war zwar auch nur ein großes Stück Stoff, aber Frauen verstanden schon damals, mehr daraus zu machen als Männer.

4. Die höheren Kreise zeigten ihre Stellung durch Purpurstreifen an der Tunika.

5. Im Winter trug man mehrere Tuniken übereinander.

6. Zwei römische Kaiser erhielten ihren Namen von Kleidungsstücken. Caligula heißt „Stiefelchen", Caracalla ist ein keltisches Gewand, das der so genannte Kaiser besonders oft trug.

7. Ein „Mantel" bei den Römern war ein auf den Schultern befestigter Stoffumhang. Vielleicht verstehst du jetzt die Geschichte vom Heiligen Martin, der seinen Mantel teilte, besser.

8. Rote Farbe gewann man aus der Purpurschnecke. Für die Färbung eines Mantels brauchte man ca. 10.000 Schnecken.

9. Um Stoffe gelb einzufärben, benutzte man Krokusblüten.

10. Färber und Gerber benutzten einen anrüchigen Rohstoff: Urin. Dazu stellten sie vor ihren Läden Gefäße auf, in denen sie um eine milde Gabe der vorübergehenden Männer baten. Auf diese kostenlose Gabe erhob Kaiser Vespasian eine Steuer. Als ihn sein Sohn deswegen zur Rede stellte, hielt er ihm eine Münze unter die Nase und sagte: „Geld stinkt nicht."

ROM, RÖMER, AM RÖMSTEN

Knapp verschätzt

Zwischen England und Schottland errichteten die Römer den Hadrianswall. Am östlichen Ende des Walls bauten sie ein Kastell, in dem heute ein Museum ist. Hier zeigte man 1971 stolz den neuesten Fund, eine Münze, „eine Sesterze, zwischen 135 und 138 n. Chr. geprägt, auf der Rückseite ein großes „R" für ‚Roma', so die Museumsleitung.

Sie musste sich dann aber von einer Expertin, Fiona Gordon, darüber aufklären lassen, dass sie sich geirrt hatte. Die Sesterze war in Wirklichkeit eine Reklamemünze, die schlicht als Beigabe zu Sirupflaschen ausgegeben worden war. Das „R" stand für die Herstellerfirma, Robinson.

Die Museumsleitung musste ihren Fehler zugeben. Fiona Gordon hatte Recht. Peinlich! Noch peinlicher allerdings: Fiona Gordon war gerade einmal neun Jahre alt.

Richtig oder falsch?

1. Eine beliebte Hinrichtungsmethode im alten Rom war es, jemanden „zu Tode zu stechen".

2. Einen Zusammenstoß beim Wagenrennen nannte man „Flugzeugabsturz".

3. Pferde, die beim Rennen verloren hatten, wurden getötet.

4. Die Römerinnen waren stolz auf ihre schwarzen Haare.

5. Die Römer hatten keine leckere Zahnpasta mit Pfefferminzgeschmack. Sie zogen ein Pulver aus Mäusehirn vor.

6. Bei den Römern galt es als schlimme Sünde, Wein mit Wasser zu verdünnen.

7. Römische Wasserleitungen liefen sogar über Flüsse.

8. Rom war tagsüber Fußgängerzone.

9. Die Römer bauten Umgehungsstraßen, um Verkehrsstaus zu vermeiden.

10. In römischen Städten wurde Wahlkampf betrieben, und es gab Wahlplakate.

Antworten:

1. Richtig. Das Opfer wurde mit Honig beschmiert, und dann ließ man einen Wespenschwarm darauf los.

2. Falsch. Man sprach von einem „Schiffbruch".

3. Falsch. Das Siegerpferd wurde als Opfer für den Kriegsgott Mars getötet. Manchmal brach ein erbitterter Kampf um die Ehre aus, den Pferdekopf an der Wand des eigenen Hauses anbringen zu dürfen.

4. Mag sein. Aber sicher ist auch, dass blondes Frauenhaar aus Germanien ein großer Importschlager war.

5. Richtig. Man benutzte auch pulverisiertes Tierhorn, Asche von Austernschalen und Asche von Hundezähnen, vermischt mit Honig.

6. Falsch. Man trank den Wein so selten unverdünnt, dass es dafür sogar ein eigenes Wort gab (merum).

7. Richtig. Bei dem berühmten Pont du Gard in Frankreich baute man dazu drei Bogenreihen übereinander.

8. Richtig. Julius Cäsar verfügte, dass tagsüber nur Baufahrzeuge die Stadttore passieren durften. Andere Wagen mussten auf einem Platz vor der Stadt bis zum Einbruch der Dunkelheit warten.

9. Richtig

10. Richtig. Allerdings waren die Plakate nicht aus Papier, sondern man schrieb seine Wahlbotschaften auf die Hauswände.

In der Stadt ist was los

Jeder erzählt dir, wie toll die römischen Badeanstalten waren. Aber nicht alle Römer fanden sie so klasse. Ein Römer schrieb:

> ... Stöhnen. Dann sind da die Faulen, die sich eine billige Massage verpassen lassen – ich kann hören, wie man ihnen auf den Rücken klatscht. Dann der Lärm der Kämpfenden und das Geschrei der Diebe, die man festnimmt. Am allerschlimmsten ist der Mann, der sich so gerne im Bad singen hört. Und was ist mit dem, der sich mit riesigem Platschen ins Wasser stürzt?

My home is my castle

Aber nicht alle Römer wohnten so ungünstig wie der Mann über der Badeanstalt. Nicht umsonst haben wir das Wort „Villa" von den Römern übernommen. In einer Villa auf dem Land oder auch in einem reichen Stadthaus mit verschiedenen schattigen Innenhöfen und Wasserspielen, mit Wasserleitung und Abwasserkanal, Mosaikfußboden und bemalten Wänden muss es sich ganz angenehm gelebt haben.

Schon gewusst?

Die Dächer um das Atrium (das ist der vordere kleine Innenhof) und das Peristyl (der hintere, größere Hof) waren nach innen geneigt, damit man das Regenwasser in einem Becken in der Mitte auffangen konnte.

Die Armen lebten dagegen nicht halb so komfortabel. Es gab schon damals gierige Hausbesitzer, die ihre Mieter ausnahmen. Und man konnte umso mehr Geld aus seinem Grundstück machen, je höher man baute. Das brachte Probleme. In Jahr 217 v. Chr. versuchte zum Beispiel ein Ochse seinem Schicksal, gegessen zu werden, zu entkommen. Er floh vom Marktplatz in ein dreistöckiges Gebäude und kam glücklich bis ins oberste Stockwerk, von wo er sich wieder auf die Straße stürzte. Was dann mit ihm passierte, ist zwar nicht genau überliefert, aber auch nicht schwer auszumalen …

Über läppische dreistöckige Gebäude rümpften spätere Römer geringschätzig die Nase. Man baute regelrechte Wolkenkratzer, die allerdings häufig zusammenstürzten. Kaiser Augustus verbot daher den Bau von Häusern, die höher als 20 Meter waren. Aber das ist immer noch ganz schön hoch, und über das Leben im obersten Geschoss eines solchen Bauwerks erzählt ein römischer Dichter:

> Unser Hausverwalter ist ein wahres Genie. Wenn das Haus einzustürzen droht, schmiert er die Risse mit Gips zu und sagt, jetzt könnten wir beruhigt schlafen. Sicher, damit wir nicht merken, wenn das Dach über uns zusammenbricht. Aber vielleicht bricht ja auch nur unten im Haus ein Feuer aus. Dann packen alle Leute ihre wenigen Habseligkeiten zusammen und fliehen, während wir oben noch immer friedlich schlummern und nichts merken.

Die ewigen Römer

Die Römer haben die Welt für lange Zeit regiert. Dann wurde es stiller um sie. Aber ganz verschwunden sind sie bis heute nicht.

Schon gewusst?

1. Die Römer hinterließen ihre „Marke", wo sie auch hinkamen. Überall standen die Buchstaben SPQR. Das stand für „Senatus Populus Que Romanus" (Senat und Volk von Rom). Auf Kanaldeckeln und Bussen in Rom findet man diese Buchstaben auch heute.

2. Die Sprache der Römer war das Lateinische. Weil heute niemand mehr diese Sprache „spricht", nennt man sie eine „tote" Sprache. Aber so tot ist sie gar nicht. Viele Schüler und Schülerinnen werden auch heute damit im Unterricht gequält. Das ist schon sinnvoll, denn zum Beispiel hat Latein in der katholischen Kirche und einigen anderen Kirchen noch eine gewisse Bedeutung. Ebenso sind Fachbegriffe in der Medizin oder Biologie meistens lateinisch. Auch *Veni, vidi, vici* („Ich kam, ich sah, ich siegte") kennt jeder, und wer Asterix gelesen hat, weiß auch, dass *Alea iacta est* („Der Würfel ist gefallen") nicht bedeutet, dass es heute Mittag wieder Bouillon mit Brühwürfeln gibt (Haha! Typischer Lateinlehrerwitz!). Und in der Schule lässt sicher kein Lehrer eine Gelegenheit aus, dir zu sagen *Non scholae, sed vitae discimus* („Nicht für die Schule, sondern für das Leben lernen wir!"). Wenn der wüsste, wie dich das beeindruckt ...
Auch für die Werbung ist Latein immer noch wichtig. NIVEA bedeutet „die Schneeweiße", VITA heißt „Leben", AUDI „Horch" (das war der Name des Automobilkonstrukteurs).

3. Und dann haben die Römer uns noch ihre komplizierte Grammatik hinterlassen, an der sich im Deutschen vieles orientiert. Dabei könnten wir doch auf den Akkusativ und das Imperfekt und den Konjunktiv und das Partizip und den Singular und den Plural wirklich mit Freuden verzichten, oder? (Wir könnten uns dann zwar kaum mehr verständigen, aber was soll's?)

4. Die Römer hinterließen uns ihre Schrift. Ohne die Römer bräuchtest du vielleicht keine schriftlichen Hausarbeiten zu machen und keine Klassenarbeiten zu schreiben. Aber du könntest auch dieses Buch nicht lesen. Und das wäre doch schade, oder?

5. Die Römer haben uns auch ihre Zahlzeichen beschert, mit denen Kinder von heute im Matheunterricht gequält werden. Wen interessiert es schon, was AD MCM geschehen ist oder nicht. Aber diese Zeichen werden heute trotzdem noch oft verwendet.

6. Die Römer haben auch eine Menge Sachen hier gelassen, die man essen kann, Kohl zum Beispiel und Erbsen, die sind viel gesünder als Hamburger – sagen jedenfalls deine Eltern. Aber bei allem Respekt für die guten, alten Römer, musste das sein?

7. Bei Kirschen, Pflaumen, Birnen und Pfirsichen kann man den Römern wirklich nix vorwerfen – da ist ein echtes „Hurra" angebrachter!

8. Die Genießer werden sicher sagen: „Die Römer, ach ja, die Römer. Was wären wir ohne sie? Kein Wein, nur Bier." Ehrlich gesagt: Eine gepflegte Cola oder eine Apfelsaftschorle sind mir noch lieber. Naja, auf jeden Fall „Prost!" Das kommt übrigens auch von den Römern. Es ist eine Kurzform von „Prosit", und das heißt „es nütze".

9. Und dann stehen überall noch alte römische Ruinen bei uns in der Gegend rum. Klar, das Kolosseum und die anderen Bauwerke in Rom kennt jeder. Aber was ist mit der Porta Nigra und der Römerbrücke in Trier, und dem Hadrianswall in England und den Wasserleitungsresten und römischen Amphitheatern und Gebäuden und Straßenresten und Stadtmauern und ...

10. Und Schätze haben die Römer vergraben, von denen einige schon gefunden sind, andere aber noch auf Entdeckung warten. So soll im 19. Jahrhundert ein englischer Dorfbewohner bei Grabungen im römischen Kastell Sinodum auf eine eiserne Kiste gestoßen sein. Als er nachdenklich davor stand, landete ein Rabe darauf, der krächzte: „Er ist noch nicht geboren." Der Mann dachte, dies bedeutete: „Der Mensch, der die Kiste öffnen soll, ist noch nicht geboren." Also schüttete er die Grube, ohne groß nachzudenken, wieder zu. Und da er niemandem den Platz verriet, ist sie bis heute nicht gefunden.

11. Und natürlich leben die Römerinnen und Römer auch heute noch in der ewigen Stadt Rom, mit ihren Kirchen, Palästen und … Eiscafés.

REGISTER

Agrippina	320, 322, 323
Aischylos	154
Alexander der Große	191 ff.
Arena	318, 325, 345 ff.
Armee	263, 270 ff. 283, 286, 292, 308, 311, 323, 325
Arminius	267, 297-305
Äsop	166
Athen	176 ff.
Badeanstalt	376 f.
Belzoni, Giovanni	64
Bladud	359 f.
Boudicca	307-311
Brutus	313 ff. 324
Caligula	318, 319, 324
Camera obscura	209
Caracalla	326
Carter, Howard	70 ff.
Cäsar	262, 264, 266, 279 ff. 284, 287, 294, 296, 312 ff. 324, 326, 344, 119
Cheops	84
Claudius	320, 322, 327, 364, 366
Cleopatra	15, 22, 27 f.

Demokratie	182
Dionysios	173
Drakon	176
Dynastie	11
Echnaton	23
Essgewohnheiten	350-357
Euripides	154
Fellache	104 ff.
Gelage	294, 318, 350, 353 f.
Ginger	53, 68 f
Gladiatorenkämpfe	344-347
Gordischer Knoten	193
Götter, ägyptische	99 ff.
Götter, germanische	306
Götter, griechische	140 ff.
Götter, römische	361-365, 367
Grabräuber	79 ff.
Hades	145
Hadrianswall	287, 381
Hatschepsut	22
Hekate	200 f.
Heraklit	225 f.
Hermannsdenkmal	297
Herodot	56 f., 170
Hieroglyphen	126 ff.
Hippokrates	222 ff.
Homer	154
Kalender	12, 125, 263
Kanope	62

Latein	379
Mädchenerziehung	330-331
Medizin	272, 278, 358
Menschenopfer	293
Met	294, 306
Mumie	44, 52 ff.
Mumifizierung	37 ff., 46, 52 ff.
Nero	320 ff. 345
Nil	92 ff.
Olympische Spiele	231 ff.
Orakel	167, 185, 194 ff.
Papyrus	126
Peisistratos	177
Peleponnesischer Krieg	187 ff.
Perser	183
Pharao	16 ff., 22 f., 44
Plinius	204 f.
Plutarch	177
Polybios	207 f.
Porta Nigra	381
Poseidon	144
Prometheus	145, 332 ff.
Pyramide	12, 16 f., 29 ff.
Pyrrhos	228, 256
Pythagoras	203
Ramses II.	14, 21, 26
Remus	337 f.
Ringen	349
Rom, Gründung	263
Romulus	337 f.

Schule	292, 327 ff.
Sethfest	19
Sklaven	277, 308, 345, 349, 354 f.
Sokrates	180
Sparta	168 ff.
Spartacus	292
Tacitus	293 ff. 310, 311
Tarquinius	263
Teutoburger Wald	265, 297
Theater	154 ff.
Thermen	360
Tiberius	298, 316 ff.
Toga	304, 314, 371
Trojanisches Pferd	146 ff.
Tunika	271, 370
Tutanchamun	14, 23, 71 ff.
Varus	267, 288, 300 f.
Vercingetorix	279 ff.
Xerxes	175, 183 ff.
Zeus	144

Allgemeinwissen für Schüler

Kjartan Poskitt / Nick Arnold

Mathe – Physik – Chemie

Satz des Pythagoras, Flaschenzug, Säuren und Basen, Pharaonen, Alexander der Große und Julius Cäsar – das sind Themen mit denen Schüler außerhalb der Schule möglichst nichts zu tun haben wollen, oder?
Die Autoren belehren uns eines Besseren: Verpackt in kleine Erzählungen und angereichert mit Anekdoten und vielen witzigen Illustrationen präsentieren sie Geschichte und Naturwissenschaften als spannende und abwechslungsreiche Lektüre. Nicht nur für die Freizeit oder als Nachhilfe, sondern auch im Unterricht einsetzbar!

Arena-Taschenbuch 3-401-0**2362**-4
472 Seiten. Ab 10

Arena

www.arena-verlag.de

Erhard Dietl

Allgemeinwissen für Schüler

555 Fragen und Antworten

Fragen über Fragen – und dieses Taschenbuch gibt die Antworten. Voll gepackt mit spannenden und faszinierenden Informationen aus allen Wissensgebieten von Erde, Weltall, Menschen, Tieren, Pflanzen über Wissenschaft und Technik bis hin zu Geschichte, Kunst und Kultur, kommen hier helle Köpfe auf ihre Kosten. Wieso? Weshalb? Warum? Wer nicht fragt, bleibt dumm!

Woraus besteht die Sonne? Können wir den Mittelpunkt der Erde erreichen? Warum schmeckt man bei einer Erkältung nichts mehr? Wie orientieren sich Zugvögel? Was ist ein Regenwald? Wie fliegt in Hubschrauber? Wer waren die Wikinger?

Arena-Taschenbuch 3-401-0**2431**-0
288 Seiten. Ab 10

Arena

www.arena-verlag.de

Prof. Dr. Martin Zimmermann

Allgemeinbildung
Das musst du wissen

Jugendliche haben genau wie Erwachsene ein großes Bedürfnis, die Grundlagen unserer Zivilisation und die Vielfalt unserer Kultur kennen zu lernen. Die oft leblose Vermittlung langweiliger Fakten ist jedoch dafür verantwortlich, dass Bildung als »verstaubtes Wissen« abgetan wird. Doch Wissen ist nicht langweilig. Es ist ein spannendes und faszinierendes Abenteuer – das zeigen die Beiträge dieses Standardwerkes.

352 Seiten. Gebunden. Ab 12
Mit vielen farbigen Illustrationen
ISBN 3-401-05445-7

www.arena-verlag.de

Arena

Prof. Dr. **Martin Zimmermann**

Allgemeinbildung
Große Persönlichkeiten

Was haben Mahatma Gandhi, Johannes Gutenberg und Thomas Edison gemeinsam? Sie veränderten die Welt. Jeder auf ganz unterschiedliche Weise und in ganz unterschiedlichen Bereichen, aber doch so grundlegend, dass die Welt ohne sie nicht so wäre, wie wir sie heute kennen.

352 Seiten. Gebunden. Ab 12
Mit vielen farbigen Illustrationen
ISBN 3-401-05722-7

www.arena-verlag.de